Meinen Eltern

Das Mitverschulden des Patienten im Arzthaftungsrecht

RECHT & MEDIZIN

Herausgegeben von den Professoren
Dr. Erwin Deutsch, Dr. Adolf Laufs, Dr. Hans-Ludwig Schreiber

Bd./Vol. 39

PETER LANG
Frankfurt am Main · Berlin · Bern · New York · Paris · Wien

Jens Göben

Das Mitverschulden des Patienten im Arzthaftungsrecht

PETER LANG
Europäischer Verlag der Wissenschaften

Die Deutsche Bibliothek - CIP-Einheitsaufnahme

Göben, Jens:

Das Mitverschulden des Patienten im Arzthaftungsrecht / Jens Göben. - Frankfurt am Main ; Berlin ; Bern ; New York ; Paris ; Wien : Lang, 1998
(Recht & Medizin ; Bd. 39)
Zugl.: Göttingen, Univ., Diss., 1996
ISBN 3-631-31574-0

D 7
ISSN 0172-116X
ISBN 3-631-31574-0

Vorwort

Die Arbeit hat dem juristischen Fachbereich der Georg-August-Universität Göttingen im Sommersemester 1996 als Dissertation vorgelegen. Rechtsprechung und Literatur konnten bis zum Ende des Jahres 1996 berücksichtigt werden.

Mein ganz besonderer Dank gilt meinem verehrten Doktorvater, Herrn Professor Dr. jur. Dr. h. c. mult. Erwin Deutsch, der die bearbeitete Themenstellung anregte und mir als wissenschaftlicher Mitarbeiter in seiner Abteilung für Arzt- und Arzneimittelrecht jede nur mögliche Unterstützung zuteil werden ließ.

Herrn Professor Dr. Andreas Spickhoff danke ich für die Erstellung des Korreferates und die damit verbundenen kritisch-konstruktiven Hinweise.

Schließlich schulde ich meiner Ehefrau Meltem herzlichen Dank, daß sie nicht nur mit großer Nachsicht auf viele gemeinsame Abende und Wochenenden verzichtete, sondern auch stets als kompetente Gesprächspartnerin und kluge Ratgeberin zur Verfügung stand.

Bonn, im September 1997

Jens Göben

Inhaltsverzeichnis

Einleitung

Kommt ein Patient im Zusammenhang mit einer ärztlichen Behandlungsmaßnahme zu Schaden, so läßt sich dies im Regelfalle nicht auf die Setzung einer einzigen Bedingung zurückführen. Auf ärztlicher Seite sind gelegentlich mehrere Personen beteiligt, die gemeinsam oder nacheinander handelnd einen Gesundheits- oder Vermögensschaden des Patienten herbeiführen. Auch der Patient selbst ist oft an dessen Entstehung oder zumindest Vergrößerung beteiligt. Geschieht dies zurechenbar, so behandelt ihn das Gesetz nach § 254 BGB als Nebentäter. Aufgrund der Gleichwertigkeit sämtlicher Erfolgsbedingungen wird der seinen Schaden mitverschuldende Geschädigte nicht anders behandelt als der in Anspruch genommene Schädiger. Im Rahmen einer Gegeneinanderstellung der Verursachungs- und Verschuldensanteile wird der Anspruch dann gemindert oder gar ausgeschlossen.

Im Bereich ärztlicher Pflichtverletzungen besteht eine bemerkenswerte Diskrepanz zwischen der zunehmend umfangreicheren und ausdifferenzierteren ärztlichen Haftpflicht einerseits und dem mitwirkenden Verschulden des Patienten andererseits. Die Rechtsprechung stellt immer höhere Anforderungen an die ärztliche Sorgfalt, hält sich aber umgekehrt mit der Bejahung eines anrechenbaren Verstoßes des Patienten gegen die Gebote des eigenen Interesses auffallend zurück. Die Gründe dafür mögen unterschiedliche sein. Zum einen liegt es in der Eigenart der medizinischen Behandlung, daß die damit verbundene Störung der körperlichen Integrität für den Patienten diffuse Ängste und Entscheidungskonflikte heraufbeschwört, die sich dann gegen die an sich mögliche Schadensminimierung richten. Für die Rechtsprechung sind solche Zwangslagen des Patienten offenbar nachvollziehbarer und entschuldbarer als das haftungsbegründende Verhalten selbst.

Darüber hinaus wird aber die praktische Anwendbarkeit des § 254 BGB nicht zuletzt dadurch erschwert, daß die Vorschrift von der Rechtsprechung als ein "Anwendungsfall" des § 242 BGB angesehen und dem Richter damit ein "Billigkeitsurteil" vorgeschrieben wird. Generalklauseln bergen immer eine Gefahr in sich, nämlich die der zu starken auf die Billigkeit gestützten Individualisierung, die die Voraussehbarkeit der Entscheidung und damit die Rechtssicherheit beeinträchtigt. Dieser Gefahr kann und muß durch eine stärkere rechtstheoretische Ausformung des Mitverschuldens begegnet werden. Zaghaft erst sind die

Versuche, aus § 254 BGB spezielle Verhaltensnormen abzuleiten, die strukturell den Verkehrspflichten des Haftungsrechts nahestehen. Dabei lassen sich erst auf diese Weise entsprechende normbezogene Zurechnungskriterien, z. B. der Schutzbereich der Norm, entwickeln und überzeugend anwenden.

Die Gefahr unsicherer und vor allem unkontrollierbarer Ergebnisse aufgrund eines unpräzisen Verusachungs- und Verschuldensbegriffs könnte eingegrenzt werden, sofern es gelänge, anhand typischer Fallgruppen die Zurechnungskriterien der Haftung für die Mithaftung fruchtbar zu machen.

Diesem Bemühen - dargestellt anhand von Konstellationen eines möglichen Patientenmitverschuldens - verdankt die vorliegende Bearbeitung ihre Entstehung.

Teil I Ausgangssituation: Haftung des Arztes oder Krankenhausträgers für Behandlungsfehler

Die Berücksichtigung eines möglichen mitwirkenden Verschuldens des Patienten an der Beeinträchtigung seiner Gesundheit oder seines Vermögens stellt ein haftungsbegrenzendes Moment für die ärztliche Einstandspflicht dar. Der Geschädigte muß sich eine Kürzung oder gar den Ausschluß seines "an sich" bestehenden Schadensersatzanspruchs gefallen lassen, soweit er eigene Rechtsgüter in zurechenbarer Weise dem Risikobereich einer fehlerhaften medizinischen Behandlung ausgesetzt hat.

Da die Mithaftung denknotwendig eine Dritthaftung zur Voraussetzung hat, soll zunächst die Einstandspflicht für ein Fehlverhalten des Arztes bzw. des hinter diesem stehenden Krankenhausträgers im folgenden in knapper Form skizziert werden.

A. Rechtsgrundlagen der Arzthaftung

Die Einstandspflicht des Arztes kann folgen aus dem Arztvertrag, aus unerlaubter Handlung, §§ 823 ff.BGB sowie aus Geschäftsführung ohne Auftrag, §§ 677 ff. BGB. Der Schwerpunkt liegt auf den erstgenannten Haftungsgrundlagen, die miteinander im Verhältnis der Anspruchskonkurrenz stehen: Der Vertrag beseitigt nicht die allgemeine Rechtspflicht, deren Verletzung eine unerlaubte Handlung darstellt, sondern verstärkt sie geradezu. Die spezifischen Wertungen, die die ärztliche Haftung begründen, unterscheiden sich im Hinblick auf die Art der Anspruchsgrundlage nicht; insoweit läßt sich von einer Verschmelzung der unterschiedlichen Haftungsgründe zu einem einheitlichen Haftungsschema sprechen.[1] Der Arzt haftet - vertraglich wie deliktisch - für die ordnungsgemäße Erfüllung seiner Berufspflichten.[2]

In der Praxis bestehen gleichwohl gewisse Unterschiede: So kann nur deliktsrechtlich ein Schmerzensgeld für immaterielle Einbußen (§ 847 BGB) verlangt werden, ebenso Ersatz für Unterhaltsverlust bei Tod (§ 844 BGB). Auch trifft den Arzt deliktisch für Fehlverhalten von Hilfspersonen eine Einstandspflicht nur bei eigenem - freilich vermutetem - Verschulden, § 831 BGB, während er für seine Erfüllungsgehilfen gem. § 278 BGB unbedingt einzustehen hat. Schließlich verjähren vertragliche Ansprüche gem. § 195 BGB re-

---

1 Deutsch, Arztrecht u. Arzneimittelrecht, S.82

2 MünchKomm/Mertens, § 823 Rz. 362; BGHZ 8, 138; Deutsch, NJW 1976, 2289 (2291f.)

gelmäßig nach 30 Jahren, während für deliktische Ersatzansprüche eine dreijährige Verjährungsfrist ab Kenntnis des Geschädigten von Schaden und Person des Ersatzpflichtigen zu laufen beginnt.

Aus Gründen der gedanklichen Trennung der beiden Haftungen werden die unterschiedlichen Anspruchsgrundlagen des Patienten kurz erläutert.

I. Vertragliche Haftungsgrundlagen

1. Ärztlicher Behandlungsvertrag

Der zwischen Arzt und Patient geschlossene Arztvertrag ist im Normalfalle ein Dienstvertrag, § 611 BGB, und zwar über höhere Dienste, die der Patient vom Arzt aufgrund besonderen Vertrauens entgegennimmt (§ 627 BGB).[3] Daraus folgt die jederzeitige und grundlose Kündbarkeit des Vertrages, für den Arzt freilich eingeschränkt durch § 627 Abs. 2 BGB. Inhaltlich handelt es sich beim Arztvertrag um ein komplexes Schuldverhältnis mit unterschiedlich intensiven Pflichten.[4] Der Arzt schuldet den Einsatz seines fachlichen Könnens nach den ärztlichen Berufsregeln zum Zwecke der Heilung des Patienten. Die Heilungsbemühungen müssen freilich nicht nur ärztlich indiziert sein und kunstgerecht durchgeführt werden, sondern vom Patienten auch gewollt sein. Daraus folgt ein Einwilligungsvorbehalt nach hinreichender Aufklärung über Inhalt, Zweck und Ausmaß der beabsichtigten Maßnahme. Über Behandlung und Aufklärung hinaus treffen den Arzt weitere Pflichten, etwa die zur Dokumentation, zur Verschwiegenheit, bisweilen auch zur wirtschaftlichen Beratung.[5] Der Behandlungsvertrag bedarf keiner speziellen Form: Er kommt zustande durch den Beginn der Behandlung oder durch die Vereinbarung eines Termins zu einer ärztlichen Maßnahme.

Für die zivilrechtliche Einordnung des Vertrages ist es ohne Belang, ob der Patient den Arzt privat in Anspruch nimmt oder als gesetzlich Versicherter auftritt. § 76 Abs.4 SGB V stellt auch den Vertrag zwischen Kassenarzt und Kassenpatient auf eine zivilrechtliche Grundlage.[6] Die Behandlung kann durch den niedergelassenen Arzt ebenso erfolgen wie durch den angestellten leiten-

---

3 RGRK/Nüßgens, § 823 Anh. II Rz. 11; Laufs, Arztrecht, Rz. 87

4 auf das im Hinblick auf die Zwangswirkung differenzierte Pflichtengefüge kommt es hier noch nicht an; dazu unten Teil II, B I 1

5 Laufs, Arztrecht, Rz. 232ff.

6 Steffen, Entwicklungslinien, S. 2; Laufs, Arztrecht, Rz. 87; a. A. Eberhardt, S. 234f.

den Krankenhausarzt (Chefarzt) oder einen sonstigen per Nebentätigkeitsgenehmigung behandelnden Arzt (Betriebsarzt, Amtsarzt).

Die schuldhafte Verletzung einer dem Arzt auferlegten Pflicht begründet einen Schadensersatzanspruch des Patienten wegen Nichterfüllung, § 325 BGB, etwa bei einer Fehldiagnose beim reinen Diagnosevertrag, oder aus einer positiven Vertragsverletzung des Behandlungsvertrages.

2. *Krankenhausvertrag*

Komplexer ist das vertragliche Gefüge bei der Krankenhausbehandlung.[7] Wird eine solche erforderlich, so schließt der Patient mit dem Krankenhausträger einen Krankenhausaufnahmevertrag ab. In der Praxis haben sich drei Grundtypen von Krankenhausaufnahmeverträgen herausgebildet, die hinsichtlich Vertragsinhalt und Haftungsfolgen auseinanderzuhalten sind.

Der Patient kann einen sog. totalen Krankenhausaufnahmevertrag abschließen. In diesem Falle tritt er allein zum Krankenhausträger in vertragliche Beziehungen.[8] Dieser schuldet aufgrund des typengemischten Charakters des Vertrages sowohl die Krankenhausversorgung (Verpflegung, Medikation etc.) als auch die ärztliche Behandlung. Letztere wird durch angestellte oder beamtete Ärzte als Erfüllungsgehilfen des Krankenhausträgers gem. § 278 BGB erbracht. Für sämtliche schuldhafte Pflichtverletzungen muß der Träger vertraglich einstehen.[9]

Der totale Krankenhausvertrag ist der seit Inkrafttreten des Krankenhausfinanzierungsgesetzes[10] (KHG) und der BPflVO[11] typische und regelmäßige Vertragstypus. Auch der Selbstzahler kann diese Behandlung zum sog. großen Pflegesatz verlangen, § 17 Abs. 1 KHG.

Anders ist die Situation beim "gespaltenen" Krankenhausaufnahmevertrag. Hier bestehen doppelte Vertragsbeziehungen: Zum einen schuldet der Krankenhausträger dem Patienten die pflegerische und medizinische Krankenhausversorgung außer der ärztlichen Leistung. Zum anderen ist der leitende Kran-

---

7 Dazu im einzelnen Geiß, S. 17ff.

8 Bölke/Robbers, A.I.2.41; Laufs, Arztrecht, Rz. 89; Giesen, Arzthaftungsrecht, Rz. 375ff. (377)

9 Laufs, Arztrecht, Rz. 89; Deutsch, Arzt- und Arzneimittelrecht, S. 29

10 KHG i.d. Neufassung vom 10. 4. 1991 -BGBl. I 886- geändert durch das Gesundheitsstrukturgesetz vom 21.12.1992 - BGBl. I, 2266

11 BPflVO v. 21.11.1989 -BGBl. I 2043, geändert durch das GSG v. 21.12.1992- BGBl I 2266

kenhausarzt zur Erbringung der ärztlichen Leistungen verpflichtet.[12] Jeder Vertragspartner hat lediglich für Fehlverhalten in seinem eigenen Pflichtenkreis einzustehen. Es liegen also zwei rechtlich selbständige Verträge vor. Typisches Beispiel eines solchen gespaltenen Vertrages ist der Belegarztvertrag. Der Belegarzt berechnet seine Leistungen gesondert gem. §§ 2 Abs. 1 S. 2, Abs. 3, 8 BPflVO. Dafür wird er allein Schuldner seiner eigenen Leistungen sowie der der nachgeordneten Ärzte seines Faches.[13] Häufig wird freilich eine exakte Abgrenzung der einzelnen Leistungsbereiche nicht möglich sein. So kann etwa beim Tätigwerden eines Belegarztes eine nichtärztliche Hilfsperson oder ein nachgeordneter Arzt Erfüllungsgehilfe des Belegarztes oder des Krankenhausträgers sein; dies hängt immer von den tatsächlichen Umständen des Einzelfalles ab.[14] Zu beachten ist freilich, daß der Patient explizit auf die gespaltene Vertrags- und Haftungssituation hinzuweisen ist.[15] Geschieht dies nicht, haftet auch der Krankenhausträger für die ärztlichen Leistungen.

In diesem Falle liegt mit der Koppelung von totalem Krankenhausaufnahmevertrag und (zusätzlichem) Arztvertrag der dritte Vertragstypus vor. Der Träger des Krankenhauses verpflichtet sich, sowohl die ärztliche Behandlung als auch die Krankenhausversorgung zu erbringen. Darüber hinaus schließt der Patient mit dem Chefarzt (oder einem sonstigen zur Eigenliquidation berechtigten Arzt) des Krankenhauses einen zusätzlichen Arztvertrag ab, der ihn zur persönlichen Behandlung des Patienten verpflichtet.[16] Der Patient "kauft" sich mithin die persönliche Leistung des behandelnden Arztes hinzu. Für Schäden des Patienten, die ihre Ursache im Bereich der Krankenhausbetreuung haben (etwa Verkehrspflichtverletzungen), haftet allein der Krankenhausträger aus einer pVV des Krankenhausaufnahmevertrages. Ärztliche Fehlleistungen des behandelnden Arztes führen aufgrund der Verdoppelung der Schuldnerstellung zu dessen Haftung neben der des Trägers aus pVV in Verbindung mit § 278 BGB.[17]

---

12 Bölke/Robbers, A.I. 2.42 (S.6); Ehlers/Broglie, S. 175; Steffen, Entwicklungslinien, S. 11

13 RGRK/Nüßgens, § 823 Anh. II Rz. 26

14 Gerade der Tätigkeitsbereich von OP-Schwestern wird sowohl dem Krankenhausbereich wie dem ärztlichen Bereich zuzuweisen sein. Ebenso die Arbeit von Beleghebammen, vgl. OLG Celle VersR 1993, 360; s. im einzelnen Franzki/Hansen, NJW 1990, 737

15 BGH NJW 1993, 779

16 Krankenhausträger sind allerdings nicht verpflichtet, Verträge über ärztliche Wahlleistungen abzuschließen.

17 Bölke/Robbers, A.I.2.43

II. Deliktische Haftungsgrundlagen

1. § 823 Abs. 1 BGB

Die deliktische Haftung des Arztes bzw. Krankenhausträgers folgt zunächst - rechtsgutorientiert - aus § 823 Abs. 1 BGB. Anknüpfungspunkt ist in jedem Falle eine Körper- oder Gesundheitsverletzung des Patienten aufgrund ärztlichen Fehlverhaltens. Haftbar macht nicht nur die fehlerhafte, sondern auch die eigenmächtige Behandlung. Im ersten Falle handelt es sich um eine Störung der physischen oder physiologischen Abläufe im Körper. Im zweiten Fall mag der ärztliche Eingriff an sich *lege artis* vorgenommen worden sein. Zu einer Körperverletzung im Sinne des § 823 Abs. 1 BGB wird er nach überwiegender Auffassung aufgrund der Verletzung des Selbstbestimmungsrechtes des Patienten, das ihm schon verfassungsrechtlich (Art. 2 Abs. 1 S.1 GG) garantiert wird.

Die Ansicht, daß mit der körperlichen Integrität die Eigenverantwortung des Patienten untrennbar mitgewährleistet sei, ist nicht unbestritten. So wird argumentiert, ein sachgerechter ärztlicher Heileingriff, der ohne die nötige Zustimmung des Patienten erfolge, aber seinen physischen Zustand verbessere, könne nie Körperverletzung sein, sondern lediglich als Verletzung des allgemeinen Persönlichkeitsrechts qualifiziert werden.[18] Eine solche werde nur in äußerst schweren Fällen mit einem Schmerzensgeld analog § 847 BGB sanktioniert.

Diese Auffassung vermag indes nicht zu überzeugen. Gegenstand des Rechtsgüterschutzes ist letztlich die Wahrung des persönlichen Entfaltungsspielraumes, d.h. geschützt ist mit dem Rechtsgut zugleich die Freiheit des Trägers, darüber zu disponieren.[19] Besonders deutlich wird dies, wenn man die Schutzbereiche[20] des Rechts auf körperliche Integrität und des Persönlichkeitsrechts miteinander vergleicht. Zwei Situationen sind dabei einander gegenüberzustellen, der zufällig mißglückte und der gelungene eigenmächtige Heileingriff. Im Falle der schicksalshaft fehlgeschlagenen Behandlung gewährt die "Körperverletzungsdoktrin" wie beim Behandlungsfehler Schadensersatz und Schmerzensgeld. Wertet man hingegen einen solchen Eingriff allein als Verletzung des Selbstbestimmungsrechts,

---

18 Laufs, Arztrecht, Rz. 71f.; Wiethölter, S. 109; Weitnauer, S. 1ff.

19 MünchKomm/Mertens, § 823 Rz. 52

20 vgl. allgemein zum Schutzzweck und Schutzbereich der Norm im Arzthaftungsrecht Schramm, S. 53ff.; zum Schutzbereich im Rahmen des Mitverschuldens unten Teil II B VIII 2 b.

ergibt sich unter Schutzbereichsaspekten zwingend eine andere Rechtsfolge: Es werden nur solche Schäden ersetzt, die aus der Vereitelung der Wahlmöglichkeit des Patienten resultieren. Mithin würden bei der genannten Fallkonstellation keinerlei materielle Schäden ersetzt. Ein Schmerzensgeld kommt nur in der Genugtuungsfunktion - Kompensation seelischer Belastungen - in Betracht, weil der Ausgleich erlittener körperlicher Schmerzen nicht mit der Entscheidungsfreiheit in Zusammenhang steht. Folgerichtig setzt der Schmerzensgeldanspruch eine besonders schwere oder grob schuldhafte Mißachtung des Patientenwillens voraus.

Ein gelungener Eingriff kann keinen materiellen Schaden verursachen. Die herrschende Meinung würde hier aber eine Verletzung des Körpers anerkennen, die grundsätzlich einen Schmerzensgeldanspruch begründet. Einen derartigen Anspruch würde auch die gegenteilige Auffassung dem Grunde nach bejahen. Dessen Bemessung würde sich aber wieder ausschließlich am Verlust des *ius variandi* orientieren.

Die vorstehende Gegenüberstellung zeigt, daß der Schutzbereich des Persönlichkeitsrechts im Normschutzbereich von Körper und Gesundheit enthalten ist. Anderenfalls würde der Schutz der Selbstbestimmung des Patienten - wie ersichtlich - weitgehend leerlaufen. Die Entschließungsfreiheit ist jedoch jedem verfügbaren Rechtsgut vorgeordnet. Sie ist transparent: Hinter ihr wird das der Disposition zugewiesene Recht auf Gesundheit erst sichtbar.[21]

2. *§ 823 Abs. 2 BGB*

§ 823 Abs. 2 BGB knüpft die Haftung an den schuldhaften Verstoß gegen ein den Schutz eines anderen bezweckendes Gesetz. Entscheidend ist nicht die Verletzung eines bestimmten Rechtsgutes, sondern der Umgang mit ihm.

Im Rahmen der ärztlichen Einstandspflicht wird z.T. die Einordnung der ärztlichen Verhaltenspflichten als "Verkehrpflichten zweiten Grades" befürwortet, die den Schutzgesetzen in § 823 Abs. 2 BGB funktional gleichstehen sollen[22]. Doch ist eine derartige Qualifizierung zweifelhaft: § 823 Abs. 2 BGB unterscheidet sich gerade dadurch von Abs. 1, daß er abstrakte, außerdeliktische Verhaltensnormen in deliktische Verhaltenspflichten transponiert[23]. Die ärztlichen Berufspflichten sind hingegen originär deliktisch, weil sie naturgemäß

---

21 Deutsch, NJW 1965, 1989f.

22 Bodenburg, S. 193

23 Deutsch, Allgemeines Haftungsrecht, Rz. 54; Brüggemeier, Deliktsrecht, Rz. 791; auch MünchKomm/Mertens, § 823 Rz.138

auf die Rechtsgüter Körper und Gesundheit des Patienten bezogen sind[24]. Insoweit werden sie im Gesamtgefüge der deliktischen Haupttatbestände strukturell eher von § 823 Abs. 1 BGB erfaßt.

3. § 831 BGB

§ 831 BGB statuiert eine Haftung des Übergeordneten für Fehler der Nachgeordneten. Das Gesetz bezeichnet diese als "Verrichtungsgehilfen": Kennzeichnend ist die Übertragung einer beliebigen Tätigkeit bei gleichzeitiger Weisungsgebundenheit[25]. Der Geschäftsherr kann Nachgeordnete anstellen, ihre Arbeit organisieren und sie ggf. entlassen[26].

Der Arzt kann - je nach Art und Weise seines Tätigwerdens - Herr oder Gehilfe sein. So kann der frei praktizierende Arzt als Übergeordneter in seiner Praxis Hilfskräfte beschäftigen. Er hat sie sorgfältig auszuwählen, anzuleiten, auszurüsten und zu beaufsichtigen, so daß durch ihr Handeln die Gefahr einer Schädigung der Patienten nicht erhöht wird. Im Schadensfalle wird die Schuldhaftigkeit des Pflichtverstoßes widerleglich vermutet: Um der Haftung zu entgehen, muß der Arzt beweisen, daß er nicht nachlässig gehandelt hat oder die Verletzung auch bei sorgfältigem Verhalten entstanden wäre.

Auch größere Einheiten kommen als Geschäftsherren in Betracht. Dazu zählen insbesondere private wie auch öffentliche Krankenhausträger. Verrichtungsgehilfen sind nicht nur die angestellten Krankenschwestern und das sonstige Pflegepersonal[27]. Ebenso muß der Träger nach § 831 Abs. 1 BGB für Fehlverhalten der bei ihm beschäftigten Ärzte grundsätzlich einstehen. Dabei ist freilich nach der Art des vorliegenden Vertrages zu differenzieren[28]. Beim totalen Krankenhausvertrag erfüllt der Arzt mit der Behandlung Aufgaben des Trägers, den die Geschäftsherrenhaftung trifft. Erfolgt die Behandlung auf der Basis eines totalen Krankenhausvertrages mit Arztzusatzvertrag, liegt hinsichtlich ggf. hinzugezogener Assistenzärzte eine doppelte Gehilfenstellung vor: Diese sind ebenso Gehilfen des Trägers wie des liquidationsberechtigten leitenden Arztes, dessen Leistungen sich der Patient hinzukauft.[29] Im Rahmen

---

24 Bodenburg, a.a.O., S.112; Schramm, S.76

25 Das folgt bereits aus § 831 Abs.1 S.2; s. auch BGHZ 26, 152 (159); 45,313

26 Deutsch, Arztrecht und Arzneimittelrecht, S.109

27 RGZ 139 (255):Röntgenschwester im Krankenhaus als Verrichtungsgehilfin eines niedergelassenen Arztes; BGH NJW 1956, 1834: Urlaubsvertreter als Verrichtungsgehilfe des Praxisinhabers; BGH NJW 1980, 1903f.

28 Ehlers/Broglie, S. 200

29 Giesen, Arzthaftungsrecht, Rz. 23f.; Geiß, S. 34

des gespaltenen Krankenhausvertrages trägt der Krankenhausträger die Haftungszuweisung des § 831 BGB ausschließlich für die allgemeine ärztliche Assistenz. Der Belegarzt bzw. selbstliquidierende Chefarzt muß hingegen für das in seinem fachlichen Leistungsbereich hinzugezogene nachgeordnete Personal einstehen[30]. Dabei ist zu betonen, daß der Chefarzt selbst normalerweise kein Verrichtungsgehilfe ist. Im Rahmen seiner Behandlungsmaßnahmen handelt er völlig eigenverantwortlich, freilich nur, soweit ihn keinerlei Weisungen des Trägers berühren[31]. Anders, wenn ihn als Leiter oder Bediensteter des Krankenhauses Anleitungs- oder Unterrichtungspflichten gegenüber dem Personal treffen; in diesem Bereich ist er Gehilfe des Trägers[32].

Wie ersichtlich, folgt die Haftung des Krankenhausträgers aus § 831 BGB den Strukturen des Vertragsrechts. Der theoretisch bedeutsame Unterschied zu § 278 BGB, demzufolge das - fremde - Verschulden des Erfüllungsgehilfen dem Vertragspartner wie eigenes zugerechnet wird, ist in der Praxis gering. Denn die Rechtsprechung stellt an die Voraussetzungen des Entlastungsbeweises angesichts der Organisations- und Kontrollpflichten des Trägers hohe Anforderungen[33]. Hinzu kommt, daß die Auswahl- und Kontrollpflichten, die dem Krankenhausträger als Geschäftsherrn auferlegt sind, eine doppelte Rechtsgrundlage haben. Neben § 831 BGB lassen sie sich auch aus § 823 BGB als allgemeine Organisations- und Sicherungspflichten herleiten. Wer andere, weisungsabhängige Personen mit Tätigkeiten betraut, die originär der eigenen Zuständigkeit zugewiesen sind, muß sicherstellen, daß sich keine Gefahren realisieren, die sich aus der Übertragung ergeben können. Insoweit bildet § 831 BGB nur einen Ausschnitt aus den allgemeinen Verkehrspflichten, die jedem Gefahrenveranlasser und Sachbereichsbeherrscher auferlegt sind.[34]

§ 823 BGB ergänzt mithin das Pflichtenprogramm des Krankenhausträgers hinsichtlich der Sicherung des übertragenen Wirkungskreises, so daß eine deliktische Haftung wegen fahrlässiger Versäumnisse *selbst dann* gegeben sein kann, wenn dem Geschäftsherrn der Exkulpationsbeweis gelingt oder eine Haftung nach § 831 BGB ausscheidet, weil dem "Gehilfen" die weisungsabhängige Stellung fehlt.

---

30 Franzki/Hansen, NJW 1990, 738f.; Geiß, aaO, S. 33

31 Bei völliger Weisungsfreiheit ist er *Organ* des Krankenhausträgers, und zwar unabhängig davon, ob er im Rahmen eines Anstellungsverhältnisses oder als beamteter Chefarzt tätig wird; BGHZ 77, 74ff.

32 BGH NJW 1975, 1463 (1465); auch RGRK/Steffen, § 831 Rz. 21

33 Deutsch, VersR 1977, 101 (103); OLG Köln, MedR 1984, 67

34 MünchKomm/Mertens, § 831 Rz. 3; RGRK/Steffen, § 831 Rz.4

Schließlich ist denkbar, daß den Krankenhausträger zwar - etwa mangels Verschuldens - keine Haftung aus § 831 BGB oder § 823 BGB trifft, wohl aber eine interne Freistellungspflicht gegenüber dem haftpflichtigen Gehilfen aus dem Gesichtspunkt arbeitsrechtlicher Fürsorge.[35] Die Eigenart der übertragenen Tätigkeit kann es mit sich bringen, daß auch dem sorgfältig Handelnden gelegentlich Fehler unterlaufen, die bei isolierter Betrachtung zwar vermeidbar wären, mit denen aber angesichts der menschlichen Unzulänglichkeit erfahrungsgemäß zu rechnen ist[36]. Zwar läßt sich nicht generell und schlechthin sagen, daß die Arbeit des Krankenhausarztes oder des Pflegepersonals gefahrgeneigt sei; maßgebend sind immer die Umstände des Einzelfalles. Wohl aber ist in Rechtsprechung und Literatur anerkannt, daß es typische Bereiche ärztlichen Handelns geben kann, denen eine besondere Schadensneigung innewohnt[37].

Zusammenfassend ist festzustellen, daß die deliktische Einstandspflicht des Arztes bzw. Krankenhausträgers für Fehler der Gehilfen nahezu lückenlos ist. Auch hier wird deutlich, daß die vertragliche und deliktische Haftung im vorgenannten Bereich miteinander verschmelzen.

4. §§ 823, 31, 89, BGB

Verbleibende, potentielle Haftungslücken werden dadurch geschlossen, daß die Rechtsprechung den in weisungsunabhängiger Spitzenstellung befindlichen Chefarzt und seinen Urlaubsvertreter[38] als "Organ" des Krankenhausträgers ansieht, für den ohne Entlastungsmöglichkeit gem. §§ 31, 89 BGB einzustehen ist[39]. Notwendig, aber auch hinreichend ist, daß dem Chefarzt bedeutsame und wesensmäßige Funktionen des Krankenhauses zur eigenverantwortlichen Erfüllung zugewiesen sind, so daß er den Krankenhausträger in diesem Bereich repräsentiert. Unwesentlich ist, ob das Krankenhaus rechtlich und organisatorisch verselbständigt ist.

Das gilt auch für Fehler des selbstliquidierenden Chefarztes in den Regelfällen des Arztzusatzvertrages, der den Träger auch für den Bereich der von den selbstliquidierenden Ärzten zu erbringenden Leistungen nicht aus der eigenen

---

35 Laufs, Arztrecht, Rz. 567

36 BAG AP Nr. 78 zu § 611 BGB; Deutsch, Schadensersatz u. unerlaubte Handlung, Rz. 318; Laufs aaO.

37 Laufs/Uhlenbruck, § 104 Rz. 3

38 BGH NJW 1987, 2925

39 BGH NJW 1972, 334; BGHZ 77, 74 (79); 95, 63; 101, 215; BGH VersR 1980, 768

Behandlungsaufgabe entläßt.[40] Anders, wenn ein gespaltener Arzt - Krankenhaus - Vertrag vorliegt: Dann würden gar keine Aufgaben des Klinikträgers (mit-)wahrgenommen; vielmehr wäre der Arzt originär zuständig[41]. Damit haftete er auch selbst.

5. § 839 BGB

Die deliktische Verantwortung des im staatsrechtlichen, d.h. nach Maßgabe der Beamtengesetze beamteten Arztes bestimmt sich nicht nach § 823, sondern nach § 839 BGB.[42] Dies gilt auch dann, wenn der beamtete Arzt, wie dies bei der stationären Behandlung von Patienten in Kliniken mit öffentlich - rechtlicher Trägerschaft regelmäßig der Fall ist, im privatrechtlichen Bereich tätig wird. In diesem Falle ist zwar mangels hoheitlichen Handelns eine Haftungsüberleitung auf den Staat nach Art. 34 GG ausgeschlossen.[43] Das Verweisungsprivileg des § 839 Abs. 1 S. 2 BGB bleibt jedoch anwendbar: Beamtete Ärzte sind von der deliktischen (nicht der vertraglichen) Haftung frei, wenn sie auf einen anderen vertraglichen oder deliktischen Haftungsschuldner verweisen können.[44] Der selbstliquidierende Krankenhausarzt wird nur dann aus seiner beamtenrechtlichen Stellung heraus tätig, wenn er Privatpatienten stationär behandelt.[45]

Der Anwendungsbereich der übergeleiteten Arzthaftung nach § 839 BGB, Art. 34 GG ist relativ klein. Eine hoheitliche Qualifizierung des Behandlungsverhältnisses kommt nur bei Zwangsbehandlung, Unterbringung, Alkoholtests, amtsärztlichen Untersuchungen etc. in Betracht. Hier ist der Beamtenstatus unerheblich; ausschlaggebend ist allein, ob in Ausübung eines öffentlichen Amtes gehandelt wurde.

---

40 BGH VersR 1985, 1043 (1046); Steffen, Entwicklungslinien, S. 36

41 BGH JR 1976,151 m. Anm. Gitter; OLG Köln VersR 1985, 844; auch Deutsch, Arzt- und Arzneimittelrecht, S.112; Laufs, Arztrecht, Rz. 413; Steffen, aaO, S. 27

42 BGHZ 85, 63; 89, 263; ; Kern/Laufs, S. 156f.; Geiß, S. 55; Giesen, Arzthaftungsrecht, Rz. 6

43 RGRK/Nüßgens, § 823 Anh. II Rz. 257

44 BGH VersR 1983, 244(246); BGH VersR 1989, 145; BGH VersR 1993, 481

45 BGH NJW 1983, 244; OLG Stuttgart VersR 1994, 1476

III. Geschäftsführung ohne Auftrag, §§ 677 ff.BGB

Behandelt der Arzt einen Bewußtlosen, Geschäftsunfähigen oder beschränkt Geschäftsfähigen ohne die Zustimmung des gesetzlichen Vertreters, ist Anspruchsgegner derjenige, in dessen Interesse sein Handeln lag.

Bei einer rechtfertigenden GoA obliegen dem Arzt wie sonst die ärztlichen Pflichten zu sorgfältigen Verhalten und zur Aufklärung, sofern in dieser Lage des Patienten durchführbar. Die besondere Lage gebietet es dabei, daß zunächst nur vital oder dringlich indizierte Maßnahmen getroffen werden.[46]

Auch im Rahmen der GoA ist der Arzt grundsätzlich nicht zur Behandlungsübernahme verpflichtet. In dringenden Erkrankungsfällen[47], beim Bereitschafts- oder Notarzt sowie für den öffentlich-rechtlichen Krankenhausträger gilt freilich anderes.

Die Anwendung des § 680 BGB, d.h. die Haftungsbeschränkung auf Vorsatz und grobe Fahrlässigkeit, ist im Hinblick darauf umstritten, daß dem Arzt aus § 683 BGB ein voller Gebührenanspruch erwächst.[48] So wird vorgeschlagen, die Norm in den o.g. Fällen nicht anzuwenden.[49] Doch wird die Fragestellung schon dadurch entschärft, daß die Anforderungen an die ärztliche Sorgfalt bei Notfällen ohnehin herabgesetzt werden.

B.Haftungstatbestände: Verletzung ärztlicher Berufspflichten

Bisher sind die Grundlagen des Behandlungsverhältnisses mit den daraus resultierenden vertraglichen und deliktischen Verantwortlichkeiten dargestellt worden. Im folgenden geht es um den Umfang der ärztlichen Pflichten, deren schuldhafte Verletzung die Haftung auslöst. Die denkbaren Verstöße gegen die Berufspflichten lassen sich grob in zwei Gruppen einteilen, in die Verletzung der gebotenen beruflichen Sorgfalt bei der Behandlung des Patienten einerseits und die Vornahme eines ärztlichen Eingriffs ohne wirksame Einwilligung des Patienten andererseits.

I. Behandlungsfehler

Jeder Arzt hat bei der Behandlung des Patienten die beruflich gebotene Sorgfalt einzuhalten. Die professionellen Anforderungen sind nicht im einzelnen im

---

46 RGRK/Nüßgens, § 823 Anh. II, Rz. 41

47 BGHSt. 7, 211

48 Erman/Hauß, § 683 Rz. 8; Palandt/Thomas, § 683 Rz. 8

49 Laufs, Arztrecht, Rz. 125

Vertrags- oder Deliktsrecht festgelegt, sondern durch die Rechtsprechung in unterschiedlichen Tatbeständen konkretisiert worden.

Sorgfaltsbestimmendes Merkmal war früher der "Stand der Wissenschaft und Technik", während heute auf den "Standard" der Wissenschaft abgestellt wird.[50] Bezeichnet ersterer etwas Gegebenes und Erreichtes, ja Fixiertes, so deutet "Standard" auf das hin, was § 276 Abs. 1 BGB mit der "erforderlichen" Sorgfalt gebietet, nämlich auf ein normativ auferlegtes fortwährendes Sichanpassen an Umstände und Gefahren: Standard bedeutet Dynamik.[51]

Der Vorwurf des Behandlungsfehlers[52] wird nicht schon durch den schlichten Mißerfolg der Behandlung, sondern immer erst durch die Außerachtlassung des beruflichen Standards begründet.[53] Dabei hängt die vom Arzt zu fordernde Sorgfalt wesentlich von den Umständen des Einzelfalls ab. Der Maßstab richtet sich nach objektiv-typisierenden, nicht nach subjektiv-individuellen Merkmalen. Es gilt das Prinzip der Gruppenfahrlässigkeit: Ihr zufolge kommt es auf die im jeweiligen Verkehrskreis der Allgemein- oder Gebietsärzte vorausgesetzten Fähigkeiten, die hier zu erwartenden Kenntnisse und Fähigkeiten an, nicht dagegen auf persönliche Möglichkeiten des einzelnen Berufsangehörigen.

Da sich die medizinische Wissenschaft und das ärztliche Erfahrungswissen in ständigem Fluß befinden, ist es oft schwierig, den zur Zeit einer Behandlung geltenden Standard exakt festzustellen. Dies gilt um so mehr, als dem Arzt kraft seiner Therapie- und Kurierfreiheit ein beträchtlicher Ermessensspielraum hinsichtlich Methodenwahl, Therapieform etc. zusteht. Er hat die Eigenheiten jedes Patienten zu berücksichtigen und in die Behandlung einzustellen. Dies bedeutet, daß er Außenseitermethoden anwenden oder von einer allgemein anerkannten Regel der Medizin abweichen darf, um den Heilungserfolg herbeizuführen. Nur so läßt sich zudem der medizinische Standard fortentwikkeln. Neuartige diagnostische oder therapeutische Methoden , die den noch geltenden Standard übertreffen, hat der Arzt indes nur dann der Behandlung

---

50 Laufs/Uhlenbruck, § 39 Rz. 9; Giesen, Arzthaftungsrecht, Rz. 73

51 Deutsch, Arztrecht und Arzneimittelrecht, S. 8, 82, 84; ders. NJW 1993, 1506ff.

52 Früher wurde in Rechtsprechung und Literatur oft vom "Kunstfehler" gesprochen, dessen Vorliegen man an den Verstoß gegen "Kunstregeln" als vorgegebenes Verhaltensprogramm anknüpfte. Dies führte gelegentlich zu Abgrenzungsschwierigkeiten mit dem Begriff der Fahrlässigkeit; ferner wurden als Kunstfehler z. T. nur elementare Pflichtenverstöße angesehen. Deshalb hat sich der - weiterreichende - Ausdruck des Behandlungsfehlers durchgesetzt, vgl. Deutsch, Arzt- und Arzneimittelrecht, S. 81; Bodenburg, S. 8 ff.

53 RGRK/Nüßgens, § 823 Rz. 179; MünchKomm/Mertens, § 823 Rz. 379, 382; Deutsch, NJW 1993, 1506f.

zugrundezulegen, wenn dies möglich und unter Abwägung von Nutzen und Risiko vertretbar erscheint.

Dem Zugeständnis eines therapeutischen Entscheidungsfreiraums korrespondiert die Erwartung, daß der Arzt über einen Kernbestand medizinischen Wissens verfügt. Er muß sämtliche diagnostischen und therapeutischen Methoden beherrschen, die zur ärztlichen Routine gehören; ebenso muß er die Grenzen seiner Fähigkeiten einschätzen können und den Patienten gegebenenfalls an einen Spezialisten überweisen. Weiterhin hat er eine dauernde Pflicht zu beruflicher Fortbildung.[54] Eine Entlastungsmöglichkeit mit dem Hinweis, die vollständige Verfolgung der Fortschritte im Fach sei unmöglich, besteht nicht.

Andererseits kann der "erwartete" Standard die allgemeinen Grenzen im System der Krankenversorgung, wie Kapazitäts- und Finanzierungsengpässe, nicht völlig ignorieren. Der Patient kann nicht jederzeit und allerorten optimale Behandlungsbedingungen, nach den neuesten Methoden arbeitende Ärzte und modernste Apparate erwarten.[55] Insoweit gilt für ein Landeskrankenhaus ein anderer Standard als für eine Universitätsklinik, für einen Hochschullehrer ein anderer Maßstab als für einen Facharzt oder einen Allgemeinmediziner.

So vielfältig die real vorkommenden Behandlungsfehler sind, so vielfältig sind die Versuche, sie rechtlich in Gruppen zu strukturieren. Wie bereits dargelegt wurde, ist es nicht möglich, das ärztliche Verhalten an festen, abstrakten Regeln zu messen. Die Rechtsprechung hat lediglich für typische Fallbereiche Verhaltensweisen eines sorgfaltsgemäßen ärztlichen Vorgehens herausgearbeitet, die hier nur skizzenhaft wiedergegeben werden können.

So muß der Arzt vor jeglicher Behandlungsmaßnahme eine Diagnose stellen. Diagnosefehler liegen in unzureichenden Maßnahmen[56], fehlerhafter Diagnosestellung[57] oder schlichtem Unterlassen einer Diagnose[58]. Werden zur Diagnose oder Therapie technische Mittel oder medizinische Geräte eingesetzt, ist es erforderlich, den technischen Standard einzuhalten. Für den Arzt als Anwender und den Krankenhausträger als Betreiber wird dieser konkretisiert durch die Vorschriften der Medizingeräteverordnung von 1986[59]: Sämtliche Geräte, die entweder im Körper des Patienten oder außerhalb eingesetzt werden und mittelbar oder unmittelbar dem Gesundheitsschutz dienen, werden -

---

54 Steffen, S. 55; Deutsch, S. 86 f.; Giesen, Arzthaftungsrecht, Rz. 77.

55 BGHZ 102, 17 (24); Giesen aaO. (Rz.75)

56 BGH VersR 1983, 983; VersR 1985, 886

57 OLG Celle VersR 1987, 941

58 BGH NJW 1988, 2298; BGHZ 99,391

59 MedGV BGBl. 1985 I, 93

entsprechend dem Grad ihrer Gefährlichkeit - in vier Gruppen eingeteilt (§ 2 MedGV). Es werden unterschiedliche Anforderungen an Errichtung, Betrieb und Überprüfung der Geräte gestellt, deren Nichtbeachtung zu einer der objektiven Haftung angenäherten Einstandspflicht von Arzt bzw. Klinik führt.[60]

Bei der Anwendung von Arzneimitteln muß sich der Arzt nicht nur über Kontraindikationen, Dosierung und Nebenwirkungen informieren, sondern auch in jedem konkreten Einzelfall Nutzen und Risiken des betreffenden Medikamentes gegeneinander abwägen[61].

Einen wesentlichen Grund möglicher Behandlungsfehler[62] bildet die Fahrlässigkeit im organisatorischen Bereich. Leitende Ärzte in Kliniken sind ebenso wie diese selbst dafür verantwortlich, daß eine hinreichende personell - technische Ausstattung vorliegt und die Klinikabläufe sachgerecht organisiert sind.[63] Das bedeutet etwa, daß Hygienevorschriften einzuhalten sind und die Verkehrssicherheit im und um das Krankenhaus gewährleistet sein muß[64]. Gefahren entstehen auch aus mangelnder Qualifikation des ärztlichen und nichtärztlichen Personals sowie aus unzulänglicher Kommunikation und Koordination[65]. Demzufolge muß das ärztliche und das nichtärztliche Personal hinreichend überwacht[66] werden, es muß eine klare Zuständigkeitsregelung für Behandlungsführung, Dienstbereitschaft und Patientenaufklärung bestehen[67].Gerade der letztgenannte Aspekt führt namentlich in Universitäts- und anderen Großkliniken immer wieder zu praktischen Schwierigkeiten. Bei potentiell besonders schadensträchtigen Behandlungen, wenn etwa aufgrund der Schwere des Krankheitsbildes die Behandlung als individueller Heilversuch ausgestaltet ist, stellt es bereits ein Organisationsverschulden dar, wenn der Klinikträger nicht sicherstellt, daß die Patienten in umfassender Weise über Chancen, Risiken und mögliche Alternativen der Behandlung informiert werden.

Schließlich sind Sorgfaltsmängel und damit Behandlungsfehler im Bereich der ärztlichen Arbeitsteilung denkbar. Zu differenzieren ist hier zwischen

---

60 Hartl, VersR 1986, 1050 (1051)

61 BGH VersR 1967, 775; NJW 1982, 697

62 Gelegentlich wird in diesen Fällen nicht von "Behandlungsfehlern" gesprochen, sondern von einer eigenen Fallgruppe deliktischer Verantwortlichkeit, vgl. Brüggemeier, Rz. 765.

63 BGHZ 95, 63 (75); Deutsch, Arzt- und Arzneimittelrecht, S. 78 f.; Laufs, Arztrecht, Rz. 532 ff.; Giesen, Rz. 142

64 BGH VersR 1960, 19; BGH VersR 1983, 735; Giesen, Wandlungen, S. 28ff.

65 Laufs, Rz. 356

66 BGHZ 84, 1403; BGHZ 89, 263

67 BGH NJW 1986, 776

horizontaler und vertikaler Arbeitsteilung. Bei ersterer gilt prinzipiell der Vertrauensgrundsatz: Sofern bei einer Behandlungsmaßnahme mehrere Ärzte unterschiedlicher Fachgebiete oder Aufgabenbereiche tätig werden, dürfen sich die Beteiligten auf die fehlerfreie Mitwirkung des Kollegen aus der anderen Fachrichtung verlassen.[68] Der vertikalen Arbeitsteilung liegt indessen ein Über- / Unterordnungsverhältnis zwischen Chefarzt, Assistenzarzt und Hilfspersonal zugrunde. Der daraus resultierenden Weisungsbefugnis des Übergeordneten entspricht eine Überwachungspflicht. Praktische Probleme bestehen in diesem Zusammenhang bei der Übertragung spezieller Aufgaben auf nichtmedizinische Mitarbeiter.[69] Vieles ist hier unsicher, da die Delegationsmöglichkeiten nicht gesetzlich geregelt sind.[70] Jedenfalls kann sich der zuständige Arzt nicht vollständig qua Delegation von seinen ihm obliegenden Pflichten lösen;[71] im Einzelfall kommt hier ein die Haftung begründendes Delegations- oder Kooperationsverschulden in Betracht.

II. Verletzungen der Aufklärungspflicht

Neben dem Behandlungsfehler steht als zweiter großer Haftungstatbestand die Aufklärungspflichtverletzung. Der Patient kann seinen Schadensersatzanspruch nicht nur auf die Nichteinhaltung des geschuldeten ärztlichen Standards stützen, sondern - alternativ oder kumulativ - auf eine nicht hinreichende Aufklärung. Dabei kann die Berufung auf Aufklärungsdefizite einen subsidiären Tatbestand für nicht voll bewiesene Behandlungsfehler darstellen. Beweismäßig steht der Patient erheblich günstiger, da die Beweislast für Einwilligung und Aufklärung dem Arzt zufällt, während der Patient den Behandlungsfehler nachzuweisen hat[72]. Selbständige Bedeutung gewinnt die Berufung auf Aufklärungspflichtverletzungen in den Fällen, in denen der Eingriff aufschiebbar war oder gar nicht notwendig gewesen ist. Hier wurde dem Patienten durch die Eigenmacht die Möglichkeit genommen, abzuwägen, ob er sich behandeln lassen oder mit seinem Leiden weiterleben will[73].

---

68 BGH NJW 1980, 649

69 Jung/Heinze, MedR 1985, 62; BGH NJW 1968, 1181; BGH VersR 1974, 486; OLG Köln VersR 1988, 44; Franzki/Hansen, NJW 1990, 737 (740)

70 Die Bundesärztekammer und andere Einrichtungen haben allerdings Richtlinien für die Durchführung typischer Tätigkeitsbereiche wie Transfusionen, Injektionen etc. herausgegeben, s. dazu Opderbecke/Weißauer, Inf. des Berufsvb. der Dt. Chirurgen e.V. , 9/1983, S. 157ff.

71 Jung/Heinze, aaO.; Deutsch, Arzt- und Arzneimittelrecht, S. 115

72 Kern/Laufs, S. 163f.; Tempel, NJW 1980, 609 (616)

73 Eberhardt, S. 217

Folgentypisch lassen sich zwei Aufklärungsarten unterscheiden, Sicherungsaufklärung und Selbstbestimmungsaufklärung. Unter Sicherungsaufklärung[74] ist die Belehrung des Patienten über ein therapiegerechtes Verhalten zur Sicherung des Heilungserfolges zu verstehen. Sie ist keine echte Aufklärung im hier erörterten Sinne. Unterläßt der Arzt pflichtwidrig diese Form der Aufklärung, liegt vielmehr ein die Haftung begründender Behandlungsfehler vor. Verletzungen der Aufklärungspflicht im eigentlichen Sinn betreffen die Selbstbestimmungsaufklärung. Diese bezweckt nicht, den Patienten vor möglichen schädlichen Folgen der ärztlichen Behandlung zu bewahren. Vielmehr soll ihm die Grundlage gegeben werden, sich bei seiner Einwilligung in den ärztlichen Eingriff eigenverantwortlich entscheiden zu können. Er darf und soll selbst bestimmen, ob er sich einer Behandlungsmaßnahme unterziehen will oder nicht. Geschützt wird mithin das Persönlichkeitsrecht des Patienten: *Voluntas aegroti suprema lex.*

Die Selbstbestimmungsaufklärung bezieht sich inhaltlich auf die Diagnose, die Art und den Verlauf der Krankheit, die Risiken und mögliche Nachwirkungen.

Die Entscheidungsfreiheit des Patienten setzt voraus, daß er über den medizinischen Befund (Diagnose) informiert wird. Ohne Kenntnis seines Zustandes wird er weder den Verlauf der Heilmaßnahme verstehen noch die Notwendigkeit abschätzen können, ein bestimmtes Risiko auf sich zu nehmen.[75]

Das bedeutet allerdings nicht, daß der Arzt in jedem Fall die Diagnose voll zu eröffnen hätte. Abgesehen von einem möglichen Verzicht auf die Aufklärung seitens des Patienten kann es bei bestimmten schweren Erkrankungen und infauster Prognose kontraindiziert sein, den Patienten mit der vollen Wahrheit seines Zustandes zu belasten. In derartigen Grenzsituationen, die freilich Ausnahmetatbestände bleiben müssen, hat die ärztliche Aufklärung zurückzustehen, wenn anderenfalls Gesundheit oder gar Leben des Patienten gefährdet wären.[76] Denkbar sind darüber hinaus Fälle, bei denen durch die Aufklärung das Risiko des Schadenseintritts geradezu erhöht[77] oder Rechte Dritter gefährdet würden.[78] Aber auch jenseits der medizinischen Kontraindikation der Aufklärung kann vollständige Offenheit unmenschlich sein. Deshalb besteht ein er-

---

74 Gelegentlich wird auch der Begriff "therapeutische Aufklärung" oder "therapeutische Beratung" verwandt, vgl. Kern/Laufs, S. 2; Taupitz, Offenbarung, S. 96f.

75 Kern/Laufs, S. 53

76 BGHZ 85, 327 (333); 90, 103 (109); OLG Köln NJW 1987, 2936

77 Kern/Laufs aaO.; Deutsch, Arzt- und Arzneimittelrecht, S. 71

78 Bei schweren psychischen Erkrankungen etwa kann die Aufklärung unangebracht sein, etwa wenn die Unterrichtung des Kranken Dritte in (potentielle) Gefahr bringt, vgl. Deutsch aaO.

heblicher Spielraum pflichtgemäßen Ermessens auf Seiten des Arztes, wie er dem Kranken seinen Zustand erläutert.[79] Dies muß schon deshalb gelten, weil der Arzt seinen Patienten nicht mit unsicheren und unbestätigten Verdachtsdiagnosen belasten darf[80], jedenfalls dann nicht, wenn ein bestimmter Befund auf eine schwere Erkrankung schließen läßt und der Patient in psychischer Hinsicht erkennbar zu Überreaktionen neigt.[81]

Die Verlaufsaufklärung hat Art, Umfang und Durchführung des Eingriffs zum Gegenstand. Der Patient ist darüber zu unterrichten, was mit ihm geschieht und wie die Krankheit voraussichtlich verläuft, wenn er in den vorgeschlagenen Eingriff nicht einwilligt.[82] Dabei genügt es, wenn der Arzt den Patienten in groben Zügen über den Eingriff informiert; Einzelheiten, insbesondere hinsichtlich des technischen Ablaufs, brauchen nicht dargelegt zu werden.[83]

Demgegenüber vermittelt die Risikoaufklärung Informationen über die Gefahren eines ärztlichen Eingriffs, insbesondere über dauernde oder vorübergehende Nebenfolgen, die sich auch bei Anwendung der gebotenen Sorgfalt, bei fehlerfreier Durchführung des Eingriffs nicht mit Gewißheit ausschließen lassen. Auch müssen die Folgen eines immer möglichen Fehlschlagens der Behandlung erwähnt werden.

Der Aufklärungsumfang hängt immer von den konkreten Umständen des Einzelfalles ab. Der Patient muß Wesen, Bedeutung und Tragweite der geplanten Maßnahme vor der Einwilligung erkennen können und in der Lage sein, das Für und Wider verständig abzuwägen.[84] Das bedeutet, daß über typische Risiken, die mit der Eigenart eines Eingriffs spezifisch verbunden sind, unabhängig von der Komplikationsrate aufzuklären ist; hingegen dürfen solche Gefahren unerwähnt bleiben, die mit jedem Eingriff verbunden sind und die jedermann ohne weiteres in Rechnung stellt.[85] Bei atypischen Risiken ist das Maß der Aufklärung maßgeblich von der Komplikationsdichte einerseits und der

---

79 BGHZ 29, 176 (183); Laufs/Uhlenbruck, § 63 Rz. 14

80 BGHZ 85, 327: Verdachtsdiagnosen in den Krankenunterlagen müssen der Patienteneinsicht entzogen bleiben.

81 OLG Köln MedR 1988, 184

82 BGHZ 29, 176 (181)

83 BGH VersR 1971, 929 (933); 1979, 1012; anderes kann bei medizinisch nicht indizierten Spezialmaßnahmen -z.B. kosmetischen Operationen - gelten, s. OLG Düsseldorf, NJW 1963, 1680

84 BGHZ 29, 176 (180)

85 Dazu gehört etwa die Thrombose- und allgemeine Infektionsgefahr bei Operationen, vgl. etwa BGH NJW 1986, 720

Dringlichkeit des Eingriffes andererseits abhängig. Zwar läßt sich aus Risikostatistiken und prozentual bezifferbaren Eintrittswahrscheinlichkeiten allein kein Maßstab ableiten, schon weil es häufig an statistisch abgesicherten Daten fehlt.[86] Auch ist es erforderlich, zwischen vermeidbaren und unvermeidbaren Risiken zu differenzieren.[87] Grundsätzlich gilt jedoch, daß der Arzt auf seltene Risiken dann hinweisen muß, wenn sie im Fall ihrer Verwirklichung das Leben des Patienten schwerwiegend belasten. Ganz generell vertritt der BGH die Ansicht, der Patient müsse mindestens eine "Grundaufklärung" über die Art und den Schweregrad des Eingriffs erhalten haben; dafür müsse wenigstens das schwerste möglicherweise in Betracht kommende Risiko dargestellt worden sein.[88] Ist dies unterblieben, kann sogar auf den ansonsten wie bei Behandlungsfehlern erforderlichen Zurechnungszusammenhang zwischen Pflichtverletzung und eingetretenen Schaden verzichtet werden; den Arzt entlastet dann nicht, daß sich ein anderes als das aufklärungsbedürftige, aber nicht angesprochene Risiko realisiert hat.[89]

Insbesondere, wenn keine sachliche Dringlichkeit der Maßnahme vorliegt, z. B. bei einer kosmetischen Operation, ist eine umfassende Information des Patienten geboten, da dieser erheblich weniger Risiken einzugehen bereit ist als bei einer lebensbedrohenden Erkrankung.[90] Bei absoluter oder gar vitaler Indikation sind die Anforderungen an Eindringlichkeit und Genauigkeit der ärztlichen Hinweise herabgesetzt.[91] Aber auch hier ist der Arzt nicht von der Pflicht zu Hinweisen auf seltene, aber schwerwiegende typische Risiken suspendiert.

---

86 Steffen, Entwicklungslinien, S. 85; RGRK/Nüßgens, § 823 Anh.II Rz. 114

87 BGH VersR 1981, 278

88 BGH NJW 1991, 2346 = VersR 1991, 777; BGH VersR 1996, 195ff.

89 zur ausnahmsweisen Entlastung des Arztes in diesen Fällen vgl. BGH NJW 1984, 1395; BGH VersR 1985, 183

90 BGH NJW 1972, 335 (337); BGH NJW 1976, 363f.; das gleiche gilt bei rein diagnostischen Eingriffen ohne therapeutischen Eigenwert (BGH JZ 1979, 530f.)

91 BGH NJW 1966, 1855f.; kritisch Giesen, Wandlungen, S. 64ff., der betont, daß der Patient auch in diesen Fällen Herr seines Willens bleiben müsse. Deshalb solle der Umfang der Aufklärung unberührt bleiben, der Arzt seinen Patienten nur unverzüglich und so knapp wie möglich die entscheidungserheblichen Fakten vermitteln.

Teil II Haftungsbegrenzung: Mitwirkung des Patienten an der Schadensentstehung oder Schadensvergrößerung

Erst wenn die Haftung des Arztes, des Krankenhausträgers, oder eines Dritten "an sich"[92] besteht, stellt sich die Frage nach einem anrechenbaren Mitverschulden des Patienten. Bevor dieser Frage im einzelnen nachgegangen wird, ist es notwendig, sich die § 254 BGB zugrundeliegende, nicht sehr übersichtliche Struktur zu vergegenwärtigen.

A. Die Regelung des mitwirkenden Verschuldens im allgemeinen Zivilrecht

I. Mitverschulden im gemeinen Recht - Culpakompensation

Die heute selbstverständlich erscheinende Bestimmung des § 254 BGB regelt das mitwirkende Verschulden des Verletzten erst seit knapp hundert Jahren. Vor Inkrafttreten des BGB war eine ganz andere Betrachtungsweise üblich, und zwar das Prinzip der Culpakompensation[93]: Danach schloß das mitwirkende eigene Verschulden des Geschädigten den Schadensersatzanspruch völlig aus. Vom Grundsatz der völligen Haftungsbefreiung des Schädigers wurde nur bei dessen vorsätzlichen oder arglistigen Handeln eine Ausnahme gemacht; hier haftete der Schädiger immer auf den vollen Schadensbetrag.[94]

Eine Schadensteilung war nach diesem System zwar nicht möglich. *Rother*[95] hat jedoch anhand mehrerer obergerichtlicher Entscheidungen aufgezeigt, daß das theoretisch strenge Alles-oder-Nichts-Prinzip in der Praxis oft nicht durchgehalten wurde. Dem Richter war bei der Feststellung der Frage, *ob* ein Verhalten des Geschädigten als culpa anzurechnen war, einiger Spielraum belassen. Somit war der Übergang gleitend vom starren Rechtszustand vor 1900 hin zur Regel in § 254 BGB, die es ermöglichte, durch freie und flexible Abwägung der Verursachungs- und Verschuldensanteile im Einzelfall den Schadensersatzanspruch nach Billigkeit herabzustufen.

---

92 Es wird an dieser Stelle bewußt vermieden, von einer Haftung "dem Grunde nach" zu sprechen, da sich das Mitverschulden sowohl auf die haftungsbegründende als auch auf die haftungsausfüllende Kausalität beziehen kann.

93 Hauptbeleg der Culpakompensationslehre ist der Satz des Pomponius, D.50, 17, 203: "quod quis ex culpa sua damnum sentit, non intellegitur damnum sentire."

94 Enneccerus/Lehmann, § 16 (S.76); Rother, Haftungsbeschränkung, S. 30

Abwägung der Verursachungs- und Verschuldensanteile im Einzelfall den Schadensersatzanspruch nach Billigkeit herabzustufen.

Es bleibt aber festzuhalten, daß die Culpakompensation in einer Reihe von Vorschriften außerhalb des § 254 im BGB weiterbesteht.[96] Die Bestimmungen sind zwar nicht strukturell, wohl aber dem Normzweck nach § 254 vergleichbar: Jemand, der sonst einen Rechtsvorteil[97] erlangt hätte, erhält ihn nicht oder verliert ihn wieder, wenn er seinerseits Grund zur Mißbilligung seines Verhaltens gibt, z.B. wegen Kennens bzw. Kennenmüssens eines Fehlers, wegen Verschweigens, Böswilligkeit, groben Undanks oder Nachlässigkeit. Steht hier das Fehlverhalten des Berechtigten fest, so entfällt das Recht schlechthin, ohne daß für einen Abwägungsvorgang Raum wäre[98].

II. Grundgedanke und Regelungsgehalt des Mitverschuldens in § 254 BGB

1. Treu und Glauben, Selbstwiderspruch, Sachzuständigkeit

Sofern bei der Entstehung des Schadens ein Verschulden des Beschädigten mitgewirkt hat, mindert sich die Verpflichtung zum Schadensersatz unter den Voraussetzungen des § 254 Abs. 1 BGB. Das gleiche gilt im Rahmen des § 254 Abs. 2 BGB, wenn es der Beschädigte schuldhaft versäumt hat, den Ersatzpflichtigen auf die Gefahr eines besonders hohen Schadens aufmerksam zu machen oder wenn er den Schaden hätte abwenden oder mindern können. Der Geschädigte ist sodann auch für Hilfspersonen und für gesetzliche Vertreter verantwortlich, § 254 Abs. 2 S.2 BGB.

Mit dieser Regelung hat der Gesetzgeber eine flexible Verteilung des entstandenen Schadens zwischen Schädiger und Geschädigtem möglich gemacht.

---

96 Der völlige Ausschluß eines Schadensersatzanspruchs aufgrund mitwirkenden Verschuldens des Ersatzgläubigers findet sich in §§ 122 Abs.2, 123 Abs. 2, 179 Abs.3 S.1, 273 Abs. 2, 307 Abs.1 S.2, 439 Abs.1, 460, 464, 524 Abs. 2, 539, 545 Abs.2, 640 Abs. 2, 651 Abs. 1, 701 Abs. 1 S. 2, 817 S. 2, 839 Abs.3, 932 Abs. 1 S.1, Abs. 2, 937 Abs. 2, 1611 Abs. 2, 2077 Abs. 1 S.2, 2333, 2339 BGB.

97 z. B. durch Schenkung, Erbeinsetzung, Unterhaltsgewährung oder den Erwerb eines Zurückbehaltungs- oder Anfechtungsrechts.

98 Auf den ersten Blick überraschend ist, daß sich sogar in § 254 BGB selbst noch Rudimente der Culpakompensation finden: Hat es der Geschädigte versäumt, den Schuldner auf die Gefahr eines ungewöhnlich großen Schadenspotentials aufmerksam zu machen, findet eine Haftungsherabsetzung statt, § 254 Abs. 2 S. 1 1. Hs. BGB. Kannte der Schuldner jedoch die Gefahr oder mußte er sie kennen, tritt (wieder) die volle Haftung ohne Abwägungsmöglichkeit ein, vgl. Rother, S. 41 (Fn.2)

Verglichen mit dem Culpakompensationsprinzip wird die Position des Geschädigten einerseits gestärkt, indem der Einwand mitwirkenden Verschuldens nicht mehr zur Klagabweisung, sondern nur noch zur Kürzung des Ersatzanspruchs führt. Andererseits wurde die Stellung des Schädigers verbessert, weil ein nur geringes Mitverschulden seines Gegenübers ihm nunmehr immerhin zugute kommt.

Über den Grundgedanken des § 254 BGB bestehen Meinungsverschiedenheiten. Dies mag nicht zuletzt daran liegen, daß die Vorschrift schon sprachlich mißglückt ist. Ein Verschulden kann nach dem sonstigen Sprachgebrauch des Gesetzes nicht "mitwirken", da es nur eine Handlungsmodalität, nicht aber die Handlung selbst bezeichnet.[99] Was alles "schuldhaft" im Sinne der Norm ist und welche Substanz der Begriff "Schuld" hat, ist in der wissenschaftlichen Diskussion bis heute streitig geblieben. Auf diese Frage wird zu einem späteren Zeitpunkt noch einzugehen sein.[100]

Die Rechtsprechung[101] stellt § 254 BGB als Ausprägung des allgemeinen Grundsatzes von Treu und Glauben nach § 242 BGB dar.[102] Dem Geschädigten soll es nicht erlaubt sein, seinen Schaden auch zu demjenigen Teil vom Schädiger zu liquidieren, zu dem er ihn billigerweise seinem eigenen, früheren Verhalten zurechnen müsse. Dem Schädiger seinerseits müsse die volle Haftung insoweit als unzumutbar erspart bleiben, als ihm die Schadensminimierung durch das Verhalten des Geschädigten in besonderer Weise erschwert worden sei. Ein derart allgemeines Prinzip kann indessen im Rahmen einer allgemeinen Haftungsbeschränkung nichts weitergehendes aussagen als in der Zivilrechtsordnung schlechthin. Letztlich ist das gesamte BGB eine Konkretisierung des Grundsatzes von Treu und Glauben.[103]

Aus diesem Grunde wird in Teilen der Literatur[104] eine Präzisierung dahingehend versucht, daß die Norm das Verbot des *venire contra factum proprium* ausspreche. Der Geschädigte verhalte sich zwar nicht schon dadurch treuwid-

---

99 Lange, Schadensersatz, § 10 III

100 siehe dazu unter A III 3, B VI, VII

101 BGHZ 34, 355 (363f.); 36, 329 (347); 50, 112 (115); 56, 163 (169); BGH NJW 1980, 1518f.; NJW 1982, 168

102 Deutschrechtlich läßt sich das ausdrücken mit der Formel:"Wer den guten Tropfen hat, muß auch den bösen haben", vgl. Dunz, NJW 1986, 2234

103 Lange, Schadensersatz, § 10 V 2; Hinrichs, S. 17; MünchKomm/Grunsky, § 254 Rz.2

104 Deutsch, Allgemeines Haftungsrecht, Rz. 563; Adriani, S.28; R. Schmidt, S.109ff.; RGRK/Alff, § 254 Rz.1; Staudinger/ Medicus, § 254 Rz.3; Dunz, JZ 1961, 406ff.; gelegentlich auch die frühere Rechtsprechung, vgl. BGHZ 34, 355 (363f.); BGH NJW 1970, 756

rig, daß er seine eigenen Belange vernachlässige. Ein Selbstwiderspruch läge jedoch darin, wenn er trotz eigenen Verantwortungsbeitrags vollen Schadensersatz fordern könne. Die Treuwidrigkeit wird also erst in der Geltendmachung des vollen Anspruchs gesehen. Gegen ein derartiges Verständnis des § 254 BGB wird der formale Einwand erhoben, daß das Verbot des Selbstwiderspruchs sich allein auf Fälle beziehe, in denen der Gläubiger einen an sich entstandenen Anspruch nicht (mehr) geltend mache und damit beim Schuldner ein schützenswertes Vertrauen erwecke.[105] Demgegenüber sei bei § 254 BGB der Anspruch im Umfang der schuldhaften Eigenverursachung erst gar nicht entstanden.[106]

Eine andere Auffassung will deshalb § 254 BGB nicht mit dem Verbot des Selbstwiderspruchs erklären, sondern der Vorschrift ein "Verantwortungsprinzip" zugrundelegen.[107] Wer mit seinen eigenen Rechtsgütern nachlässig umgehe oder haftbar machende Gefahren in den Verkehr bringe, müsse jedenfalls einen Teil der Folgen selbst tragen, wenn sich die von ihm geschaffenen Risiken wie auch immer verwirklichten.

Noch am überzeugendsten erscheint es, der Norm als einheitlichen Grundgedanken das Sachzuständigkeitsprinzip unterzulegen: *casum sentit dominus*. Jeder Rechts(-guts) träger muß zufällige Beeinträchtigungen seiner Güter selbst tragen. Von einem anderen kann er Ersatz seines Schadens nur ausnahmsweise, nämlich dann fordern, wenn dieser ihn in zurechenbarer Weise verursacht hat. Erst recht muß der Rechtsgutsinhaber Schäden tragen oder jedenfalls mittragen, wenn deren Entstehung oder Vergrößerung durch ihn oder seine Hilfspersonen in sachwidriger Weise mitverursacht worden ist. Demgemäß behandelt das Gesetz den den eigenen Schaden mitverursachenden Geschädigten wie einen Nebentäter; es wäre widersinnig, wenn zwei Schädiger dem Geschädigten nach §§ 830, 840 BGB haftpflichtig wären, dessen eigener Verantwortungsbeitrag aber die alleinige Ersatzpflicht eines Schädigers ganz und gar unberührt ließe.[108]

---

105 Esser/Schmidt I, § 35 I/2; Weidner, S. 21; Flume JZ 1961, 605; kritisch auch Lange, § 10 V 2 (S.549)

106 Greger, NJW 1985, 1130 (1132); Weidner, S. 21; Soergel/Mertens, § 254 Rz. 4; Flume aaO.

107 Larenz, Schuldrecht I, § 31 I a

108 Deutsch, Allgemeines Haftungsrecht, Rz. 563; ders. Fahrlässigkeit und erforderliche Sorgfalt, S. 360; Wochner, S. 191f.

2. *Tatbestandsvarianten*

Im einzelnen ist auch umstritten, ob die beiden Absätze des § 254 BGB unterschiedliche Verantwortungsfelder betreffen, die einer differenzierten rechtlichen Behandlung bedürfen, oder ob die Übergänge fließend sind und Abs. 2 lediglich "ausgestanzte" Anwendungsfälle des in Abs. 1 festgelegten Rechtsgrundsatzes enthält. § 254 BGB spricht von der *Mitwirkung* des Beschädigten bei der Schadensentstehung, Abs. 2 demgegenüber von einem Unterlassen der Schadensabwendung oder -minderung sowie von dem Versäumnis einer Warnung vor drohendem, ungewöhnlich hohen Schaden. Der Tatbestand der Norm gliedert sich mithin in drei Fallgruppen: Zwei umschreiben offenbar die Mitverantwortung für die *Entstehung* des Schadens, die dritte für dessen weitere *Folgen*, die anfangs zwar noch hätten abgewendet oder gemindert werden können, die sich dann aber doch voll auswirkten, weil der Geschädigte gleichgültig blieb. Vergleicht man den ersten Absatz der Norm mit der ersten Alternative des zweiten Absatzes, erscheint diese auf den ersten Blick als schlichte Verdeutlichung der ersten Spielart: Da der Geschädigte schwieg, war der nicht gewarnte Schädiger sorgloser, als er es hätte sein dürfen, eine nachlässige Haltung, die dem Gang der Dinge freien Lauf ließ. Deshalb wird zum Teil vertreten, der Verstoß des Geschädigten gegen die "Warnungsverbindlichkeit" sei nur ein spezieller Fall der allgemeinen Schadensmitverursachung nach Abs. 1 und systematisch dort anzusiedeln.[109].

Gelegentlich wird versucht, die Zäsur innerhalb des § 254 BGB dahingehend zu ziehen, daß Abs. 1 die Situation vor, Abs. 2 die Situation nach der Schadensentstehung erfasse.[110] Dem steht jedoch entgegen, daß man schon begrifflich nur einen noch nicht vorhandenen Schaden im Sinne des Abs. 2 2.Var. "abwenden" kann.

Am einfachsten läßt sich das Verhältnis der Verhaltensverantwortlichkeiten in beiden Absätzen in ontologischen Kategorien beschreiben, nämlich denen des Tuns und Unterlassens.[111] Abs. 1 nennt das mitwirkende positive Tun des Geschädigten, welches den Schaden mit herbeiführt. Jedermann ist grundsätzlich verpflichtet, normale Sorgfalt aufzuwenden, um ganz generell Schaden von sich fernzuhalten.[112] Abs. 2 knüpft an ein Unterlassen an: Auch wenn ein

---

109 Dunz, NJW 1988, 2234; auch dies ist aber nicht zwingend: Ein Schaden mag durchaus schon eingetreten sein, aber in seinen Auswüchsen durch entsprechende Aktivitäten des Geschädigten begrenzt werden können, vgl. Venzmer, S. 66f.

110 so etwa Henke, JuS 1991, 265 (266)

111 Staudinger/Medicus § 254 Rz. 33; Henke, aaO.

112 Deutsch, Schadensersatz, Rz. 160

Dritter einen Schaden herbeigeführt hat, muß der Verletzte zumutbare Anstrengungen unternehmen, um den eingetretenen Schaden so gering wie irgend möglich zu halten. Er darf das Schadenspotential nicht einfach auf Kosten des Schädigers weiterwuchern lassen.

Schließlich wird argumentiert, daß Abs. 1 nur den haftungsbegründenden Vorgang und Abs. 2 den Verletzungserfolg erfasse.[113] Bei der Einordnung der den haftungsbegründenden Vorgang betreffenden Verursachung habe der Gesetzgeber vor der Aufgabe gestanden, eine Sammelbezeichnung für sämtliche haftungsbegründenden Normen zu geben, auf die § 254 Abs. 1 BGB Anwendung finden sollte. Hierbei traten erhebliche Schwierigkeiten auf, die sich bis in die Judikatur fortsetzten.[114]

Letztlich ist keine der dargestellten Auffassungen völlig überzeugend. Die Unterscheidung zwischen Tun und Unterlassen ist sachlich in diesem Zusammenhang von nur geringem Wert[115] und davon abhängig, wo der Verhaltensschwerpunkt gesetzt wird.

Es wird für die Darstellung im Rahmen dieser Arbeit unterschieden zwischen der Pflicht[116] des Geschädigten zur *Schadensfernhaltung* einerseits und zur *Schadensminderung* andererseits. Die erste erfaßt die Fälle des § 254 Abs. 1, unter Umständen aber auch die des Abs. 2 1.Var. (Warnpflicht) und 2.Var. (Abwendungspflicht). Die Schadensminderung (Abs. 2 3.Var., evtl. auch 1. Var.) bezieht sich hingegen auf den schon eingetretenen, aber noch entwicklungsfähigen Schaden.

III. Das Bezugsobjekt des mitwirkenden Verschuldens: Rechtspflicht oder Obliegenheit ?

Auf das Sachzuständigkeitsprinzip als Basis des § 254 BGB wurde bereits hingewiesen. Bei mitwirkender Schädigung fällt der Schadensanteil, der vom Geschädigten verursacht worden ist, in dessen persönliche Rechtssphäre und kann deshalb nicht Gegenstand eines Ersatzanspruchs sein. Das Sachzuständigkeitsprinzip allein sagt indessen über die Person desjenigen, auf den endgültig der wirtschaftliche Nachteil fällt, noch nichts aus. Es bedarf vielmehr überzeu-

---

113 Venzmer, S. 66, 67

114 BGHZ 3, 46: Der Geschädigte ist verpflichtet, *nach Entstehung* des Schadens den Schuldner auf die Gefahren eines ungewöhnlich hohen Schadens aufmerksam zu machen.

115 Staudinger/Medicus, § 254 Rz. 33

116 Der Begriff der *Pflicht* (dazu unten A III 3 b) wird hier ohne Präjudiz für den Pflichtinhalt verwendet; dies hat allein praktische Gründe.

gender Zurechnungskriterien, um eine gerechte Schadensverteilung im Einzelfall zu ermöglichen. Daß derartige Kriterien beim Mitverschulden ebenso wie bei der Fremdschädigung bestehen müssen, ist evident: Anderenfalls wäre § 254 BGB in jedem Schadensfall schon deshalb anwendbar, weil der Geschädigte seine Rechtsgüter dem Zugriff des Schädigers ausgesetzt hat.[117]

§ 254 BGB nennt in seinem Tatbestand als Kriterium der Zurechnung neben der überwiegenden Verursachung das "Verschulden" des Geschädigten. Einer Betrachtung dieses Kriteriums selbst sowie möglicher weiterer normbezogener Zurechnungskriterien ist freilich die Frage nach deren Bezugspunkten vorgelagert. Dabei sind unterschiedliche Sichtweisen möglich und auch üblich.

1. Die Rechts- bzw. Wertwidrigkeit der Selbstschädigung

In der Vergangenheit ist gelegentlich die Auffassung vertreten worden, daß § 254 BGB eine Rechtspflicht gegenüber dem Schädiger beinhalte, Selbstschädigungen bzw. Selbstgefährdungen zu unterlassen.[118] Dies folge aus der notwendigen Berührung der individuellen Rechtskreise der Beteiligten. Jeder müsse sein Handeln so einrichten, daß er bei Wahrnehmung seiner Interessen den anderen Teil möglichst in seinen Rechtsgütern ungestört lasse. Sofern eine schuldhafte Handlung des Geschädigten in Konkurrenz mit haftungsbegründendem Verhalten eines Dritten trete, sei im eigenen Verschulden zugleich immer auch ein Verstoß gegen fremde Interessen zu erblicken.[119]

Die Annahme einer solchen Pflicht hat den Verfassern des BGB ferngelegen[120]. Es ist nicht Aufgabe der Rechtsordnung, die ihr Unterworfenen vor sich selbst zu schützen. Dementsprechend handelt nicht rechtswidrig, wer aus-

---

117 Deutsch, Allgemeines Haftungsrecht, Rz. 581

118 Gottschalk, Das mitwirkende Verschulden des Beschädigten bei Schadensersatzansprüchen nach dem BGB, S. 29 ff.; Sommermeyer, S. 19 f.

119 Außerdem wurde in der Vergangenheit versucht, bedingt durch den Zeitgeist der Periode vor 1945, aus der "Gliedstellung des Rechtsgenossen in der Rechtsgemeinschaft" eine echte Rechtspflicht zur Unterlassung von Selbstschädigungen herzuleiten. Die Rechtspflicht habe den Inhalt, sich selbst vor Schaden zu bewahren und bestehe dem Volksgenossen und der Volksgemeinschaft gegenüber; Nachweise bei Göbbels, Die Duldung ärztlicher Eingriffe als Pflicht, S. 23 ff.; RGZ 154, 240 ließ sich hingegen von der Nähe des § 254 BGB zu § 242 BGB leiten: "Das Unterlassungsverschulden im Sinne dieser Vorschrift setzt nicht die Verletzung einer besonderen Rechtspflicht voraus, sondern umfaßt jeden Verstoß gegen Treu und Glauben, mithin auch ein Unterlassen derjenigen Maßnahmen, die nach gesundem Volksempfinden ein ordentlicher Mensch ergreifen muß, um Schaden von sich abzuwenden".

120 Soergel/Schmidt[10], § 254 Rz.12

schließlich sich selbst gefährdet oder schädigt. Gegen sich selbst kann der Täter keine rechtswidrigen Handlungen begehen[121]. Sanktionsbewehrte Normen greifen erst dann ein, wenn eine Verletzung von Gemeinschaftsgütern oder von Rechtsgütern der übrigen Teilnehmer am Rechtsverkehr droht. Aber auch dann, wenn die Selbstschädigung *zugleich* eine gegenüber einem anderen zum Schadensersatz verpflichtende Handlung darstellt, strahlt die Rechtswidrigkeit der Verletzungshandlung nicht -nicht einmal reflexhaft- auf die Selbstschädigung aus.[122]

§ 254 BGB hat somit allein individualschützenden Charakter, wenn die Norm bestimmt, daß der Schädiger nicht den Schaden tragen muß, für den der Betroffene selbst verantwortlich ist. Die Rechtsordnung belegt allein die sachwidrige Wertminderung noch nicht mit dem Stigma der echten Widerrechtlichkeit. Dies zeigt sich etwa an der Systematik der §§ 989 f. BGB, denen zufolge die Vernichtung eigener Sachen nicht rechtswidrig ist: Der gutgläubige Nichteigentümer haftet für die schuldhafte Verschlechterung der fremden Sache erst ab Rechtshängigkeit.

Venzmer[123] räumt ein, daß man mit seinen eigenen Rechtsgütern zwar nach Belieben verfahren könne; von einer isolierten Selbstschädigung könne bei § 254 BGB jedoch schon deshalb keine Rede sein, weil mit dieser Verursachung begrifflich die Begründung der Haftung einer anderen Person verbunden sei. Die Schädigung eigener Rechtsgüter habe beim Zusammentreffen mit der Haftung eines anderen notwendigerweise die Wirkung, daß diesem ein Schaden entstehe. Folglich sei die Erfolgsverwirklichung, die diesem Schaden zugrundeliege, vom Standpunkt des Geschädigten aus rechtswidrig[124]. *Venzmer* weist darauf hin, daß ein Verhalten, das dem eigenen Interesse in keinem Fall nütze, wohl aber in jedem Fall einem anderen eine Belastung verschaffe, schlechterdings nicht gerechtfertigt werden könne. Dem stehe jedenfalls das Schikaneverbot aus § 226 BGB entgegen, das über seinen Wortlaut hinaus Anwendung finde[125].

Nach *Leonhard*[126] stellt die "Pflicht", von sich selbst Gefahren abzuwenden und einen Schaden nach Möglichkeit zu verringern, lediglich eine Vorausset-

121 Weidner, S. 7

122 Soergel/Mertens, § 254 Rz. 2; Lange, Schadensersatz, § 10 VI 1a; s. auch unten A III 3 b dd

123 Venzmer, Rz. 120ff.

124 Venzmer, Rz. 121

125 Venzmer, Rz. 123

126 Leonhard, S. 184 f.

zung für die Erhebung der Ansprüche des Geschädigten dar. Das schadensmindernde bzw. schadensvermeidende Verhalten sei "Vorbedingung" für einen Rechtserwerb. Dementsprechend soll die Handlung, die sich gegen die eigenen Interessen richtet, nicht per se rechtswidrig sein, sondern erst vom Standpunkt des in Anspruch genommenen Dritten aus in dem Augenblick von der Rechtsordnung mißbilligt und unter Umständen schuldhaft werden, in dem der Geschädigte Ersatz fordert.

Zeuner[127] spricht statt dessen nicht von der Rechtswidrigkeit, sondern von der "Wertwidrigkeit" der Selbstschädigung. Dem Verletzten könne zwar nicht der Vorwurf gemacht werden, daß er mit seinem Verhalten die von der Rechtsordnung statuierte Güterzuweisung mißachte. Denn die Selbstschädigung sei nicht unerlaubt. Es müsse jedoch gefragt werden, *weshalb* die Rechtsordnung diese individuelle Zuweisung von Rechtsgütern vornehme und den sich daraus ergebenden Zustand durch Verbote gegen Eingriffe Dritter absichere. Der Grund liege offenbar darin, daß das, was durch das Verbot geschützt werde, als "für die menschliche Existenz wertvoll" beurteilt werde. Die Gemeinsamkeit des haftungsbegründenden und des mitwirkenden Verschuldens liege nicht auf der Ebene des Verbotstatbestandes, sondern - gewissermaßen eine Stufe tiefer- auf der Ebene einer fundierenden allgemeinen rechtlichen Wertung, der rechtlichen "Wertwidrigkeit".

Sämtlichen der genannten Ansätze einer Rechts- bzw. Wertwidrigkeit der Selbstschädigung ist gemeinsam, daß sie keinerlei *Rechtsnorm* aufzeigen können, die zur Vermeidung der Selbstschädigung zwingt. Entweder müssen außerrechtliche, nämlich ethische oder religiöse Wertmaßstäbe in das System des Rechts eingeführt werden. Es wird jedoch keine Antwort auf die Frage gegeben, woraus die unmittelbare rechtliche Bedeutung ethischer Verhaltensanweisungen folgen soll. Oder aber es wird eine allgemeine Rechtspflicht mit dem Inhalt statuiert, Dritte vor Schadensersatzverpflichtungen zu bewahren. Eine solche allgemeine Schadensverhinderungspflicht ist dem Deliktsrecht jedoch mit Ausnahme des § 826 BGB nicht bekannt, da Schadensersatzpflichten immer an die Erfüllung fester Tatbestände geknüpft werden. Beide Begründungsansätze sind daher unter dem Gesichtspunkt der Rechtssicherheit problematisch, zumal die Einführung einer so verstandenen allgemeinen echten Rechtspflicht zur Schadensvermeidung dann nicht auf den Fall der Bedrohung eigener Rechtsgüter beschränkt werden könnte: Wenn man verpflichtet ist, andere vor möglicherweise auf sie zukommenden Ersatzansprüchen zu bewah-

---

127 Zeuner, JZ 1966,1 ff.(2)

ren, macht es keinen grundsätzlichen Unterschied, gegen wen sich diese richten[128]. Damit würde § 254 BGB jedoch konturenlos.

2. *Die Selbstschädigung als culpa contra se (Zitelmann)*

Ein Teil der Lehre[129] verzichtet auf den Versuch, Rechtspflichten des Geschädigten gegenüber dem Schädiger zu begründen. Statt dessen wird dem "Verschulden" in § 254 BGB die erweiterte Bedeutung eines Verstoßes gegen die eigenen Interessen beigemessen, eines "Verschuldens gegen sich selbst"[130]. Es soll vorliegen, wenn sich der Geschädigte vom Standpunkt des wohlverstandenen eigenen Interesses aus unrichtig, d.h. wirtschaftlich unvernünftig verhalten hat[131]. Dieser Ansicht hat sich die Rechtsprechung[132] verschiedentlich, freilich nicht ganz einheitlich, angeschlossen. Sie hat die Formel geprägt, daß ein Verschulden in einem erweiterten, untechnischen Sinne bereits dann vorliege, wenn der Geschädigte "Maßnahmen versäumt habe, die ihm zur Abwehr oder Minderung des Schadens zu Gebote standen und deren Ergreifung ihm nach Lage der Sache billigerweise zugemutet werden konnte." Dabei steht auch hier der Gedanke des Verstoßes gegen das Verbot des "venire contra factum proprium" im Vordergrund, freilich losgelöst von einer korrespondierenden, Dritten gegenüber bestehenden Rechtspflicht.

Begriff und Gedanke einer culpa contra se gehen zurück auf *Zitelmann*[133], der zwischen Verschulden "gegen andere" (dieses umfaßt sowohl das "eigene" als auch das "Verschulden Dritter" nach § 278 BGB) und Verschulden "gegen sich selbst" differenziert. Während ersteres die Verletzung einer Rechtspflicht voraussetze, die die Rechtsordnung im Interesse Dritter statuiere, setze das Verschulden gegen sich selbst nur eine Voraussetzung außer Kraft, von der die Rechtsordnung, ohne ein gegenteiliges Verhalten zu befehlen, positive rechtliche Vorteile bzw. die Vermeidung rechtlicher Nachteile abhängig gemacht

---

128 Darauf weist Weidner, S. 10, hin.

129 Zitelmann, S.151, 166; MünchKomm/Grunsky, § 254 Rz. 2; Palandt/Heinrichs, § 254 Rz. 1; Enneccerus/Lehmann, § 16 I 3

130 In ähnlicher Weise sprechen Planck/Siber, Anm. 2 b zu § 254 BGB, davon, daß die Außerachtlassung der Gebote des eigenen Interesses dem Geschädigten "im Leben die Zensur eintrage, daß er den Schaden verdient habe". Gelegentlich wird auch von "natürlichem" oder "vorrechtlichem" Verschulden gesprochen.

131 Enneccerus/Nipperdey, § 211 IV

132 RGZ 100, 42 (44); 112, 287; 149, 7; 156, 207; BGHZ, 46 (49); BGHZ 57, 145

133 Zitelmann, S. 151 ff. (166)

habe. Abgesehen vom Fehlen einer Rechtspflicht zum Andershandeln sei der Tatbestand des Verschuldens gegen sich selbst dem des Verschuldens gegen andere völlig parallel.[134] Es liege ein schuldhaftes äußeres Verhalten und zumeist auch noch ein bestimmter Erfolg dieses Verhaltens vor.

Bei der "rechtlichen Mißbilligung" sei wie folgt zu unterscheiden[135]:

In Fällen, in denen der äußere Handlungserfolg darin bestehe, daß ein an sich rechtlich geschütztes Gut des Handelnden verletzt wird, z.B. dessen eigene Gesundheit[136], werde es als eine ethische Pflicht des Menschen gegen sich selbst betrachtet, sich selbst nicht Nachteile zuzufügen. Es sei das Verhalten dieses Menschen daher von dessen eigenem Interessenstandpunkt aus zu mißbilligen.

In anderen Fällen[137] habe das Verhalten als solches keine nachteiligen Folgen, abgesehen von der rechtlichen Bewertung selbst. Nur mit Rücksicht auf den Verlust rechtlicher Vorteile, z.B. Anfechtungsmöglichkeiten, Beschränkung der Erbenhaftung etc. müsse man, wiederum vom Interessenstandpunkt des Handelnden aus, von einem (erweiterten) Verschulden sprechen.[138]

Zitelmann unterscheidet demzufolge auch im Rahmen des § 254 BGB einen objektiven und einen subjektiven Tatbestand: Ein bestimmtes Tun oder Unterlassen ist dem Handelnden objektiv nachteilig und wird deshalb objektiv mißbilligt, ohne daß von einer "Rechtswidrigkeit" gesprochen werden kann. Subjektiv ist erforderlich, daß der Handelnde vorsätzlich oder fahrlässig gegen das Gebot des eigenen Interesses verstößt und zudem weiß oder hätte wissen müssen, daß sein Verhalten objektiv als in irgend einer Weise unrichtig bewertet wird.[139]

---

134 Zitelmann, S. 166f.

135 Zitelmann, S. 166ff.

136 Neben der Hauptnorm des § 254 BGB kommen Fälle in Betracht, bei denen der Schaden nicht eingetreten wäre, wenn der Geschädigte gewisse Tatsachen gekannt hätte, z.B. §§ 122 II, 179 III, 307 BGB

137 Die entsprechenden Vorschriften sind in Fn.96 genannt.

138 Zitelmann, S. 167

139 Zitelmann, S. 169

Mit diesem Verständnis, das von Teilen der Literatur[140], aber auch von der Rechtsprechung[141] übernommen worden ist, nähert sich *Zitelmann* der Einordnung des § 254 BGB als Obliegenheit, die noch im näheren zu betrachten sein wird.[142] Erstmals wird hier der Versuch gemacht, die Symmetrie von Haftung und Mithaftung tatbestandlich - konstruktiv zu begründen.

Gleichwohl weist die Lehre vom Verschulden gegen sich selbst gewisse Schwächen auf.

Zitelmann unterscheidet hier ein Verschulden, das darin liegt, daß einem gesetzlich befohlenen Verhalten nicht nachgekommen wird, und dort ein Verschulden, das darin besteht, daß durch das Verhalten nur eine Voraussetzung für ein Recht außer Kraft gesetzt worden ist. Für die Feststellung, daß im letzteren Falle keine *Rechtspflichten* verletzt seien, gibt er jedoch keine Begründung, er setzt dies vielmehr unter schlichter Gleichsetzung aller denkbaren Fallkonstellationen als selbstverständlich voraus. So kommt auch *Zitelmann* nicht umhin, als Grundlage für die Ermittlung derjenigen Bedingungen, die dem Mitverursacher zur Last zu legen sind, auf "ethische" Pflichten gegen sich selbst zurückzugreifen oder, anders ausgedrückt, auf ein Verhaltensprogramm, dessen normativer Gehalt sich allein vom eigenen Interessenstandpunkt des Geschädigten her erschließt. Dieses Eigeninteresse des Geschädigten kann sich nur aus § 254 BGB selbst ergeben; denn ohne diese Vorschrift würde den Geschädigten die Mitverursachung nicht belasten, da der Schädiger dann allein haftpflichtig wäre.[143] Indem *Zitelmann* jedoch auf ethische, also außerrechtliche Pflichten rekurriert, Pflichten also, die in § 254 BGB sicher nicht normiert sind, bringt er damit zum Ausdruck, daß er die Mißbilligung gerade nicht aus § 254 BGB herleitet. Diese kann sich jedoch als Folge der Gleichbehandlung von Schädiger und Geschädigtem nur aus dieser Norm ergeben, wenn denn das Eigeninteresse des Geschädigten tatsächlich Ausgangspunkt für die haftungsrechtliche Relevanz des Mitverschuldens ist.

Als eher formaler Aspekt kommt hinzu, daß der weite Begriff des "Verschuldens gegen sich selbst" juristisch - technisch ungenau ist. Das Gesetz gibt keinen Anhaltspunkt, der dafür spräche, § 254 BGB einen von § 276 BGB ab-

---

140 Planck/Siber § 254 Anm. 2b; Enneccerus/Lehmann, § 16 II 3

141 RGZ 100, 42 (44):"Der Geschädigte (...) läßt diejenige Sorgfalt außer Acht, die nach der Verkehrsauffassung ein ordentlicher und verständiger Mensch anwendet, um sich tunlichst vor Schaden zu bewahren"; uneinheitlich der BGH, der in BGHZ 3, 46 (49) von einer Verpflichtung des Geschädigten dem Schädiger gegenüber spricht, in BGHZ 33, 136 (142) jedoch von einem "Verschulden gegen sich selbst".

142 s. dazu unter A III 3 b

143 Venzmer, S. 99; Gottschalk, S. 33

weichenden, "untechnischen" Verschuldensbegriff zugrundezulegen. Selbst wenn man unterstellte, daß ein in dieser Weise "popularisierter" Sorgfaltsbegriff einen großen Teil der unter § 254 BGB fallenden Tatbestände in irgendeiner Weise zu charakterisieren vermöge[144], versagt diese Theorie doch in denjenigen Fällen, in denen nicht etwa törichtes oder unverständiges, sondern lediglich außergewöhnliches oder singuläres Verhalten in Ansatz zu bringen ist. Gemeint sind die sog. Dispositionsfälle.[145]

Beispiel:

Der Verletzte läßt sich im Ausland operieren, weil er den dortigen Arzt gut kennt und ihm vertraut, obgleich die Erfolgschancen des Eingriffs in Deutschland nicht geringer sind.

Der Geschädigte handelt hier grundsätzlich im Rahmen der ihm zustehenden Freiheiten. Niemand kann mit ihm über seine Maßnahmen in Richtung eines wie auch immer gearteten Vorwurfs rechten.[146] Der Geschädigte muß sich zwar entgegenhalten lassen, daß das Schadensersatzrecht keine schrankenlose Individualität garantieren, sondern eigenen Dispositionen nur in gewissen Grenzen Rechnung tragen kann. Dieser Umstand läßt sich jedoch kaum zutreffend im Wege einer Modifikation des Verschuldensbegriffs erfassen; er zeigt vielmehr, daß § 254 BGB eine über ein Verschulden gegen sich selbst hinausgehende spezielle Verhaltenserwartung zugrundeliegt. Von ihr soll im folgenden die Rede sein.

3. *Die Selbstschädigung als Obliegenheitsverletzung*

Ein von den bisherigen Begründungsansätzen abweichender Bezugspunkt für das mitwirkende Verschulden des Geschädigten existierte dann, wenn man das Gebot, sich selbst nicht zu schädigen, nicht als Rechtspflicht oder ethisches Gebot, sondern als *Obliegenheit* qualifizierte.

a) Begriff und Herkunft der Obliegenheit

Der Rechtsordnung stehen grundsätzlich verschiedene Mittel zur Verfügung, den Konflikt widerstreitender Interessen zu regeln. So kann sie einen Anspruch geben gegen denjenigen, der störend in fremde Interessen eingreift.

---

144 So ausdrücklich Lange, Schadensersatz, § 10 VI 1 b

145 Auf diese Fälle wird später noch im Rahmen der Rechtsfolge des § 254 BGB einzugehen sein, vgl. unten B IX 2

146 Lange, Schadensersatz, § 10 VI 1 d

Diesen Anspruch muß der Störer erfüllen, eventuell auch Schadensersatz leisten.

Denkbar ist auch, daß die Rechtsordnung zu einer anderen, weniger starken Maßnahme greift und statt eines Anspruchs eine sogenannte Obliegenheit anordnet.[147] Obliegenheiten unterscheiden sich von echten Rechtspflichten dadurch, daß sie Verhaltensanordnungen minderer Intensität sind: Sie sind dem Belasteten im eigenen, meistens aber zugleich auch im Interesse eines Dritten auferlegt, wobei sie einen nur mittelbaren Rechtszwang erzeugen. Während die Erfüllung von Rechtspflichten durch ein Sanktionensystem von Klage- und Vollstreckungsmöglichkeit, Schadensersatz- und Rücktrittsansprüchen sowie ggf. der Verwirkung einer Strafe sichergestellt wird, hat die Nichtbefolgung einer Obliegenheit lediglich den Verlust eigener, günstiger Rechtspositionen zur Folge.[148]

Obliegenheiten regeln somit eine typische Situation: Die Rechtsordnung hat jemandem eine Rechtsposition eingeräumt, sie will die Ausübung dieses Rechts aber nicht unbeschränkt zulassen. Um den Verpflichteten zu schützen, macht sie die Rechtsausübung von gewissen Voraussetzungen abhängig, die die Berechtigte erfüllen muß. Verhält er sich nicht entsprechend, verliert er sein Recht.

Inhaltlich wird die Obliegenheit damit von der Rechtsfolge her fixiert. Die Aussage, daß es sich bei ihr um eine Verhaltenspflicht mit nur mittelbarem Rechtszwang handele, ist freilich rein rechtstheoretisch zu verstehen. In der Praxis wird die Sanktion der Obliegenheit, der Rechtsverlust, den Berechtigten oft härter treffen als eine bloße Schadensersatzpflicht.[149]

Der Begriff der Obliegenheit entstammt dem Privatversicherungsrecht. Den Versicherungsnehmer belasten unterschiedliche Gruppen von Obliegenheiten, deren Häufigkeit sich aus dem Wesen der Gefahrengemeinschaft erklärt: Die dem Versicherungsnehmer auferlegten Verhaltungserwartungen dienen mithin dazu, zu verhindern, daß der einzelne Versicherungsnehmer gemeinschaftswidrige Sondervorteile genießt.[150] Je mehr die Gefahrslage durch den Versi-

---

147 Ohne die Verwendung des Obliegenheitsbegriffs hat schon Siber, S. 31ff., 38ff auf die Möglichkeit des mittelbaren Rechtszwanges durch die Androhung von Nachteilen verwiesen, dabei allerdings § 254 BGB ausgeklammert.

148 Bruck/Möller, VVG, § 6 Anm. 5 ; Deutsch, Allgemeines Haftungsrecht Rz. 567; Enneccerus/Nipperdey, Schuldrecht, § 74 IV; Staudinger/Medicus, § 254 Rz. 30; Deutsch, Fahrlässigkeit und erforderliche Sorgfalt , S. 59; v. Buchka, S. 10 ff. nennt diese Pflichten "indirekte Leistungspflichten".

149 Wieling, venire contra factum proprium, AcP 176 (1976) S. 334 (346)

150 Bruck/Möller, VVG, § 6 Anm. 4

cherungsnehmer beeinflußt werden kann, desto zahlreicher sind die Obliegenheiten.

Obliegenheiten können vertraglich vereinbart oder gesetzlich bestimmt sein. Die Modalitäten einer im Versicherungsvertrag[151] begründeten Obliegenheit regelt § 6 VVG: Danach wird der Versicherer von seiner Leistungspflicht frei, wenn der Versicherte bestimmte Auskunfts-, Mitteilungs-, Anzeige- oder Verhaltenspflichten schuldhaft verletzt. An eine derartige Verhaltensweise wird dann als Rechtsfolge die Verwirkung des Versicherungsanspruchs geknüpft.

Streitig ist, welche Rechtsnatur der Obliegenheit zukommt.

In der Theorie des Versicherungsrechts wurde lange Zeit zur Deutung der Obliegenheit die *Voraussetzungstheorie*[152] vertreten, wonach die Beobachtung des "obliegenden Verhaltens" tatbestandliche Voraussetzung zur Entstehung oder Erhaltung des Gläubigerrechts aus dem Versicherungsvertrag ist.[153] Verbindlichkeiten werden durch sie also überhaupt nicht begründet, so daß bei der Obliegenheit - im Gegensatz zum Schuldverhältnis im engeren Sinne - ein anderer Regelungsgehalt vorliegt.

Eine allgemeine Entscheidung der hier skizzierten Frage ist kaum möglich. Ob Pflichten gegeben sind und welchen Inhalt sie im einzelnen haben, ist aus den einzelnen versicherungsrechtlichen Normen, nicht aber aus einem abstrakten Begriff zu beantworten. Da es kein einheitlich gewachsenes Rechtsinstitut der Obliegenheit gibt, können nicht von vornherein allgemeingültige Regeln über Tatbestand und Rechtsfolge der Obliegenheiten aufgestellt werden.[154] Abgesehen davon ist es für die Frage, ob das Mitverschulden in § 254 BGB als Obliegenheitsverletzung erfaßt werden kann, nicht entscheidend, wie der Streit um die Bedeutung des Obliegenheitsbegriffs im Privatversicherungsrecht zu entscheiden ist.

Erforderlich ist aber in jedem Fall, den Begriff der Obliegenheit in das Mitverschulden zu transponieren. In allgemeiner Form - nämlich für das Zivilrecht schlechthin - hat dies *Reimer Schmidt* im Jahre 1953 unternommen.

---

151 Sie werden über die Allgemeinen Versicherungsbedingungen Vertragsbestandteil, vgl für die private Krankenversicherung unten B V 2

152 RGZ 56, 346; 62, 192; 102, 215; BGHZ 24, 378; VersR 1967, 27

153 Deutsch, Versicherungsvertragsrecht, Rz.190 ; Bruck/Möller, VVG, § 6 Anm. 8; Prölss/Martin, § 6 Anm. 4

154 Schmidt, Obliegenheiten, S.104

b) Die Rechtszwangtheorie Reimer Schmidts

R. Schmidt hat die vorgenannte Voraussetzungstheorie modifiziert, indem er den von den Obliegenheiten ausgehenden Rechtszwang auf deren rechtspsychologische Grundlagen zurückführte. Er unterscheidet Verhaltensanforderungen nicht danach, ob ihre Erfüllung notfalls mit Zwangsmitteln, also durch Klage, Zwangsvollstreckung, Rücktritt oder Strafe durchgesetzt werden kann oder nicht. Tatbestand und Rechtsfolge einer Norm stehen ihm zufolge nicht statisch nebeneinander, sondern in einem *Funktionszusammenhang*[155].Ihr Verhältnis zueinander bewirkt nicht allein eine "Wertbewegung" in dem Sinne, daß eine Rechtsposition des Normadressaten entsteht, verbessert oder verschlechtert wird, sondern übt darüber hinaus zusätzlich eine psychologische Motivation zu einem bestimmten Verhalten in Form eines Anreizes (Vorteils- bzw. Anreiztatbestand) oder Zwanges (Nachteils- bzw. Nötigungstatbestand) aus.

Zu den "Pflichten" in einem weitverstandenen Sinne zählt *Schmidt* alle Nötigungstatbestände.[156] Ein Nötigungstatbestand liegt immer dann vor, wenn die Rechtsfolge in einem Nachteil für denjenigen besteht, der den Tatbestand verwirklicht. Entscheidend für das Vorliegen einer Pflicht ist also die von einer ungünstigen Rechtsfolge ausgehende verhaltensbeeinflussende Wirkung. Zu dieser Tatbestandsgruppe gehören auch die Obliegenheiten.

Der Einordnung der verhaltensbezogenen Rechtsnormen legt *Schmidt* dabei eine Tatbestandssystematik zugrunde, die im folgenden für das Verständnis der Obliegenheit kurz dargelegt wird.

(aa) Funktionelle Anreizungstatbestände

Bei dieser Gruppe von Fällen wird der Verhaltensanreiz allein durch die logisch-kausale Verknüpfung von Tatbestand und Rechtsfolge ausgelöst.[157] Der Normadressat handelt nicht, weil er so handeln soll, sondern weil die Erfüllung eines bestimmten Tatbestandes eine ihm günstige Rechtsfolge herbeiführt.[158]

Schmidt nennt in diesem Zusammenhang die Ausübung von Herrschafts- oder Gestaltungsrechten, die Geltendmachung von "verhaltenen Ansprüchen"[159], die

---

155 Schmidt, Obliegenheiten, S.56

156 Schmidt, Obliegenheiten, S. 313, 315

157 ders., S. 67

158 ebd.

159 Es sind dies z.B. Ansprüche nach. §§ 259, 368, 403, 669, 895, 1374, 1891, 2215, 2217, 2214 BGB

allein auf Verlangen des Berechtigten zu erfüllen sind, sowie Tatbestände, die zu einem rein äußerlichen Verhalten anreizen: So hat die Verbindung, Vermischung oder Verarbeitung gem. §§ 946 ff. BGB für den Berechtigten den Eigentumserwerb als rechtlichen Vorteil zur Folge. Freilich kann die Anreizungsrechtsfolge zusätzlich an ein inneres Verhalten geknüpft sein: So setzt die Begründung und Aufhebung des Wohnsitzes nach §§ 7 ff. BGB nicht nur die Aufenthaltsnahme bzw. das Verlassen des Ortes voraus, sondern darüber hinaus den Willen, nicht nur vorübergehend zu bleiben bzw. den Wohnsitz aufzuheben.

Funktionelle Anreizungstatbestände decken den Bereich des "pflichtfreien Handelns" ab.

(bb) Funktionelle Nötigungstatbestände

Funktionelle Nötigungstatbestände bewirken ebenso wie funktionelle Anreizungstatbestände eine Rechtszwangswirkung allein durch die Subsumtion eines realen Sachverhaltes unter die Norm. Auch hier wird die verhaltensbeeinflussende Wirkung der Rechtsfolge also nicht zielgerichtet eingesetzt.Jedoch ist die Rechtsfolge für den Handelnden in jedem Falle ungünstig. Die Tatbestände bilden die unterste Stufe möglicher Zwangsintensität, sind aber infolgedessen bereits "Pflichten" in einem weiten, untechnisch verstandenen Sinne.[160]

Für den Fall der Mißachtung der Zwangswirkung droht die Vorschrift Nachteile an, ohne daß freilich staatliche Machtmittel zur Sanktionierung der Erfüllung eingesetzt würden.

Schmidt nennt als Beispiel eines solchen Nötigungstatbestandes den Unterlassungs- und Beseitigungsanspruch aus § 1004 BGB vor Eintritt einer Störung. Die actio negatoria sei zwar die Rechtsfolge einer echten Pflichtverletzung; die Pflicht konkretisiere sich aber erst in der Sekunde ihrer Verletzung.[161] Hingegen bestehe keine allgemeine Rechtspflicht zur Unterlassung bis zu diesem Zeitpunkt, sondern allein die funktionelle Nötigung, fremdes Eigentum nicht zu stören, wenn man sich nicht dem Rechtsnachteil der Entstehung des Eigentumsfreiheitsanspruchs aussetzen wolle.

In vergleichbarer Weise sieht *Schmidt* in den deliktischen Vorschriften vor der Begehung eines Deliktes, in den Verkehrssicherungspflichten, in der Ausübung der Wahlbefugnis durch den Schuldner gem. §§ 262, 263 Abs. 1

---

160 Schmidt, Obliegenheiten, S. 76f.

161 Schmidt, Obliegenheiten, S. 76

BGB sowie in den gesetzlichen Formvorschriften Beispiele für funktionelle Nötigungstatbestände.[162]

(cc) Teleologische Anreizungstatbestände

Unter diesen Begriff sind Vorteilstatbestände zu fassen, bei denen der Handlungsanreiz nicht allein durch die funktionelle Tatbestands-Rechtsfolge-Relation ausgelöst wird, sondern zusätzlich durch einen gesetzlich oder vertraglich begründeten *telos*, ohne daß ein (nötigender) Rechtszwang erzeugt würde.[163] *Schmidt* räumt selbst ein, daß die Abgrenzung zur vorgenannten Gruppe schwierig ist[164]. Immerhin wird die Verhaltensbeeinflussung durch die Rechtsfolge vom Normgeber schon final eingesetzt. Gesetzlich geregelte Tatbestände sind etwa der Maklervertrag, § 652 BGB, bei dem die Nachweis- und Vermittlungstätigkeit des Maklers den Vorteil der Courtage noch nicht auslöst, sondern mit der Rechtsbedingung des Geschäftsabschlusses (telos) verknüpft ist.[165] Bei der Auslobung, § 657 BGB, ist der Anspruch auf die Belohnung für den Begünstigten nicht nur vorteilhaft, sondern von ihm auch erwünscht.[166]

(dd) Teleologische Nötigungstatbestände

Diese Tatbestandsgruppe ist als speziellerer Unterfall der allgemeinen Relation zwischen Tatbestand und Rechtsfolge zu sehen. Gesetzgeber wie auch Vertragsparteien haben es in der Hand, durch Formulierung der Vorschrift und die spezielle Gestaltung der Rechtsfolge eine stärkere Zwangswirkung herbeizuführen.[167]

Die Fälle der über die bloß funktionell- kausale Verknüpfung hinausgehende Zwangswirkung unterteilen sich nach dessen Intensitätsgrad in zwei Gruppen. Es sind dies zunächst die "echten" Verbindlichkeiten, das heißt die aus einem

---

162 Schmidt zählt auch den gesetzlichen Schuldbeitritt des ein Handelsgeschäft unter der bisherigen Firma Fortführenden (§§ 25 Abs. 1, 27 Abs. 1 HGB), die Potestativbedingung, die Verjährung und die Prozeßlasten zu dieser Tatbestandsgruppe: Sie begründen allesamt Rechtspflichten im genannten Sinne, weisen aber kein Gläubiger-Schuldner-Verhältnis auf, so daß für die Rechtsfolgen eines "echten" Schuldverhältnisses kein Raum ist, vgl. S. 313, 315

163 Schmidt, Obliegenheiten, S. 84

164 Schmidt, Obliegenheiten, S. 76

165 Zu dieser Einordnung auch Siber, S. 18.

166 Schmidt, aaO.; Siber, S. 26

167 Schmidt, Obliegenheiten, S. 57

Schuldverhältnis i.e.S. entstehenden Leistungsverpflichtungen.[168] Verletzungen dieser Verpflichtungen ist eigen, daß sie mindestens durch einen Schadensersatzanspruch des Gläubigers sanktioniert werden können. Danach lassen sich drei Untergruppen von Verbindlichkeiten bilden: Verbindlichkeiten, deren Erfüllung durch Klage und Zwangsvollstreckung durchsetzbar ist, Verbindlichkeiten, die zwar eingeklagt werden können, bei denen aber die Vollstreckung ausgeschlossen ist und Verbindlichkeiten, die schon nicht mit der Klage durchgesetzt werden können, bei deren schuldhafter Verletzung aber ein Schadensersatzanspruch des Gläubigers droht. "Naturalobligationen" sind nach diesem Verständnis keine Verbindlichkeiten, da es sich lediglich um nicht zu Rechtspflichten erstarkte sittliche Pflichten, um Erwerbsrechtfertigungsgründe oder nur um Kondiktionsausschlüsse[169] handelt, die nicht einmal in den Wortlaut einer Pflicht gekleidet sind.[170] Verbindlichkeiten sind dem Schuldner im Interesse des Gläubigers auferlegt; sie werden vom Schuldner in dessen Interesse erfüllt.

Neben solchen starken teleologischen Nötigungstatbeständen stehen solche mit schwächerem Rechtszwang. *Schmidt* nennt sie Obliegenheiten. Ihre verringerte Zwangsintensität ist das Resultat einer Anpassung an die veränderte Interessenlage. Während die Verbindlichkeit dem Schuldner allein im Interesse des Gläubigers auferlegt und von ihm entsprechend erfüllt wird, erfolgt dies bei Obliegenheiten zu einem erheblichen Teil im Interesse des Schuldners.[171] Die "Obliegenheiten" sind dadurch gekennzeichnet, daß an ein tatbestandlich bestimmtes Verhalten des Obliegenheitsbelasteten eine diesem rechtlich nachteilige Folge geknüpft ist, die nicht in einem Erfüllungsanspruch oder einem Schadensersatzanspruch besteht. Der Nachteil kann darin liegen, daß für eine andere Person ein Recht begründet oder eine bereits bestehende Rechtsposition verbessert wird.

Derartige Obliegenheiten sind beispielsweise die Mitwirkung des Geschädigten an der Schadensentstehung, § 254 Abs. 1 BGB, das Unterlassen der Schadensminderung nach § 254 Abs. 2 BGB, der Verlust des Anfechtungsrechts bei schuldhaft verzögerter Anfechtung (§ 121 Abs. 1 S. 1 BGB), die Regelung des Gläubigerverzugs nach §§ 293ff., 324 Abs. 1 BGB, die vom Gläubiger zu

---

168 Schmidt, Obliegenheiten,S. 59, 61

169 Siber, S. 49f.: "Unvollkommene Verbindlichkeiten, die kondiktionsfest sind, sind etwa §§ 222 S. 2, 534, 814, 817 S. 2, 1624 BGB."

170 Schmidt, Obliegenheiten,S. 314

171 Schmidt, Obliegenheiten, S. 314, 315

vertretende nachträgliche Unmöglichkeit (§ 324 Abs. 1 S. 1 BGB) und der Rücktrittsausschluß bei verschuldetem Sachuntergang (§§ 350f. BGB).[172]

Schmidt weist darauf hin, daß ein allgemeiner Begriff der Obliegenheit, der allein durch das Merkmal der bezweckten Nötigung fixiert würde, wissenschaftlich wertlos wäre.[173] Statt dessen stellt er im Wege der Fallgruppenbildung einzelne teleologische Nötigungstatbestände minderer Zwangsintensität auf, anhand derer er die diesen zugrunde liegenden Interessenlagen miteinander vergleicht.

c) Kritik und Erkenntniswert:

Die generelle Rückführung der Obliegenheit auf Verhaltenssteuerungen minderen Zwanges im Sinne einer rechtspsychologischen Betrachtungsweise wird in der Literatur sehr unterschiedlich beurteilt.

So lehnt *Esser*[174] die Obliegenheiten als eigenständige Pflichtenkategorie nachdrücklich ab. Ihm zufolge erschöpft sich die Fruchtbarkeit des Ansatzes *Schmidts* in einer terminologischen Neugliederung. Die Abgrenzung zu den Risiko- und Gefahrtragungsnormen einerseits und den Vertragspflichten andererseits könne nicht am System des "Zwanges" schlechthin, sondern nur am System des Pflichtbegriffs im Vertrag und der außervertraglichen Verkehrswelt verbindlich nachgewiesen werden. So sei die Rechtswidrigkeit eines Pflichtverstoßes keine konstruktive Hilfsvorstellung von pragmatischer Bedeutung, sondern ein unmittelbares normatives Urteil, das gegenüber der Sanktionsfrage ein *proteron* darstelle. Ein noch so reinlich gedachter Empirismus in der Betrachtung der Pflichtfrage allein von der Sanktion her entfremde die Jurisprudenz dem Leben, statt sie realistischer zu machen.[175]

Augenscheinlich wird dies nach *Esser* beim Unterlassungsanspruch aus § 1004 BGB, der nicht nur eine rechtsdogmatische Hypothese darstelle, aber auch bei den Verkehrssicherungspflichten. Faßte man letztere nur als Abwendungs*obliegenheiten* auf, so ließen sich Zufallsschäden unbedenklich auf den Verkehrssicherungspflichtigen abwälzen.[176]

---

172 weitere Obliegenheiten sind etwa in §§ 123, 149, 464, 1994 Abs. 1 BGB, 362 , 377 HGB genannt, dazu im einzelnen Schmidt, S. 121, 127ff., 180ff.

173 Schmidt, Obliegenheiten, S. 104

174 Esser, AcP 154 (1955) S. 49 (51)

175 Esser aaO (S. 50); ebenso Esser/Schmidt I 1, § 6 VI

176 Esser, S. 50

Die genannten Bedenken sind später von *Esser/Schmidt* aufgegriffen worden. Die Pflicht resultiere unabhängig von ihrem Intensitätsgrad aus der Obligation, da es bei beiden - Rechtspflicht und Obliegenheit - um die Abgrenzung von Risikosphären zwischen konkreten Partnern gehe.[177] Dies werde jedenfalls dann ignoriert, sofern man bereits unterhalb der Ebene gesteigerten sozialen Kontakts von Obliegenheiten spreche.[178]

Ballerstedt[179] erkennt zwar an, daß der Begriff der Obliegenheit im Zivilrecht eine eigene Berechtigung haben könne. Er hält es allerdings für bedenklich, daß eine allein am Rechtszwang orientierte Obliegenheit nach diesem Ansatz auch dann vorliegen könne, wenn die Rechtsfolge nicht an das Erfordernis des Verschuldens geknüpft sei. Eine irgendwie geartete Vorwerfbarkeit müsse schon begrifflich notwendigerweise vorliegen, wenn eine Sanktion an die Verletzung einer Pflicht - wenn auch von geringerer Intensität - geknüpft werde.[180] Zudem ergäben sich Wertungswidersprüche, wenn die unverschuldete Nichterfüllung einer "echten" Verbindlichkeit regelmäßig folgenlos bleibe, die Verletzung von Pflichten minderer Intensität hingegen auch ohne Verschulden Sanktionen nach sich ziehen könne.

Bedenken gegen eine allgemeine zivilrechtliche Kategorie der Obliegenheit werden ganz generell aus der versicherungsrechtlichen Ableitung der Obliegenheit erhoben: Weil Obliegenheiten ursprünglich, nämlich im Versicherungsrecht, nur in Verbindung mit Verträgen genannt seien, deren Pflichtengehalt sie konkretisierten, trete die Rechtsfolge innerhalb eines solchen Vertrages unmittelbar aufgrund eines bestimmten Verhaltens des Versicherungsnehmers ein. Das passe jedoch auf gesetzlich angeordnete Obliegenheiten wie die Schadensfernhaltungs- bzw. Schadensminderungsobliegenheit aus § 254 BGB nicht. Hier hänge die Qualifikation der Selbstschädigung als obliegenheitswidrig bzw. als rechtlich irrelevant davon ab, ob sie mit einer Dritthaftung verknüpft sei oder nicht.[181] Dies jedoch widerspreche der von *Schmidt* behaupteten Appellwirkung der Tatbestandsnorm.

J. Schmidt[182] äußert vor allem praktisch - technische Bedenken gegen eine überzeugende Abgrenzbarkeit von Schuldverhältnis und Obliegenheit. So sei

---

177 Esser/Schmidt I 1, § 6 VI 2

178 Gemeint sind hier im wesentlichen Fälle der Mitwirkung an der Schadensentstehung nach § 254 Abs. 1 BGB, dazu unter B I

179 Ballerstedt, ZHR 121, 78 (82)

180 ebd.

181 Weidner, S. 20; Soergel/Mertens, § 254 Rz.4

182 Staudinger/Schmidt Einl. zu §§ 241 BGB Rz. 221ff.

bis heute völlig unklar, welche Kriterien einem gemeinsamen Obliegenheitsbegriff zugrundegelegt werden könnten. Die Merkmalsbildungen seien oftmals zufällig. So müßten beim Abstellen auf die fehlende Klag- bzw. Vollstreckbarkeit auch die unvollkommenen Verbindlichkeiten und die echten Nebenpflichten unter den Begriff subsumiert werden.[183] Das Kennzeichnungsmerkmal der Vorteils- oder Nachteilseinräumung aufgrund eines bestimmten Verhaltens[184] sei hingegen zu allgemein.

J. Schmidt sieht vielmehr in dem Versuch, durch Herausarbeitung eines systematischen Obliegenheitsbegriffs und durch Aufzeigen von Abweichungen bzw. Parallelen dieses Instituts zur Verbindlichkeit ein typischerweise begriffsjuristisches Vorgehen. Aus einem durch Abstraktion gewonnenen Allgemeinbegriff sollten Ergebnisse deduziert werden, die in den Sätzen, aus denen abstrahiert werde, nicht enthalten seien.[185]

Die Kritiker des Begriffs und Inhalts einer Obliegenheit im Sinne *Reimer Schmidts* verzichten leider auf den Versuch, anhand einzelner Obliegenheiten nachzuweisen, daß die behauptete Abgrenzung zwischen Pflicht und Obliegenheit tatsächlich allein begrifflicher Natur ist. Damit greift die Kritik jedoch einen falschen Ansatzpunkt auf. Denn *Schmidt* selbst weist ausdrücklich darauf hin, daß es "kein einheitlich gewachsenes Rechtsinstitut der Obliegenheit gibt".[186]

Auch der schlichte Hinweis[187] auf die Vertragsbezogenheit der Obliegenheit verfängt nicht: So setzt auch die versicherungsrechtliche Obliegenheit nicht notwendig ein vertragliches Schuldverhältnis voraus.[188] Ein wesentlicher Anwendungsbereich des § 254 BGB betrifft im übrigen Sonderverbindungen; und auch im außervertraglichen Bereich bestehen für die Dritthaftung Begrenzungsmerkmale, die dem Vertragsrecht entnommen wurden und sich nicht an

---

183 ders. Rz. 229

184 vgl. außer Schmidt, Obliegenheiten S. 21ff. auch Soergel/R. Schmidt, Vorbem. 8 vor §§ 241 BGB; Enneccerus/Lehmann, § 3 II; MünchKomm/Kramer, Einl. 44 zu § 241 BGB; kritsch, aber ohne echte Alternative Henß, S. 69ff.

185 Staudinger/Schmidt, Einl. zu §§ 241 BGB, Rz. 243

186 Schmidt, Obliegenheiten, S. 104

187 Soergel/Mertens, § 254 Rz. 4; auch Lange, Schadensersatz, § 10 VI 1d)

188 §§ 16ff., 23ff., 33f.,58, 62, 71 VVG sind gerade *gesetzliche* Obliegenheiten, die dazu noch z.T. halbzwingend sind; vgl. dazu im einzelnen Deutsch, Versicherungsvertragsrecht, Rz. 193; Prölss/Martin, § 6 Anm. 16

der Existenz einer Vertragsbeziehung, sondern der Einhaltung von *Verhaltensnormen*[189] orientieren.

Nahezu sämtliche versicherungsrechtliche Obliegenheiten setzen im übrigen ein Verschulden voraus.[190]

Soweit ersichtlich, hat es - freilich in entgegengesetzter Richtung - nur *Deutsch*[191] unternommen, die Tragfähigkeit des Obliegenheitsbegriffes tatbestandsbezogen, nämlich bezogen auf § 254 BGB, zu untersuchen.[192] Ihm zufolge bildet die Obliegenheit des Geschädigten, das Schadenspotential soweit wie möglich zu begrenzen, eine Verhaltensnorm, aus der nicht nur der Inhalt des erwarteten Verhaltens zu bestimmen ist, sondern die zugleich das Bezugsobjekt des mitwirkenden Verschuldens darstellt.[193] Ein Verstoß gegen die Obliegenheit sei demnach zwar nicht rechtswidrig, wohl aber normwidrig.[194]

Unter Heranziehung des Obliegenheitsbegriffs müßte sich nach diesem Verständnis für § 254 BGB ein dem deliktischen Haftungstatbestand entsprechender Schichtaufbau aus Tatbestand, Obliegenheitswidrigkeit und Verschulden entwickeln lassen. Dogmatisch wären mit einer derartigen Schichtung zwei wesentliche Vorteile verbunden: Zum einen wäre das Mitverschulden von Fremdverschulden dann qualitativ nicht mehr zu unterscheiden; es erübrigten sich gekünstelte Versuche, § 254 BGB einen von § 278 BGB abweichenden Verschuldensbegriff zugrunde-zulegen. Zum anderen müßten sich haftungsbegrenzende Zurechnungskriterien, wie Adäquanz und die Lehre vom Schutzbereich der Norm, ohne Schwierigkeiten im Rahmen des § 254 BGB anwenden lassen.[195]

---

189 Gemeint ist namentlich die Lehre vom Schutzbereich der Norm, dazu unten B VIII 2 a,b

190 Insoweit überzeugt auch der grundsätzliche Einwand *Ballerstedts* nicht.

191 Deutsch, Fahrlässigkeit und erforderliche Sorgfalt, S. 58ff.; ders., Allgemeines Haftungsrecht Rz. 567; ders. Schadensersatz und unerlaubte Handlung, Rz. 159 ff.

192 Wie schon erörtert, finden sich Ansatzpunkte für ein Verständnis des § 254 BGB als Obliegenheitsnorm bereits - freilich ohne Verwendung dieses Begriffs - bei Zitelmann, , S. 166ff.; ansonsten wird nur allgemein, ohne weitere Begründung und ohne Erläuterung der Konsequenzen darauf verwiesen, daß § 254 BGB eine "Obliegenheit" des Geschädigten zugrundeliege, vgl. etwa Staudinger/Medicus, § 254 Rz. 30; MünchKomm/Grunsky, § 254 Rz. 2; Jauernig/Teichmann § 254 Rz. 1; Erman/Sirp § 254 Rz. 21; Palandt/Heinrichs § 254 Rz. 1

193 Deutsch, Allgemeines Haftungsrecht, Rz. 568

194 Deutsch spricht auch in Anlehnung an R. Schmidt, S. 115 vom Obliegenheitsverstoß als Analogon der Rechtswidrigkeit; vgl. auch Zitelmann S. 168

195 Deutsch, Allgemeines Haftungsrecht, Rz. 567, 569

IV. Weiterer Fortgang der Untersuchung

Die letztgenannte Überlegung soll im folgenden im Sinne einer *Arbeitshypothese* aufgegriffen und für den Bereich der ärztlichen Haftung überprüft werden. Gerade diese ist dafür ein geeigneter Prüfungsgegenstand, weil die Lehre vom Schutzzweck und Schutzbereich der Norm hier für nahezu sämtliche Haftungstatbestände zur Anwendung gekommen ist und dabei eine weitgehende Ausdifferenzierung erfahren hat.[196]

Es soll versucht werden, Tatbestände für mögliche Fälle mitwirkenden Verschuldens des Patienten bei der ärztlichen Behandlung zu bilden. Zunächst ist dafür erforderlich, entsprechende Obliegenheiten im Wege der Fallgruppenbildung zu systematisieren. Sodann ist zu prüfen, ob sich ein Analogon zu Rechtswidrigkeit und Verschulden bei der Fremdschädigung einerseits und zum Schutzbereich der Norm andererseits begründen läßt.

---

196 s. dazu im einzelnen Deutsch, Arztrecht und Arzneimittelrecht, S. 75ff.; 128ff.; Schramm, Der Schutzbereich der Norm im Arzthaftungsrecht, S. 53ff.

B. Selbstschädigung und Selbstgefährdung des Patienten als Obliegenheitsverletzung

I. Die Schadensfernhaltungsobliegenheit des Patienten, § 254 Abs. 1, Abs. 2 S. 1 1 u. 3. Var. BGB

Auf die Tatbestandssystematik des § 254 BGB ist bereits hingewiesen worden. Die Obliegenheit zur Minderung bereits eingetretenen Schadens bezeichnet zwar Fälle gesteigerten sozialen Kontakts zwischen Schädiger und Geschädigtem; hier schafft die Verletzungshandlung das gesetzliche Schuldverhältnis.

Zeitlich vorgelagert ist aber die Mitwirkung des Geschädigten an der Schadensentstehung. Dabei kann zwischen vertypten Obliegenheiten, deren Pflichtengehalt sich aus dem Behandlungsverhältnis oder gesetzlichen Normen ergibt, und nicht vertypten Obliegenheiten unterschieden werden. Beide werden im folgenden für den Patienten näher betrachtet, und zwar unabhängig davon, ob im Einzelfall ein Tun oder Unterlassen vorliegt.

1. Vertypte Obliegenheiten

a) Mitwirkung an ärztlichen Heilungsbemühungen (Compliance)

aa) Begriff und Einordnung der Compliance

Nahezu jedes ärztliche Bemühen um Heilung bleibt erfolgslos, wenn der Patient nicht in irgendeiner Weise an der Tätigkeit des Arztes mitwirkt. Diese "Compliance" ist mehr als die bloße Befolgung ärztlicher Verhaltensanweisungen; sie ist die umfassende Kongruenz der Lebensgewohnheiten eines Patienten mit einem ärztlichen oder gesundheitlichen Rat.[197] Es ist grundsätzlich Sache des Arztes, dem Patienten die Überzeugung zu vermitteln, daß seine Diagnose korrekt und die verschriebenen Medikamente eine wirksame Therapie gegen die Krankheit darstellen. Verschiedene empirische Untersuchungen haben gezeigt, daß solche Patienten, die mit dem Arzt oder der Behandlung unzufrieden sind, die ärztlichen Anweisungen in geringerem Maße befolgen als zufriedene Patienten.[198] Ärztliche Weisungen werden um so eher befolgt,

---

197 Bauer, DABl. 1983, 46

198 Schmädel, Nichtfolgung ärztlicher Anordnungen. Med. Klin. 71 (1976), S. 1460 (1461); auch Sehrt/Weber aaO.

je einfacher sie sind und je weniger sie eine Änderung der eingefahrenen Lebensgewohnheiten vom Patienten verlangen. Einschneidende ärztliche Hinweise wie z. B. das Rauchen aufzugeben, strenge Diätpläne einzuhalten oder keinerlei Alkohol zu konsumieren, haben sehr viel höhere Nichtbefolgungsraten als klare und überschaubare Dosisempfehlungen zu Medikamenten.[199] Oftmals ist die Non-Compliance Folge der Krankheit selbst oder ihrer Symptome, z.B. übermäßiger oder aber gänzlich fehlender Leidensdruck, Vergeßlichkeit o.ä., zum Teil jedoch auch Folge ärztlichen Verhaltens, beispielsweise Freundlichkeit, Zuwendung, eine affektive Einstellung zum Patienten oder übertriebene Autorität.[200] Diese subjektiv - individuellen Elemente sind bei der in § 254 BGB vorzunehmenden Abwägung der Verursachungs- und Verschuldensanteile zu berücksichtigen.[201]

Ist die Patienten - Compliance "echte" Rechtspflicht oder Obliegenheit ?

Soweit in der Literatur der Rechtscharakter der Compliance überhaupt angesprochen wird, wird zumeist lapidar angemerkt, es handele sich um eine vertragliche Nebenpflicht des Patienten.[202] Die Verweigerung der Mitwirkung stelle sich in der Regel als eine schuldhafte Vertragsverletzung dar, wenn und soweit dadurch die Erfüllung des Behandlungsvertrages durch den Arzt unmöglich gemacht werde. Eine Schadensersatzpflicht des Patienten dem Arzt gegenüber komme freilich nur ausnahmsweise in Betracht.[203] Gelegentlich wird die Nebenpflicht recht weit gezogen und soll dann nicht nur die Compliance im engeren Sinne umfassen, sondern auch die Überlassung der zur Erfüllung des Behandlungsauftrages erforderlichen personen- und statusbezogenen Angaben, namentlich die Offenbarung der Vermögensverhältnisse, um etwa dem Krankenhausträger zu ermöglichen, dessen Zahlungsanspruch gegenüber dem Sozialhilfeträger durchzusetzen.[204]

---

199 ebd.

200 Die medizinsoziologischen Grundlagen der Non-Compliance untersucht Schmädel, S. 1460 ff; zur Arzneimittel-Compliance insbesondere von Koronar-Patienten Rychlik, MMG 13 (1988) 29ff.; eine Non-Compliance-Statistik für ausgewählte Erkrankungen findet sich bei Sehrt/Weber, Pharmakotherapie, München 1980, Stichwort "Compliance".

201 s. dazu unten B IX 1

202 Bölke/Robbers, A. I. 7.4.; Laufs/Uhlenbruck, § 78 Rz. 1; § 79 Rz. 1; § 81 Rz. 11; Deutsch/Geiger, Medizinischer Behandlungsvertrag, S. 1065; Jung, S. 161f.; a.A. Deutsch, Arztrecht u. Arzneimittelrecht, S. 134

203 Laufs/Uhlenbruck aaO.

204 Bölke/Robbers aaO.

Grundsätzlich ist anerkannt, daß vertragliche Nebenpflichten, die die Erbringung der Hauptleistung vorbereiten, fördern oder sichern sollen, echte Rechtspflichten sind.[205] Sofern mit ihrer Erfüllung ein über die geschuldete Hauptleistung hinausgehender eigenständiger Zweck verfolgt werden soll, sind sie als selbständige Neben(-leistungs-)pflichten sogar isoliert einklagbar: So ist etwa die Pflicht des Schuldners, an der Herbeiführung einer behördlichen Genehmigung mitzuwirken[206], ebenso klagbar wie die Pflicht, in zumutbare Vertragsänderungen einzuwilligen.[207] In den Fällen unselbständiger Nebenpflichten besteht bei deren schuldhafter Verletzung jedenfalls ein Schadensersatzanspruch unter dem Aspekt einer positiven Vertragsverletzung bzw. einer culpa in contrahendo.

Zurückhaltung ist demgegenüber geboten bei der Anerkennung einer schuldrechtlichen Verpflichtung des Gläubigers, an der Erbringung der Leistung seines Schuldners mitzuwirken. Denn die Bewirkung der Leistung fällt grundsätzlich allein in dessen Risikobereich. Der Anreiz für den Gläubiger, an der Erreichung des Vertragszwecks mitzuwirken, ist vielmehr ein mittelbarer, der zudem zwei Zielrichtungen hat: Zum einen bewirkt der Gläubiger durch sein gegenteiliges Verhalten Annahmeverzug, §§ 293, 295 BGB. Das Gesetz betrachtet jedoch den Gläubigerverzug nicht als Fall einer Rechtspflichtverletzung: Es gewährt dem Schuldner keinen Schadensersatzanspruch gegen den Gläubiger, sondern nur den Ersatz seiner Mehraufwendungen, § 304 BGB.[208] Zum anderen wird beim Vorliegen der übrigen Voraussetzungen ein etwaiger vertraglicher oder deliktischer Schadensersatzanspruch des Gläubigers nach § 254 Abs. 1 BGB reduziert oder sogar ausgeschlossen.

Sofern der Schuldner durch die schuldhafte Verletzung der Mitwirkungshandlung des Gläubigers einen Schaden erleidet, gewährt die Rechtsprechung freilich im Einzelfall gleichwohl einen Anspruch aus positiver Vertragsverletzung, indem die Gläubigerobliegenheiten in den Kreis der "Vertragspflichten im weitesten Sinne" einbezogen werden.[209] Eine derartige an der Rechtsfolge orientierte "Verdichtung" einer Gläubigerobliegenheit zu einer "echten" Rechtspflicht läßt sich jedoch nie verallgemeinern. Vielmehr muß im Wege der Vertragsauslegung gem. § 157 BGB ermittelt werden, ob

---

205 Soergel/Teichmann, § 242 Rz.162; MünchKomm/Roth, § 242 Rz. 147

206 MünchKomm/Roth, § 242 Rz. 175; RGZ 168, 343 (344)

207 BGH NJW 1973, 1498f

208 Schmidt, Obliegenheiten, S.150

209 BGHZ 11, 80 (83); BGHZ 50, 175 (179); BGH BB 1963, 160; RGZ 150, 119(122); für den Versicherungsvertrag gilt das nur ganz ausnahmsweise, BGH VersR 1988, 267

der Vertragszweck im Einzelfalle eine echte, schadensersatzrechtlich sanktionierte Pflicht des Gläubigers zur Kooperation fordert.[210]

Zweck jeglichen ärztlichen Bemühens ist die Herbeiführung der Gesundung des Patienten. Dessen Untersuchung und Behandlung ist vertragliche Hauptpflicht des Arztes. Wie dargelegt, ist die Compliance regelmäßig für den Behandlungserfolg unabdingbar. Das allein kann aber noch nicht ausreichen, um der Compliance den Charakter einer Nebenpflicht zu verleihen. Denn die Mitwirkung des Patienten wird immer durch dessen *Selbstbestimmungsrecht* begrenzt. Der umfassende Schutz des allgemeinen Persönlichkeitsrechts in Form des Selbstbestimmungsrechts gebietet es, dem Patienten auch die Freiheit zuzugestehen, sich aus medizinischer Sicht unvernünftig zu verhalten.[211] Für die Haftung des Arztes wegen unzureichender Aufklärung reicht der Schutz des Selbstbestimmungsrechts immerhin so weit, daß der Patient lediglich gehalten ist, einen "echten Entscheidungskonflikt" darzutun.[212] Dieser ist bereits dann gegeben, wenn das Verhalten nur subjektiv nachvollziehbar ist, der Patient etwa die Krankheit als schicksalshaft hinnimmt. Der weitreichende Schutz der Selbstbestimmung würde aber relativiert, wenn die Mitwirkung an den ärztlichen Bemühungen in das Nebenpflichtgefüge des Behandlungsvertrages eingestellt und damit, jedenfalls dem Grunde nach, einer unmittelbaren Sanktionierung zugänglich gemacht würde. Es wäre dann nur konsequent, die verweigerte Einwilligung bzw. den Einwilligungswiderruf durch den Patienten in die Behandlung ebenfalls als (zumindest vertragliche) Pflichtverletzung zu qualifizieren.[213] Damit würde freilich der Charakter der Einwilligung als vertraglicher und deliktischer Rechtfertigungsgrund obsolet.

Im übrigen ist nicht recht ersichtlich, welchen Erkenntniswert die Anerkennung einer echten Rechtspflicht zur Compliance haben sollte. Die Vertreter dieser Auffassung gestehen selbst zu, daß der Arzt nicht berechtigt ist, sein vertragliches Recht zwangsweise durchzusetzen[214]. Dann aber spricht alles da-

---

210 Larenz, SchuldR, Besonderer Teil II/1, § 53 III c für den Sonderfall eines Bauvertrages

211 Steffen, Entwicklungslinien, S. 130; Laufs/Uhlenbruck, § 61 Rz. 13 ff. ; Giesen, Arztrecht, Rz. 49

212 BGH VersR 1990, 2138; 1991, 315; 1992, 960

213 In diese Richtung geht offenbar Uhlenbruck, wenn er ausführt, es sei keine schuldhafte Verletzung der vertraglichen Mitwirkungspflicht, wenn der Patient eine *risikoreiche* diagnostische Maßnahme ablehne (Laufs/Uhlenbruck § 78 Rz. 8); "Die Verweigerung der Einwilligung ist dann schuldhaft, wenn der Patient bereits vorher seine Zustimmung erteilt hatte und die Durchführung eines vereinbarten ärztlichen Eingriffs durch den späteren Widerruf aus Rechtsgründen unmöglich wird" (Rz.9).

214 Laufs/Uhlenbruck, § 78 Rz. 5

für, die Mitwirkung des Patienten als Nötigungstatbestand minderer Intensität anzusehen: Der rechtliche Nachteil für den Patienten besteht im Rahmen des § 254 BGB darin, daß sein Sich-Verweigern dazu führen kann, daß im Falle ärztlichen Fehlverhaltens nicht voller Schadensersatz geltend gemacht werden kann.[215]

Dieses Ergebnis soll im folgenden für die typischen, vom Arzt an den Patienten gerichteten Verhaltenserwartungen näher betrachtet werden.

bb) Fallgruppen

(1) Informations- und Hinweisobliegenheiten des Patienten

In der Chronologie der ärztlichen Behandlung steht zunächst die Anamnese des Patienten. Ihr kann im Einzelfall eine Informationsobliegenheit des Patienten gegenüber dem Arzt entsprechen, die sich auf Besonderheiten wie Vorerkrankungen, spezielle, evtl. genetische Schadensdispositionen, Allergieneigungen oder andere Unverträglichkeiten richtet. Sie ist systematisch am ehesten bei der Warnungsobliegenheit nach § 254 Abs. 2 S. 1 1.Var. BGB zu lokalisieren. Der Patient desavouiert das ärztliche Vertrauen in die Gefahrlosigkeit des eigenen Verhaltens, wenn ihm solche Umstände bekannt sind, aus denen nach der Vorstellung eines medizinischen Laien ein besonders hoher Schaden erwachsen kann.

Das setzt freilich voraus, daß dem Arzt die Möglichkeit einer übermäßigen Gefährdung des Patienten nicht oder mindestens nicht von vornherein erkennbar ist.[216] Von einer solchen ärztlichen Unwissenheit wird man im Regelfalle nicht ausgehen können, denn den Arzt trifft die Rechtspflicht, seinen Patienten vor diagnostischen oder therapeutischen Eingriffen jeder Art anamnestisch zu überprüfen.[217] Sie ist Teil der therapeutischen Beratung und erfolgt als Eigen-, Medikamenten- und Sozialanamnese.[218] Die Statuierung einer weitgehenden "Warnungs- und Aufklärungsobliegenheit" des Patienten würde demgegenüber den tatsächlich bestehenden ärztlichen Wissensvorsprung im Hinblick auf Ursachen und Folgen gefahrerhöhenden Verhaltens unberücksichtigt lassen. Gleichwohl bleibt die Möglichkeit spezieller Umstände bestehen, die im Einzelfall offenbarungspflichtig sind.

---

215 Zur allgemeinen Mitwirkungsobliegenheit des Patienten als Partner des Behandlungsvertrages s. unten B V 1

216 Staudinger/Medicus, § 254 Rz.35; MünchKomm/Grunsky, § 254 Rz.39

217 Laufs/Uhlenbruck, § 80 Rn. 1; § 48 Rz. 2ff.

218 Hollmann, NJW 1973, 1393f.

Einem Patienten mit erheblichen Magen-Darm-Beschwerden war drei Monate zuvor ein mit Kochsalz gefüllter Silikonballon zum Zwecke der Gewichtsreduktion in den Magen implantiert worden. Dieser war spontan abgegangen und hatte einen Dünndarmverschluß verursacht. Die Implantation hatte der Patient verschwiegen, als er sich zur Abklärung seiner Schmerzen in einem anderen Krankenhaus vorstellte. Infolgedessen war eine Operation erforderlich, die sonst hätte vermieden werden können.

Das OLG Köln[219] bejahte zwar eine Aufklärungspflichtverletzung gegenüber dem Patienten, da auf das seltene Risiko eines Darmverschlusses hätte hingewiesen werden müssen. Zugleich rechnete es dem Patienten ein Mitverschulden von 2/5 an, weil er weder die verabredeten Kontrolluntersuchungen eingehalten noch bei der Krankenhausaufnahme auf den Ballon hingewiesen hatte. Ausnahmsweise hatte hier der Patient dem Arzt gegenüber einen Wissensvorsprung.

Ebenso kann ein Patient mit einer schweren Herzerkrankung gehalten sein, seinen Zahnarzt vor der Behandlung über die Erkrankung zu unterrichten[220]. Die besondere Gefahr erwächst hierbei sowohl aus der mit der ärztlichen Behandlung als solcher verbundenen nervlichen Belastung als auch aus der eventuell erforderlichen Applikation von Anästhetika. Auf Blutgerinnungsstörungen muß der Patient vor invasiven ärztlichen Eingriffen selbst dann hinweisen, wenn es sich um Routineoperationen handelt[221]. Auch im Rahmen der Durchführung von Impfungen kann der Patient gefordert sein, von sich aus auf bestehende Allergien oder Herz-Kreislauf-Erkrankungen hinzuweisen. Hingegen braucht ein Unfallpatient, der wegen einer früheren Thrombose einen Stützstrumpf trägt, den behandelnden Arzt nicht auf diesen Umstand hinzuweisen.[222] Wer im Rahmen der präoperativen Diagnostik mitteilt, er sei "kreislauflabil", braucht postoperativ nicht noch einmal auf eine bestehende spezielle Kälteempfindlichkeit hinzuweisen.[223] Bei der Offenbarung von Medikamentenunverträglichkeiten ist die Rechtsprechung[224] zurückhaltend. Danach soll es nicht Aufgabe des Patienten sein, den Arzt regelmäßig von sich aus über mögliche Unverträglichkeiten in Kenntnis zu setzen.[225]

---

219 OLG Köln NJW-RR 1992, 986 = AHRS 1400/28

220 Laufs/Uhlenbruck aaO.

221 Kohlhaas, DMW 1970, 1896

222 OLG Köln v. 4. 12. 1991-27 U 23/90 - AHRS 1400/27

223 BGH v. 18. 3. 1974, - AHRS 1400/9

224 LG Köln v. 11. 5. 1962 - III O 20/61

225 z. Beachtung ärztlicher Medikationshinweise s. unter 1 a bb (4)

Hinweis- und Informationsobliegenheiten des Patienten können im Einzelfalle auch - kumulativ oder alternativ- "echte" Rechtspflichten darstellen.[226] Es handelt sich dann um Verhaltensanordnungen mit einer doppelten Schutzrichtung.[227] Leidet der Patient etwa unter einer schwerwiegenden, die Allgemeinheit gefährdenden Erkrankung, z. B. einer HIV- oder Hepatitis-Infektion, so ist ihm die Offenbarung dem Arzt gegenüber nicht nur im Interesse der Sicherstellung seines eigenen Therapieerfolges angesonnen, sondern trifft ihn auch als echte Rechtspflicht, deren Verletzung schadensersatz- und strafrechtlich sanktioniert ist.

Es bleibt festzuhalten, daß der Anwendungsbereich für die Informations- und Hinweisobliegenheit des § 254 Abs. 2 S.1 1.Var. BGB bei der ärztlichen Behandlung relativ gering ist: Es soll allein das Risiko besonders krasser und für den Schädiger schlechthin kaum voraussehbarer Schadenszuwächse begrenzt werden. Es läßt sich kein allgemeiner Grundsatz mit dem Inhalt aufstellen, daß schon spezielle Auffälligkeiten des Patienten dessen Warnungsobliegenheit dem behandelnden Arzt gegenüber auslösen. Auch hier gilt, daß der Arzt den Patienten grundsätzlich so nehmen muß, wie er ist.[228] Daraus ergibt sich für das Mitverschulden bei mangelnder ärztlicher Information, daß dem Patienten sein Schadenspotential *allein* nicht anspruchsmindernd angerechnet wird. Es liegt insoweit eine eindeutige Risikozuweisung vor.[229]

Exkurs: Informations- und Hinweisobliegenheiten des Arztes ?

In diesem Zusammenhang läßt sich die Frage aufwerfen, ob das für § 254 BGB bereits genannte Äquivalenzprinzip auch in der Weise Geltung beanspruchen kann, daß korrespondierende Hinweis- und Mitteilungsobliegenheiten *des Arztes* dem Patienten gegenüber existieren, abgeschwächte Pflichten also, die

---

226 Solche Pflichten sind aus dem Straßenverkehrsrecht bekannt, z. B. die Anschnallpflicht für Kfz-Insassen und die Helmpflicht für Motorradfahrer. Sie werden noch im Hinblick auf die Normwidrigkeit des Obliegenheitsverstoßes zu betrachten sein, dazu unten B. VI 3

227 Deutsch, Fahrlässigkeit und erforderliche Sorgfalt, S.58

228 Staudinger/Medicus, § 249 Rz. 52; BGH NJW 1976, 1143f.; BGH NJW 1982, 168

229 Planck/Siber, § 254 Erl. 3a) sieht diese Zuweisung offenbar nicht so eindeutig, wenn er die Verletzung der Warnungsobliegenheit für den Fall bejaht, daß ein bei Balgereien auf dem Turnplatz oder im Schwimmbad verletztes Kind seine Spielgenossen nicht darauf hingewiesen hat, daß es bruch- oder herzleidend sei und nur zuschauen bzw. ein Luftbad nehmen wolle. Bezeichnenderweise bezieht er sich auf *spielende Kinder*. Die Frage eines Obliegenheitsnormverstoßes darf aber mit der des Verschuldensmaßstabs nicht vermengt werden.

sich nicht unter die mit der Diagnose oder Therapie verknüpfte allgemeine Aufklärung und Beratung des Patienten fassen lassen.

Anerkannt ist zunächst, *daß* im Rahmen des Behandlungsverhältnisses auch Obliegenheiten des Arztes bestehen.[230] Der Arztvertrag stellt als Schuldverhältnis einen komplexen Organismus[231] dar, der für beide Vertragspartner Haupt- und Nebenpflichten sowie Obliegenheiten erzeugt.

Die vorgenannte Fragestellung ist von *Taupitz*[232] insbesondere im Hinblick darauf erörtert worden, ob für den Arzt dem Patienten gegenüber die Pflicht zur unaufgeforderten Offenbarung des eigenen Fehlverhaltens besteht. Diese besondere Informationspflicht könnte den Charakter einer Obliegenheit haben: Der Patient weiß regelmäßig nicht um das Fehlverhalten, so daß die Pflicht schon deshalb nicht zwangsweise durchsetzbar ist. Ihre Verletzung führt möglicherweise nur dazu, daß es für den Arzt ein widersprüchliches Verhalten darstellte, die Aufklärung zu unterlassen und anschließend einen damit unvereinbaren Standpunkt einzunehmen, sich nämlich nun auf die mittlerweile wegen der Ahnungslosigkeit des Patienten eingetretene *Verjährung* zu berufen.[233]

Die Pflicht zur Offenbarung eigenen Fehlverhaltens wendet den Blick wertend zurück: Sie verlangt vom Offenbarenden einen Vergleich seines tatsächlich erfolgten Verhaltens mit einer Sollensnorm. Eine solche Pflicht kann nur im Ausnahmefall bestehen, weil eine uneingeschränkte Informationspflicht auf verfassungsrechtliche Bedenken aus Art. 1 und 2 Abs. 1 GG stieße.[234] Zum einen besteht für den Arzt immer der Konflikt, sich möglicherweise einer strafbaren Handlung bezichtigen zu müssen.[235] Zum anderen wäre er in jedem Falle gezwungen, gegen seine eigenen zivilrechtlichen Interessen zu handeln, wenn er seinem Gegenüber Kenntnisse liefern müßte, die dieser für die Geltendmachung von Ansprüchen oder die Herbeiführung sonstiger zivilrechtlicher Folgen benötigt. Dies bedeutet einen Akt der Selbstverleugnung.[236] Daraus ergibt sich eine Beschränkung der Informationspflichten auf solche Fälle,

---

230 Deutsch, Arztrecht und Arzneimittelrecht, S. 37 : Obliegenheit des Arztes zur Erteilung einer spezifizierten Rechnung.

231 Deutsch, Arztrecht und Arzneimittelrecht, S. 25 unter Verweis auf Siber, Grundriß des Schuldrechts (1931), 1ff.

232 Taupitz, Die zivilrechtliche Pflicht zur unaufgeforderten Offenbarung eigenen Fehlverhaltens, S. 13, 96ff.; ders., NJW 1992, 713ff.

233 Taupitz, S. 96

234 Taupitz, S. 30; Nothhelfer, S. 10ff. (12)

235 Taupitz, NJW 1992, 713 (715)

236 Soergel/Teichmann, § 242 Rz. 144

in denen berechtigte Interessen des Informationsempfängers eine Informationserteilung *zwingend* erfordern. Wann dies der Fall ist, muß im Einzelfalle im Wege der Abwägung zwischen Offenbarungs- und Schweigeinteresse ermittelt werden.[237]

Unter diesem Gesichtspunkt wird man mit der Postulation einer entsprechenden ärztlichen Offenbarungspflicht gegenüber dem Patienten sehr zurückhaltend sein müssen. Inhalt der ärztlichen Behandlungspflicht ist zwar auch die therapeutische Aufklärung in Form der Beratung, d.h. Information über Diagnose, Krankheitsverlauf in behandelter und unbehandelter Form sowie über Behandlungsalternativen. Diese Beratung ist aber in die Zukunft gerichtet. Zurückliegendes Verhalten interessiert nur insoweit, als es für die weitere Behandlung oder das weitere Verhalten des Patienten medizinisch notwendig ist. Und auch in diesen Fällen ist eine *Bewertung* der Behandlung als "fehlerhaft" oder gar "schuldhaft" fast nie erforderlich.[238]

Es muß also differenziert werden: Eine normativ zu begründende Selbstbezichtigung wird vom Arzt nie verlangt. Er muß den Patienten aber in Kenntnis setzen, welche nachteiligen Gesundheitsfolgen sein bestehender Zustand in unbehandelter Form haben kann und ob ein jetzt bestehender Defekt restituierbar ist. Möglicherweise wird der Patient nur nach der Eröffnung der Geschehnisse ihm gegenüber dazu zu bewegen sein, in einen Zweiteingriff zur Fehlerbehebung einzuwilligen.[239] Dann jedoch muß auch dann eine Aufklärung erfolgen, wenn der Zustand auf ein subjektives ärztliches Fehlverhalten zurückzuführen ist.[240]

In diesen Fällen handelt es sich um eine (echte) Offenbarungspflicht des Arztes. Wie ausgeführt, hat sie ihren Grund in der therapeutischen Beratung des Patienten; ein Verschweigen stellt dann ohne weiteres einen Behandlungsfehler

---

237 Taupitz, S. 104

238 Nothhelfer, S. 14; Taupitz, S. 31

239 Kern/Laufs, S. 191

240 OLG Hamm VersR 1984, 91; OLG Karlsruhe VersR 1988, 1134f.: Die Richtigstellung einer Fehldiagnose (Karzinom) unterblieb aus Furcht vor den rechtlichen Folgen mit der Konsequenz, daß der Patient über 20 (!) Jahre in "Krebsangst" lebte.

dar, der schadensersatzrechtlich sanktioniert ist. Für eine Obliegenheitsverletzung ist deshalb in diesem Zusammenhang kein Raum.[241]

2) **Verstärkte Einbindung des Patienten in die Therapiedurchführung**

Gelegentlich muß der Arzt die Hilfe des Kranken unmittelbar und damit verstärkt in Anspruch nehmen, um die Behandlung überhaupt durchführen zu können. In diesen Fällen ist die Mitwirkung des Patienten zwingend notwendiger Teil des Behandlungskonzepts. Es handelt sich dann um eine gesteigerte Obliegenheit zur Compliance.

Davon betroffen sind Patienten mit schweren und chronischen Krankheitsbildern. So besteht etwa bei der Heimdialyse, die außerhalb einer zentralen Dialyseeinrichtung erfolgt, die ärztliche Behandlung primär in der Instruktion und Überwachung des Kranken sowie eines evtl. Dialysepartners, um die gefahrlose und ordnungsgemäße Durchführung sicherzustellen[242]. Das Gleiche gilt auch für den schadensträchtigen Bereich der Behandlung des Diabetes mellitus, und zwar unabhängig davon, ob sich der Patient selbst Insulin injiziert, auf eine entsprechende Medikation eingestellt worden ist oder die Krankheit im Rahmen eines Diätplans kontrollieren kann. Der Patient muß die Medikation einhalten und seine Lebens- und Ernährungsgewohnheiten auf seine Erkrankung einstellen; der Arzt muß den regelmäßigen Behandlungsverlauf sorgfältig überwachen. Zu nennen sind weiterhin chronische Hypertonie - Patienten.[243] Der Arzt muß angesichts der multiplen Risiken, die mit diesem Krankheitssymptom verbunden sind, in verstärkter Weise versuchen, den Patienten zur Mitarbeit und Eigenverantwortung zu aktivieren.[244] Da dem Kranken dann deutlich vor Augen geführt wird, daß der Therapieerfolg maßgeblich von seinen Lebensgewohnheiten abhängig ist, stellt die Ignoranz hier eher einen Obliegenheitsverstoß dar. Schließlich bildet die

---

241 Taupitz (S. 105) bejaht in Grenzen auch eine Pflicht zur Offenbarung von Verstößen gegen *rechtsnormativ* begründete Pflichten, allerdings nicht im ärztlichen Bereich, sondern für Angehörige vermögensbetreuender Expertenberufe, z. B. Rechtsanwälte, Steuerberater, Wirtschaftsprüfer, Notare, baubetreuende Architekten. Positivrechtlich leitet er diese Pflicht aus § 666 1. Alt. BGB her, neigt jedoch unter den Aspekten des Normzwecks und der Sanktion eher zu einer "echten" Rechtspflicht als zu einer Obliegenheit, vgl. S. 98f.

242 Rieger, NJW 1979, 582ff. (584); Laufs/Uhlenbruck, Arztrecht, § 78 Rz.6, demzufolge die Compliance dann aber Hauptpflicht des Patienten sein soll.

243 Bei der Behandlung der essentiellen Hypertonie liegt die Quote der Non-Compliance-Patienten bei etwa 66%, dazu Sehrt/Weber aaO.

244 OLG München VersR 1979, 848 für die ärztlichen Unterredungen bei Röntgenmaßnahmen im Rahmen von Koronarangiographien.

Mitwirkung des Patienten eine unerläßliche Voraussetzung für den Erfolg kieferorthopädischer Behandlungen.[245] Dies betrifft vor allem die Sorgfalt in der Pflege der Behandlungsgeräte und im Umgang mit diesen Geräten, z. B. das Weiterdrehen der Schrauben an aktiven Platten oder die Kontrolle des Innenbogens einer Zahnspange anhand einer Schablone, das korrekte Einsetzen der Hilfsmittel etc.[246] Auch hier schwebt die Obliegenheit des Patienten aber nicht "im freien Raum". Die entsprechende ärztliche Pflicht zur korrekten Behandlung umfaßt hier in besonderer Weise das "Warum" der Maßnahmen, die Erläuterung der Fehlstellung sowie der eingesetzten Geräte, schließlich die Erörterung der einzelnen Behandlungsabschnitte und des Therapiekonzeptes insgesamt.[247]

(3) Wahrnehmung vereinbarter Behandlungstermine

Zur Mitwirkungsobliegenheit des Patienten an der Heilbehandlung gehört es auch, einer (Wieder-) Einbestellung zum Behandlungstermin zu folgen. Dabei müssen zwei mögliche Obliegenheitsverstöße unterschieden werden, die Schadensfernhaltungsobliegenheit aus § 254 Abs. 1 BGB und die Mitwirkungsobliegenheit des Patienten als Dienstberechtigter aus §§ 611, 615 Abs. 1 BGB. Letztere soll hier noch nicht betrachtet werden.[248]

Die Wahrnehmung eines mit dem Arzt bzw. Krankenhaus verabredeten Termins entspricht im Rahmen des § 254 Abs. 1 BGB spiegelbildlich der ärztlichen Pflicht, eine unvollständige Behandlung abzuschließen oder eine Kontrolluntersuchung[249] bzw. Nachsorge durchzuführen.[250] Bricht der Patient die Behandlung eigenmächtig ab oder nimmt er angeordnete Wiedereinbestellungstermine nicht oder nicht regelmäßig wahr, so kann darin ein anrechenbares Mitverschulden im Hinblick auf einen Behandlungsfehler liegen. Auch hier hängt freilich alles von den Umständen des Einzelfalls ab, namentlich von der Schwere des Krankheitsbildes und von der Eindringlichkeit des ärztlichen

---

245 Oexmann/Georg, Haftung des Zahnarztes, Rz. 408; auch Günther, Zahnarzt, Rz. 506: völlig grundlose und in dieser Form unvorhersehbare Gegenwehr des Patienten ist mitwirkendes Verschulden, hingegen nicht: plötzliches Wegdrehen des Kopfes bei der Injektion, Schluck- oder Zungenbewegungen, Würgereflexe bei Wurzelbehandlungen und der Beschleifung von Zähnen.

246 Oexmann/Georg aaO.

247 Oexmann/Georg, Rz. 407

248 siehe unten B V 1

249 OLG Hamm VersR 1991, 585 (Nebenwirkungskontrolle bei der Verordnung kortikoider Augentropfen)

250 BGH NJW 1981, 2513; 1987, 2927; OLG Hamm VersR 1984, 91

Hinweises. Ist der Patient gar fehlerhaft behandelt worden, so wird von ihm nicht verlangt, sich erneut in die Hände des betreffenden Arztes zu begeben.[251]

Das OLG München[252] hat einem Patienten mit verstecktem Eiterherd an der linken Hand, der in einem Folgetermin mittels Schnittentlastung therapiert werden sollte, kein obliegenheitswidriges Verhalten angerechnet, als ein Finger infolge Nichterscheinens amputiert werden mußte. Der Arzt hatte den Patienten zwar angewiesen, am nächsten Tag wieder zu erscheinen und ihm dies auch schriftlich mitgegeben. Er hätte aber nach Ansicht des Gerichts auf die konkrete Gefahr des Fingerverlusts unmißverständlich hinweisen müssen.[253]

In einem von BGH[254] entschiedenen Fall war ein Schwangerschaftsabbruch aus medizinischer Indikation versucht worden, jedoch schuldhaft mißglückt. Die die Nachsorge betreibende Gynäkologin hatte aufgrund der histologischen Befunde der Klinik den starken Verdacht des Fehlschlags, die Patientin jedoch nicht benachrichtigt, da sie sich auf die Wahrnehmung eines schon früher verabredeten Vorstellungstermins bei ihr verließ. Diesen versäumte die Patientin, so daß eine interruptio wegen Überschreitung der nach § 218 a StGB vorgeschriebenen Frist nicht mehr möglich war. Der BGH sah im eigenmächtigen Fernbleiben keine Obliegenheitsverletzung, da eine erneute Einbestellung durch die Ärztin unter Hinweis auf die neue Erkenntnis nötig und möglich gewesen wäre.

Ein Fall des OLG Frankfurt[255] behandelt schließlich die Konkurrenz von Mitverschulden und Organisationsverschulden:

> Ein Patient war wegen eines Nierenkelchsteinrezidivs in eine Klinik eingewiesen und dort operiert worden. Dabei wurde ihm eine Harnleiterschiene eingesetzt, die spätestens 10 Tage nach der Operation wieder hätte entfernt werden müssen. Der Patient wurde ausdrücklich auf diese Notwendigkeit hingewiesen und entlassen. Zugleich wurde die urologische Ambulanz der Poliklinik angeschrieben mit der Bitte, den Patienten zur Entfernung der Schiene einzubestellen. Dazu kam es jedoch nicht, so daß der geplante Eingriff erst 1 1/2 Jahre später erfolgen konnte - mit der Folge organischer Schäden und erheblicher Schmerzen für den Patienten.

---

251 LG Köln v. 22.2.1961 - AHRS 1400/4; LG Köln VersR 1964, 392 (394)

252 OLG München VersR 1988, 1156

253 Kritisch zu dieser Entscheidung Honsell, ZSR 109 (1990), 135ff. (147).

254 BGH NJW 1985, 2749

255 OLG Frankfurt MedR 1987,187 = AHRS 1400/18

Das Gericht bejahte ein Organisationsverschulden des Klinikträgers unter dem Gesichtspunkt, daß eine Wiedereinbestellung des Patienten nach dessen Terminsäumnis nicht sichergestellt worden sei. Soweit überhaupt keine Terminabrede vorgelegen habe, liege bereits darin das Organisationsverschulden. Aber selbst wenn die Wiedereinbestellung geschehen sei, so das Gericht, sei angesichts des zwingenden Erfordernisses der Restitutionsmaßnahme eine erneute Erinnerung zumutbar gewesen. Zugleich liege dann ein hälftiges Mitverschulden des Patienten darin, daß er sich angesichts der vorausgegangenen Belehrungen nicht mit Fragen an die Klinik gewandt habe, ob denn bereits alles zum Abschluß der Operation Notwendige getan sei.

(4) Beachtung ärztlicher Hinweise und Empfehlungen

Abgesehen von den bereits genannten Fällen der (Non)-Compliance besteht ganz generell für den Patienten die Obliegenheit, ärztliche Hinweise und Ratschläge zu befolgen. Die Rechtsprechung zu diesem Bereich ist freilich nicht sehr umfangreich. Sie äußert sich meist nicht positiv zu einem Obliegenheitsverstoß, sondern markiert nur die Grenze, bis zu der dem Patienten ein Handlungsspielraum eingeräumt wird.

So begründet die Mißachtung ärztlicher Ratschläge und Weisungen jedenfalls dann keinen Vorwurf mitwirkenden Verschuldens, wenn sich dem Patienten mangels vollständiger Aufklärung über Diagnose und Therapie die Erkenntnis nicht aufdrängt, daß er sich risikoerhöhend verhält.

> Einem Patienten mit Unterschenkelfraktur samt Sprunggelenksbeteiligung war nach erfolgsloser konservativer Behandlung eine Osteosynthese vorgeschlagen worden, die spätestens binnen 10 Wochen nach dem Unfall hätte erfolgen müssen. Der den Eingriff verweigernde Patient verließ die Klinik gegen ärztlichen Rat. Das OLG Stuttgart[256] sah darin keine Obliegenheitsverletzung, weil der Patient nicht auf die Fristgebundenheit des Eingriffs hingewiesen worden war.

Je schwerwiegender die bereits eingetretenen oder erwarteten Gesundheitsbeeinträchtigungen sind, desto höhere Anforderungen stellt die Rechtsprechung an die Annahme eines Obliegenheitsverstoßes. Die ärztliche (Rechts-)Pflicht, den Patienten zur Compliance zu bewegen, steht umso deutlicher im Vordergrund. Ist etwa die Durchführung einer Röntgenaufnahme zwingend erforderlich, um eine Knochenfraktur auszuschließen, so muß der Arzt den Patienten

---

256 OLG Stuttgart MedR 1985, 175 ; auch BGH MedR 1987,42 = NJW 1987, 705

unzweideutig auf die möglichen Folgen einer Weigerung hinweisen; erst dann stellt dessen Ablehnung der Diagnosemaßnahme ein mögliches Mitverschulden dar[257].

Dasselbe gilt für die Mißachtung einer angeratenen Krankenhausaufnahme: Wer einen Patienten mit atypischen Herzinfarktsymptomen behandelt, darf - wegen der Reinfarktgefahr- nicht nur eine Krankenhausweiterbehandlung "empfehlen".[258] Nimmt der Patient diese nicht ernst, liegt darin noch keine Obliegenheitsverletzung. Ebenso macht der Verdacht eines kompletten Gefäßverschlusses mehr erforderlich, als nur einen Überweisungsschein für eine chirurgische Klinik auszustellen, wenn ein Eingriff erst am nächsten Tag bei objektiver Betrachtung zu spät käme[259].

Besonders zurückhaltend ist die Rechtsprechung mit der Annahme eines Mitverschuldens bei der Behandlung durch mehrere Ärzte; etwaige Unklarheiten über den Informationsstand des Patienten gehen nicht zu dessen Lasten:

> Eine Patientin, die bereits früher ein mit einem Neuralrohrdefekt (spina bifida) belastetes Kind zur Welt gebracht hatte, wurde pränatal sowohl von einem Klinikarzt als auch von einer niedergelassenen Frauenärztin betreut. Nachdem in der Klinik Ultraschalluntersuchungen keinen auffälligen Befund erbracht hatten, wies der Kliniker seine Kollegin per Arztbrief auf die Notwendigkeit einer engmaschigen Mißbildungsdiagnostik hin. Diese führte nur gelegentliche sonographische Untersuchungen durch, teilte der Schwangeren den Inhalt des Arztbriefes allerdings auszugsweise mit. Die spina-bifida-Erkrankung des Kindes wurde erst zu einem Zeitpunkt entdeckt, als ein Schwangerschaftsabbruch gemäß § 218a Abs. 4 S. 1 StGB nicht mehr möglich war.[260]

Während die Vorinstanz hier ein Mitverschulden der Patientin zu einem Drittel angenommen hatte, weil sie auf einer besseren Behandlungsaufklärung hätte bestehen und notfalls nachfragen müssen, stellt der BGH auf den "Wissens- und Informationsvorsprung"[261] des Arztes gegenüber dem medizinischen Laien ab. Selbst wenn diesem aus mündlichen oder schriftlichen Äußerungen

---

257 LG Memmingen, VersR 1981, 585

258 OLG Celle VersR 1985, 346

259 BGH NJW 1986, 2367

260 BGH - VI ZR 133/95 - v. 17.12. 1996 = MedR 1997, 319 ; zu den Konstellationen einer möglichen Obliegenheitsverletzung in Fällen vereitelter interruptiones s. unter B I 1 b

261 In diesem Zusammenhang werden vom BGH freilich ohne weiteres Eingriffs- und Therapieaufklärung gleichgesetzt.

anderer an der Behandlung beteiligter Ärzte Informationen über notwendige Maßnahmen bekannt seien, treffe ihn keine Nachforschungsobliegenheit; denn Arztbriefe seien vertrauliche Informationen von Arzt zu Arzt, deren Inhalte der Patient nicht erfragen müsse.

So wie sich der Arzt nicht auf eine gänzlich unsinnige, nicht von der erklärten Einwilligung gedeckte Behandlung einlassen darf[262], ist es umgekehrt denkbar, daß die Behandlungsverweigerung erkennbar irrational motiviert ist. Sie ist dann nicht obliegenheitswidrig.

Eine Krankenhauspatientin unterzog sich auf eigenen Wunsch einer Wurmkur. Als es während der Behandlung zu einer Überempfindlichkeitsreaktion gegen das Medikament kam und der Patientin zur beschleunigten Ausscheidung des Präparates die Einnahme von Laxantien empfohlen wurde, lehnte sie dies ab - mit der Folge einer bleibenden Hörminderung.

Der BGH[263] sah darin keine Obliegenheitsverletzung. Die Weigerung sei nicht ernst gemeint, sondern in Angstgefühlen und unsachlichen Empfindungen, d.h. eher im instinktiven Bereich, begründet gewesen. Der Arzt habe diese Motivationslage erkennen und die Patientin durch nachdrückliche Hinweise auf die zwingende Notwendigkeit des angesonnenen Verhaltens sowie die Folgen des Unterlassens hinweisen müssen.

In den Bereich der Beachtung therapeutischer Ratschläge und Empfehlungen gehört auch die Obliegenheit zur Einnahme ärztlich verordneter Medikamente. Gerade hier ergänzen sich ärztliche Behandlungspflicht und Obliegenheit: So muß der Arzt nicht nur - notfalls schriftlich - klare und überschaubare Medikationsanweisungen geben, soweit etwa ein komplizierter Einnahmerhythmus vorliegt oder Kombinationspräparate appliziert werden. Er muß zudem in Rechnung stellen, daß Patienten gelegentlich auch eigenmächtig Medikamente absetzen. Je nach den Umständen, wie Krankheitsbild und Persönlichkeit des Patienten, kann sich daraus eine unterschiedlich intensive Kontroll- und Nachfragepflicht des Arztes ergeben. Umgekehrt sind es diese subjektiven Um-

---

262 BGH NJW 1978, 1206: Eine an unerträglichen Kopfschmerzen leidende Patientin hatte von ihrem Zahnarzt verlangt, ihr sämtliche plombierten Zähne zu ziehen, da sie sich davon Erfolg versprach. Den Arzt entlastete nicht, daß er ausdrücklich auf die Sinnlosigkeit des Vorgehens hingewiesen hatte.

263 BGH VersR 1954, 89

stände, die die an sich bestehende Obliegenheit des Patienten unter Verschuldensgesichtspunkten abschwächen können.[264]

Die Obliegenheit zur Beachtung von Medikationshinweisen besteht übrigens nicht nur dem Arzt, sondern auch dem Arzneimittelhersteller gegenüber. Dieser haftet verschuldensunabhängig nach § 84 AMG, sofern das Arzneimittel bei bestimmungsgemäßem Gebrauch schädliche Wirkungen hat, die über ein nach den Erkenntnissen der medizinischen Wissenschaft vertretbares Maß hinausgehen und ihre Ursache im Entwicklungs- bzw. Herstellungsbereich haben. § 85 AMG verweist auf § 254 BGB.[265] Der Anwendungsbereich der Vorschrift ist allerdings schmal. So liegt noch kein Mitverschulden darin, daß sich der durch ein fehlerhaftes Arzneimittel hervorgerufene Schaden aufgrund einer ungünstigen Körperbeschaffenheit des Geschädigten erhöht hat.[266] Am ehesten wird man eine Mitwirkung an der Schadensentstehung noch annehmen können, wenn der Patient den Arzneimittelschaden durch Raubbau am eigenen Körper mitverursacht oder durch gleichzeitige Einnahme von Genußmitteln, z. B. Alkohol, erhöht hat. Ignoriert der Patient die in Arzneimittelinformationen (Packungsbeilagen) in laienverständlicher Form angegebenen Warnhinweise bzw. Kontraindikationen, verletzt er damit seine Schadensfernhaltungs- bzw. Schadensminderungsobliegenheit, wenn diese geeignet waren, den Schaden zu vermeiden bzw. geringer zu halten.[267] Letzteres muß der pharmazeutische Unternehmer beweisen. Im übrigen muß die Doppelspurigkeit der Haftung beachtet werden: Soweit es um die Gefährdungshaftung nach § 84 AMG geht und die Nichtbeachtung der Hinweise zugleich einen bestimmungswidrigen Gebrauch des Präparates i. S. d. § 84 Ziff. 1 AMG darstellt, ist die Haftung überhaupt ausgeschlossen. Wenn der Ersatzanspruch des Patienten auf § 823 BGB gestützt wird, ist im Rahmen der Abwägung nach § 254 BGB u.a. zu berücksichtigen, daß der Kranke die freie Entscheidung hatte, die Information zu mißachten oder sich trotz entgegenstehenden Hinweises zur Einnahme zu entschließen.

---

264 dazu unten B IX 1

265 Die Verweisung richtet sich dem Wortlaut nach zwar nur auf den Fall der Mitwirkung des Geschädigten an der Schadensentstehung. Es ist aber anerkannt, daß auch die Fälle der Schadensminderungsobliegenheit des § 254 Abs. 2 3.Var.BGB erfaßt werden, Sander/Köbner, Kommentar zum AMG, § 85, Erl. 3 (unter Hinweis auf die amtliche Begründung)

266 Sander/Köbner, § 85 AMG, Erl. 1

267 Kloesel/Cyran, § 85 AMG Anm. 3; Sander/Köbner aaO.

b) Obliegenheiten bei Schwangerschaftsabbrüchen und im Bereich der Familienplanung

Bei der Realisierung der Familienplanung und bei der Durchführung von Schwangerschaftsabbrüchen sind mehrere Fallkonstellationen voneinander unterscheidbar, bei denen Patienten durch ihr Verhalten mit dazu beitragen, daß ihnen ein Schaden entsteht.

Ein mitwirkendes Verschulden kann sich zum einen auf die Veranlassung des Schwangerschaftsabbruchs selbst beziehen. War die interruptio nämlich gemäß § 218 StGB verboten, stellt schon deren Durchführung durch den Arzt auf ausdrücklichen und ernsthaften Wunsch der Schwangeren nicht nur einen Rechtspflichtverstoß, sondern kumulativ auch eine Obliegenheitsverletzung dar, sofern die Patientin durch den (fehlerhaften) Eingriff zu Schaden kommt.[268]

Eine andere Situation liegt vor, wenn die Ausführung einer gesetzlich zulässigen Abtreibung mißglückt, so daß es zur Geburt des Kindes kommt. Noch anders liegt es, wenn ein Kind aus Gründen der abgeschlossenen Familienplanung unerwünscht ist und die beabsichtigte Sterilisation eines Ehepartners oder die Durchführung anderer kontrazeptiver Maßnahmen durch ärztliches Fehlverhalten scheitern. In diesen Fällen werden die Eltern wider Willen mit der Unterhaltsverpflichtung für ihr nicht gewolltes Kind belastet.

Die in der Vergangenheit kontrovers geführten Diskussionen sowohl zum Haftungsgrund als auch zur Ersatzfähigkeit des Schadens wirken sich naturgemäß auch für ein mögliches Mitverschulden der Patient(inn)en aus. Es sind deshalb beide Aspekte kurz anzusprechen, bevor das obliegenheitswidrige Patientenverhalten selbst betrachtet wird.

aa) Anspruchsgrundlagen eines Unterhaltsschadens

Grundlage der vertraglichen Haftung ist eine positive Vertragsverletzung des Behandlungsvertrages durch Verletzung der Pflicht zu sorgfältiger Behandlung oder Beratung. Hat die ungewollte Schwangerschaft ihren Grund im Irrtum eines Apothekers, der ein Rezept falsch liest und statt eines Kontrazeptivums ein Magenpräparat verordnet[269], liegt der Haftungsgrund in der schuld-

---

268 BGH NJW 1953, 700f.(Mitverschulden der Schwangeren am eigenen Tod, das nach §§ 846, 844 Abs. 2 BGB anzurechnen ist); ebenso BGH VersR 1955, 24 (Mitverschulden von einem Drittel am eigenen Tod der Schwangeren, die den Arzt nachdrücklich zum Eingriff bewogen und eine gebotene Krankenhauseinweisung kategorisch abgelehnt hatte).

269 LG Itzehoe FamRZ 1969, 90f.: "Enzynorm" statt "Eugynon"

haften Verletzung des Kaufvertrages. Bei fehlgeschlagenen Schwangerschaftsabbrüchen hat sich in der Vergangenheit die Frage gestellt, ob ein Behandlungsvertrag über eine interruptio überhaupt wirksam geschlossen werden kann. Dies wurde bei den Indikationstatbeständen der früheren Fassung des § 218a StGB zum Teil mit der Begründung verneint, die Indikationen des § 218a StGB seien keine Rechtfertigungs-, sondern Schuldausschließungsgründe[270]. Dann jedoch könne kein Anspruch auf Durchführung einer interruptio bestehen. Diese Auffassung vermag nicht zu überzeugen. Unabhängig von der Einordnung der damaligen Indikationstatbestände war der Schwangerschaftsabbruch jedenfalls straffrei und konnte damit Vertragsinhalt werden. Den entsprechenden Behandlungsvertrag gemäß §§ 134 BGB, 218a StGB als nichtig[271] anzusehen, würde den Interessen der Vertragsparteien zuwiderlaufen, weil der Patientin damit mittelbar die Möglichkeit eines gesetzlich möglichen Abbruchs erschwert würde.

Zum Teil wird der Behandlungsvertrag über einen Schwangerschaftsabbruch als "halbseitig" unwirksam angesehen, da er (auch) zu Lasten des ungeborenen Kindes geschlossen werde[272].

So seien zwar die Zahlungspflicht der Schwangeren wie die Betreuungspflicht des Arztes wirksam entstanden; aus Art. 2 Abs. 2 GG folge jedoch, daß eine Pflicht des Arztes zur interruptio außerhalb des Schutzzwecks der Privatautonomie läge und deshalb nicht anerkannt werden könne. Aus diesem Grunde schieden Sekundäransprüche wegen fehlgeschlagener oder unterbliebener Abtreibung als Folge mangelhafter Beratung oder Diagnostik aus[273].

Diese Ansicht vermischt zwei unterschiedliche Rechtspositionen des Arztes. Der Arzt hat die Möglichkeit, die Mitwirkung an einem Schwangerschaftsabbruch aus höchstpersönlichen Gründen zu verweigern und diese damit für den Einzelfall über das Organisations- und Direktionsrecht des Krankenhausträgers zu stellen.Das sagt aber noch nichts darüber, ob sich der Arzt nicht selbst wirksam zum Abbruch verpflichten kann. Sein individuelles Weigerungsrecht kann er der Patientin im Falle einer fehlgeschlagenen Abtreibung nicht als Einwand entgegenhalten, denn diese hätte sich dann an

---

270 Sax, JZ 1977, 326 (331); Müller, NJW 1984, 1798 (1799); zur Qualifikation der Indikationen des § 218a StGB als Entschuldigungsgründe auch Dreher/Tröndle, vor § 218 Rz. 8 (8h); BayrOLG NJW 1990, 2328

271 Die Rechtsfolge eines Verstoßes gegen ein Verbotsgesetz ist nicht per se die Nichtigkeit; vielmehr ist zu fragen, ob Sinn und Zweck der Verbotsnorm die Nichtigkeitsfolge gebieten, BGHZ 71,361; 78,265; 85,43; MünchKomm/Mayer-Maly § 134 Rz. 1

272 Lenz, VersR 1990, 1214

273 Lenz aaO.

einen anderen, zum Eingriff bereiten Arzt halten können. Auch aus Art. 2 Abs. 2 GG läßt sich nichts für die Nichtigkeit eines Behandlungsvertrages über eine interruptio ableiten: Geht man davon aus, daß ein indizierter Abbruch jedenfalls nicht gegen Verfassungsrecht verstößt, darf die Schwangere in ihrer besonderen Entscheidungssituation den Konflikt von Mutter- und Kindesinteresse ausnahmsweise zu Lasten des ungeborenen Lebens entscheiden. Dann aber kann die Vorschrift keine Begrenzung der Privatautonomie bewirken. Es läßt sich mithin feststellen, daß jedenfalls einem zulässigen Schwangerschaftsabbruch ein wirksamer Behandlungsvertrag zugrundeliegt[274].

Auch die Herleitung eines entsprechenden deliktischen Schadensersatzanspruchs der Mutter hat in der Vergangenheit Schwierigkeiten bereitet. So ist der Einordnung der fehlgeschlagenen Sterilisation oder des vereitelten Schwangerschaftsabbruchs als Körper- oder Gesundheitsverletzung i.S.d. § 823 Abs. 1 BGB zum Teil entgegengehalten worden, eine normal ablaufende Schwangerschaft sei ein natürlicher Vorgang und stelle daher keine Störung der körperlichen oder biologischen Funktionen dar[275]. Nach überwiegender Auffassung[276] werden die typischen Begleiterscheinungen einer Schwangerschaft jedoch isoliert betrachtet und als physische Ausnahmesituationen bewertet. Sie beeinträchtigen die physische Integrität der Frau und bilden damit den Tatbestand einer Körper- bzw. Gesundheitsverletzung.

Problematischer ist der Versuch, die fehlgeschlagene Sterilisation bzw. den mißglückten Abbruch als Eingriff in das absolut geschützte Persönlichkeitsrecht in Form eines "Elternrechts auf Familienplanung" einzuordnen[277]. Das von der Rechtsprechung[278] aus Art. 1,2 GG als "sonstiges Rechts" i.S.d. § 823 Abs. 1 BGB entwickelte allgemeine Persönlichkeitsrecht erfaßt von seinem Schutzbereich her zwar nicht nur die Individual- und Privatsphäre des Einzelnen, sondern auch dessen Intimsphäre als absoluten Kernbereich der Persönlichkeit.[279] Auch ist gerade die Entscheidung der Eltern, ob, wann und wie oft sie neues Leben empfangen oder zeugen wollen, in einem Höchstmaß persönlicher Natur[280]. Gleichwohl sprechen rechtssystematische Bedenken gegen die

---

274 So auch BGH NJW 1985, 671; Fischer, JuS 1984, 435; Schramm, S. 154

275 OLG Karlsruhe NJW 1979, 599 (601); Stieglitz,S. 117

276 BGHZ 86, 240= NJW 1980, 1453; Staudinger/Schäfer, § 823 Rz. 14; Palandt/Thomas, § 823 Rz. 68; Kuhn, SJZ 1993, 286f.

277 Giesen, FamRZ 1970, 565 (569)

278 BGHZ 13, 334; 24, 72 (78)

279 BGH NJW 1988, 1984

280 Giesen aaO; Lankers, FamRZ 1969, 384f.

Ausweitung des deliktischen Persönlichkeitsschutzes auf den Schutz der Nachwuchsplanung: § 823 Abs. 1 BGB schützt nur konkret bestimmte Rechte und Rechtsgüter, nicht jedoch die allgemeine Handlungsfreiheit als solche[281]. Wollte man diese umfassend dem allgemeinen Persönlichkeitsrecht unterstellen, so träte an die Stelle des relativ präzisen Tatbestandes eine generalklauselhafte Beschreibung der verletzbaren Sphäre, deren konkrete Verletzung im Einzelfalle anhand von Verhaltensunrechtskriterien festgestellt werden müßte. Das wäre zwar möglich; die Ermächtigung zu einer solchen Erweiterung der Fallgruppen des allgemeinen Persönlichkeitsrechts ist § 823 Abs. 1 BGB jedoch nicht entnehmbar[282]. Aus diesem Grunde sieht die Rechtsprechung in der Größe der Familie ebenso wie in der Institution Ehe kein spezifisches Persönlichkeitsgut. Der BGH lehnt die Zuerkennung eines Schmerzensgeldes unter dem Gesichtspunkt einer Verletzung des Rechts auf Familienplanung ab[283].

bb) Ersatzfähigkeit des Unterhaltsschadens

Daß die Belastung mit einer Unterhaltspflicht einen ersatzfähigen Schaden darstellen kann, ist in der Rechtsprechung bereits seit Anfang dieses Jahrhunderts anerkannt. So hat das Reichsgericht[284] einem geisteskranken Anstaltsinsassen, der mit seiner Pflegerin ein Kind gezeugt hatte, Schadensersatz in Höhe der ihn treffenden Unterhaltsverpflichtung zugesprochen. In der Bundesrepublik Deutschland gab es später eine ganze Reihe untergerichtlicher Entscheidungen mit teilweise gegenläufigem Inhalt.

Im schon genannten Fall des LG Itzehoe[285] sah dieses die Unterhaltsbelastung für das ungewollte Kind ohne weiteres als ersatzfähig an. Im gleichen Sinne entschied das LG Limburg[286], wobei es deutlich zwischen der Geburt des Kindes als "Wertverwirklichung" und der Unterhaltsbelastung als Schaden differenzierte. Das LG München[287] lehnte hingegen die Ersatzpflicht eines Apothekers wegen schuldhafter Verwechselung eines Kontrazeptivums mit der Begründung ab, daß es an einem ersatzfähigen Schaden fehle, da das Kind nun einmal in der Welt und für eine Naturalrestitution demzufolge kein Platz sei.

---

281 MünchKomm/Mertens, § 823 Rz. 102

282 MünchKomm/Mertens aaO.

283 BGHZ 86, 240 (249)

284 RGZ 108, 86; s. zu diesem Fall auch unten B VII 2

285 LG Itzehoe FamRZ 1969, 90f.

286 LG Limburg NJW 1969, 1575

287 LG München I VersR 1970, 488 = FamRZ 1970, 314

Hier taucht der in Teilen der Literatur[288] zustimmend bewertete Gedanke auf, daß ein Ersatzanspruch nicht von der in der Geburt des Kindes liegenden Wertverwirklichung gelöst werden könne, ohne die personale Ganzheit des Kindes zu leugnen. Wer das Kind wolle, müsse sich notwendigerweise mit der daraus resultierenden Unterhaltsbelastung abfinden.

Ähnlich gespalten war die Situation beim Fehlschlagen einer Sterilisation bzw. eines Schwangerschaftsabbruchs. Während des OLG Düsseldorf[289] und das LG Freiburg[290] die Ersatzfähigkeit des Unterhaltensschadens bejahten, argumentierte das OLG Bamberg[291], der wirtschaftlichen Belastung, die die Existenz des Kindes mit sich bringe, stehe positiv ein immaterielles Äquivalent gegenüber; die Eltern - Kind- Beziehung sei zu komplex, als daß eine sachgerechte Aufspaltung der Geburtsfolgen in einen vermögensmäßigen und einen immateriellen Teil vorgenommen werden könne. Anders entschieden wiederum das OLG Celle[292], das OLG Zweibrücken[293] sowie das OLG Karlsruhe[294].

Die höchstrichterliche Rechtsprechung ist ebenfalls ambivalent. Über lange Jahre hatte der BGH pauschal die Auffassung vertreten, daß der vertragliche Schadensersatzanspruch gegen den Arzt im Grundsatz auch den Unterhaltsaufwand für ein Kind umfasse, das infolge des Fehlverhaltens gezeugt und geboren wird[295]. Diese Rechtsprechung hat das BVerfG in seinem Urteil vom 28.5.1993[296] für überprüfungsbedürftig erklärt. Im Rahmen eines Normenkontrollverfahrens zur verfassungsrechtlichen Prüfung des damaligen § 218b StGB[297] hat es festgestellt, daß eine rechtliche Qualifikation des Daseins eines Kindes als Schadensquelle von Verfassungs wegen nicht in Betracht komme. Die Verpflichtung der staatlichen Gewalt, jeden Menschen in seinem Dasein

---

288 Stürner, FamRZ 1985, 753 (757); Diederichsen, VersR 1981, 695; ebenso auch Oftinger, Haftpflichtrecht, S. 62

289 OLG Düsseldorf NJW 1975, 595

290 LG Freiburg NJW 1977, 340

291 OLG Bamberg JZ 1978, 529f.

292 OLG Celle, JZ 1978, 528,

293 OLG Zweibrücken VersR 1979, 166

294 OLG Karlsruhe NJW 1979, 599

295 BGHZ 76, 249ff. = NJW 1980, 1450; BGHZ 76, 259ff. = NJW 1980, 1452; BGH NJW 1981, 630; BGH NJW 1981, 2002; NJW 1984,2625; NJW 1992, 2961; BGHZ 124, 128ff. = NJW 1992, 2961; BGHZ 124, 128ff. = NJW 1994, 788(fehlerhafte genetische Beratung)

296 BVerfGE 88, 203 (296)= NJW 1993, 1751 (1778)

297 § 218b StGB i. d. durch das Schwangeren- u. Familienhilfegesetz (SFHG) v. 27. 7. 1992 (BGBl. I 1398) geänderten Fassung.

um seiner selbst willen zu achten, verbiete es, die Unterhaltspflicht für ein Kind als Schaden zu begreifen. Unberührt bleibe freilich eine Schadensersatzpflicht des Arztes gegenüber dem Kind wegen möglicher Schädigungen, die diesem bei einem nicht kunstgerecht ausgeübten, mißlungenen Schwangerschaftsabbruch zugefügt worden sind.

Da das BVerfG die Frage der Ersatzfähigkeit des Unterhaltsschadens nur als *obiter dictum* aufgeworfen hat, gilt die Bindungswirkung des § 31 Abs. 1 BVerfGG zumindest insoweit nicht, als die Problemstellung kein Bestandteil der tragenden Gründe des verfassungsgerichtlichen Urteils ist.[298] Demzufolge hat der BGH in späteren Entscheidungen keine Bedenken gehabt, für die Fälle einer fehlschlagenden humangenetischen Beratung sowie der Aufklärungspflichtverletzung bei einer Sterilisation den Unterhaltsaufwand auf den verantwortlichen Arzt zu verlagern[299]. Sofern die Geburt des Kindes allerdings auf einen mißglückten Schwangerschaftsabbruch zurückgeht, soll der Unterhaltsaufwand jedoch dann nicht mehr vom Schutzzweck des Arztvertrages umfaßt werden, wenn der Abbruch sich nach den vom BVerfG entwickelten Kriterien nicht als rechtmäßig, sondern lediglich als straffrei erweist[300]. Nach der aktualisierten Fassung des § 218a StGB[301] ist die Ersatzfähigkeit des Unterhaltsschadens nunmehr davon abhängig, ob der Abtreibung "nur" eine Beratung vorausgegangen ist oder eine ausdrücklich als nicht rechtswidrig bezeichnete medizinisch-sozial (Abs. 2) bzw. kriminologisch indizierte interruptio (Abs. 3) vorgelegen hat.

Die erkennbar zweifelnde Einstellung der untergerichtlichen Rechtsprechung zur Ersatzfähigkeit des Unterhaltsschadens findet sich in den Ausführungen des BGH in anderem Zusammenhang, nämlich bei der *Schadensberechnung*, wieder.[302] Ersatzfähig soll nur der eigentliche "Planungsschaden" sein, indem auf die jeweils aktuellen Bedarfssätze der Regelunterhaltsverordnung[303] Bezug genommen wird.[304] Mit dieser Haftungsbegrenzung weicht der BGH vom schadensersatzrechtlichen Prinzip der Totalreparation ab. Andererseits soll je-

---

298 Roth, Kindesunterhalt, NJW 1995, 2399

299 BGHZ 124, 128ff. (136) = NJW 1994, 788 m. Bespr. Deutsch (776) u. Urteilsanm. Emmerich, Jus 1994, 608f.; BGH NJW 1995, 2407ff (2409)

300 BGH NJW 1995, 1609: Schwangerschaftsabbruch aufgrund der in § 218 Abs. 2 Nr. 3 a. F. geregelten sozialen Indikation.

301 Schwangeren- u. FamilienhilfeänderungG v. 21. 8. 1995, BGBl. I S. 1050, 1055.

302 Deutsch, VersR 1995, 609ff. (611)

303 Abgedr. bei Palandt/Diederichsen, Anh. zu §§ 1615f, 1615g BGB.

304 BGH NJW 1980, 1455; neuestens BGH v. 4. 3. 1997 - VI ZR 354/95: betreuungsbedingter Verdienstausfall kein erstattungsfähiger Schaden.

doch der Kindergeldbetrag voll angerechnet werden, obgleich unter familienrechtlichen Aspekten nur die der Gesamtzahl der Kinder entsprechende Quote berücksichtigt werden dürfte, weil das bei größerer Kinderzahl erhöhte Kindergeld für alle Kinder bestimmt ist.[305]

cc) Mitverschulden der Eltern

Der Vorwurf mitwirkenden Verschuldens der betreffenden Patienten läßt sich an verschiedene Umstände anknüpfen.

Ist eine "wrongful conception" allein auf die irrtümliche Verwechselung eines Kontrazeptivums durch den Arzt bzw. Apotheker zurückzuführen, liegt schon in der unbedachten Präparateinnahme ein erhebliches Mitverschulden der Frau.[306] Eine Patienteninformation hat sorgfältig beachtet zu werden.

Keine Obliegenheitsverletzung[307] liegt demgegenüber in der elterlichen Weigerung, das unerwünschte Kind unmittelbar nach der Geburt zur Adoption freizugeben.[308] Dem ist zwar vereinzelt entgegengehalten worden, ein derartiges Verhalten sei widersprüchlich und kollidiere daher mit der Schadensfernhaltungsobliegenheit.[309] Der Auffassung des BGH ist jedoch ohne weiteres zuzustimmen, sofern man anerkennt, daß der elterliche Schaden gerade nicht im oft sogar erwünschten "Haben" des Kindes in personam, sondern allein in der korrespondierenden Unterhaltsbelastung besteht. Außerdem kollidierte die Annahme einer entsprechenden Obliegenheit unmittelbar mit Artikel 6 des Grundgesetzes.

Schwieriger zu beantworten ist die Frage, ob der Schwangeren, bei der eine Abtreibung aufgrund eines ärztlichen Fehlers zunächst mißglückt, die Verweigerung eines strafrechtlich noch möglichen Zweiteingriffs im Rahmen des § 254 Abs. 2 S.1 2.Var. BGB anspruchsmindernd entgegengehalten werden kann. Der BGH[310] hatte dies für den Fall einer mißglückten Sterilisation mit der Folge einer Schwangerschaft zwar abgelehnt, weil eine Schwangerschaftsunterbrechung keine Alternative zur vorausschauenden Familienplanung dar-

---

305 Deuchler, Wrongful birth, S. 153; Stieglitz, S. 134

306 LG Itzehoe FamRZ 1969, 90: Hälftiges Mitverschulden der Patientin.

307 Es handelt sich hier um einen Fall der Schadensfernhaltungsobliegenheit nach § 254 Abs. 2 S. 1 2.Var.BGB

308 BGHZ 76, 249 (257); 76, 259 (264)

309 Diederichsen, VersR 1981, 695

310 BGHZ 76, 249 (257); 76, 259 (264)

stellt. Bei einer gescheiterten Abtreibung sollte nach altem Recht[311] unter Umständen jedoch im Falle einer Notlagenindikation innerhalb der ersten zwölf Wochen (§ 218 a Abs. 3 StGB a.F.) ein Zweiteingriff zumutbar sein[312]. Der BGH hat dies allerdings nur als obiter dictum ausgeführt: Sofern der Eingriff alsbald möglich und unter medizinischen Aspekten zumutbar sei, handele die Frau "widersprüchlich und damit arglistig", wenn sie den noch wiedergutzumachenden Fehler des Arztes benutze, ihn an seinen schadensersatzrechtlichen Unterhaltsverpflichtungen festzuhalten. Während hier der Gesichtspunkt einer Obliegenheitsverletzung anklingt, wird für eine etwas andere Situation auf den Zurechnungszusammenhang zwischen Fehler und Schaden abgestellt: Dieser fehle, wenn die Frau die drohende Notlage nicht mehr verhindern wolle, sondern nunmehr im Gegenteil alles daran setze, das Kind zur Welt zu bringen, etwa weil ihr eröffnet werde, sie werde zukünftig keine Kinder mehr bekommen können.[313] Damit zeige sie nämlich, daß sie den behandlungsvertraglich geschuldeten Schutz nicht länger wolle. Das soll nach den Ausführungen des BGH allerdings nur bei gleichbleibender Indikationslage gelten: Wäre zu einem späteren Zeitpunkt eine interruptio aus anderer, z. B. medizinischer Indikation zulässig gewesen, sollte die Weigerung der Patientin unschädlich sein, weil das vorgerückte Stadium der Schwangerschaft der Frau eine medizinisch und psychologisch völlig andere und grundsätzlich belastendere Entscheidung abverlange.[314]

Der letztgenannte Gesichtspunkt spielt nach der Neufassung des § 218a StGB durch das SFHÄndG vom 21. 8. 1995[315] keine Rolle mehr, da die unterschiedlichen, an die damaligen Indikationen gekoppelten Fristen durch die einheitliche Zwölfwochenfrist des § 218a Abs. 1 Nr. 3 StGB n. F. ersetzt wurden.[316]

---

311 § 218a StGB in der Fassung vor Erlaß des SFHG (Fn.268)

312 BGH NJW 1985, 671 (672); in Anlehnung daran OLG Braunschweig v. 13. 6. 1990 - AHRS 1400/24 : Hier mißglückte eine interruptio aus sozialer Notlage, weil eine Ausschabung fehlerhaft vorgenommen war. Das Gericht verneinte eine Obliegenheit zum Zweiteingriff nur unter der Voraussetzung, daß ein "erheblicher psychischer Druck bestand, den Eingriff nicht wiederholen zu lassen". Dafür soll jedenfalls *nicht* ausreichen, daß eine spätere Interruptio nur noch mittels Bauchschnittes möglich gewesen wäre.

313 ebd. (S. 673)

314 BGH aaO.; der BGH läßt allerdings offen, ob der Zurechnungszusammenhang auch dann durchbrochen wird, wenn das Kind plötzlich zum Wunschkind wird, ohne daß eine rechtmäßige Alternative zur Abtreibung bestünde. Konsequenterweise müßte das wohl bejaht werden.

315 BGBl. I S. 1050ff.

316 Ein knapper Überblick über die Indikationsregelungen samt deren kritischer Bewertung findet sich bei Tröndle, NJW 1995, 3009ff.

Insoweit wird von der Schwangeren unter Berücksichtigung der BGH-Auffassung stets die Vornahme eines Zweiteingriffs verlangt werden können.

Es bleibt aber das grundsätzliche Problem des möglichen Mitverschuldens. Dabei ist hier zweitrangig[317], ob auf die Unterbrechung des Zurechnungszusammenhangs oder auf eine Obliegenheitsverletzung abgestellt wird.[318] In jedem Falle erscheint es eigenartig, daß die Rechtsprechung einerseits, wie noch zu zeigen sein wird[319], bei der allgemeinen Operationsobliegenheit des Patienten die Verschuldensschwelle hoch ansetzt und den zögernden und ängstlichen Patienten weitgehend entschuldigt, andererseits jedoch das nur ausnahmsweise bestehende Recht auf Abtreibung zu einer Abtreibungsobliegenheit macht.[320] Gewiß ist es konsequent, den im Hinblick auf den Unterhalt weitreichenden Schutzbereich des Behandlungsvertrages für den Schutzbereich der Obliegenheit[321] nicht unberücksichtigt zu lassen. Gleichwohl stellt dies die Intention des Gesetzgebers im Rahmen des § 218a StGB auf den Kopf, die Schwangere, falls irgend möglich, zur - ethisch wünschenswerteren - Fortsetzung der Schwangerschaft zu motivieren.[322] Wenn eine adoptionsrechtliche Freigabeobliegenheit gerade mit dem Argument verneint wird, die Ersatzpflichtigkeit des fehlerhaft handelnden Arztes stelle die positive Einstellung der Eltern zum Kind erst her[323], bedeutet die gleichzeitige Anerkennung einer Pflicht zur Duldung eines zweiten Abbruchsversuchs insoweit einen Wertungswiderspruch. Verneint man hingegen eine solche Obliegenheit, wird zugleich deutlich, daß ein späteres "Damaskuserlebnis"[324] der Schwangeren in Form der plötzlichen positiven Hinwendung zum Kind weder den Zurechnungszusammenhang unterbrechen noch ein anrechenbares Mitverschulden darstellen kann. Denn materieller Schadensersatz ist grundsätzlich unabhängig davon zu leisten, ob der Schaden bzw. die schadensbe-

---

317 Soergel/Mertens, § 254 Rz. 5:"Die Abgrenzung des zu ersetzenden Schadens und die Anwendung insbesondere des § 254 Abs. 2 BGB berühren sich miteinander."

318 Als Obliegenheitsverletzung diskutieren Deutsch, Anm. zu BGH NJW 1985, 671 (674) sowie Stürner, FamRZ 1985, 753 (758) das Problem.

319 vgl. unten B II 2

320 Dies wird angedeutet von Deutsch aaO., der der Entscheidung jedoch zustimmt. Ablehnend demgegenüber Giesen, JZ 1985, 334f.

321 dazu unten B VIII 2

322 Tröndle aaO hält die gesamte gesetzliche Neuregelung im übrigen weder für praktikabler noch für verfassungsrechtlich überzeugender oder tragfähiger als die vom Bundesverfassungsgericht verworfene.

323 BGH NJW 1984, 2625f.

324 Der Begriff stammt von Giesen, JZ 1985, 336.

gründende Ursache dem Geschädigten willkommen ist oder nicht.[325] In Wirklichkeit handelt es sich dabei um ein Problem der *Schadensart*: Die Willkommenheit des Schadens schließt im Regelfalle einen immateriellen Schadensersatzanspruch aus, nicht aber einen materiellen.[326] Infolgedessen kann die zwischenzeitliche emotionale Stellung der Mutter zum Kind haftungs- wie mithaftungsrechtlich allenfalls für die Schmerzensgeldberechnung, nicht jedoch für den Unterhaltsanspruch eine Rolle spielen.[327] Es ist dies die Konsequenz aus der Trennung der unerwünschten Geburt in personale Wertverwirklichung einerseits und Schadensereignis andererseits.

Schließlich verbleiben als weitere Möglichkeiten eines Mitverschuldens solche Fälle, in denen der Patient oder die Patientin die Erfolgskontrolle schwangerschaftsverhütender bzw. -beendender Maßnahmen unterläßt. Der BGH hatte sich in der Vergangenheit zweifach mit derartigen Konstellationen zu befassen.

BGH NJW 1985, 2749 ff.:[328]

Nachdem ein Schwangerschaftsabbruch aus medizinischer Indikation mittels Curettage mißglückt war, suchte die Patientin rund 8 Wochen später einen anderen Arzt auf, nachdem bis dahin ihre Regelblutungen nicht wieder eingesetzt hatten. Dieser diagnostizierte den Fortbestand der Schwangerschaft. Obgleich eine Interruptio zu diesem Punkt rechtlich noch möglich gewesen wäre (21. Schwangerschaftswoche), entschloß sich die Schwangere, ihr Kind auszutragen.

Der BGH verneinte eine Obliegenheitsverletzung der Patientin unter dem Aspekt, daß sie angesichts des Ausbleibens ihrer Regel nicht schon früher wieder einen Frauenarzt aufgesucht hatte. Ein medizinischer Laie müsse nicht einmal dann auf den Gedanken kommen, daß die frühere Schwangerschaft noch fortbestehen könnte, wenn in allgemeiner Form ärztlicherseits darauf hingewiesen worden sei, daß sich die Regel binnen vier Wochen nach der Operation wiedereinstellen werde. Das Sich-Hinwegsetzen über gesundheitliche Auffälligkeiten stelle sich zwar möglicherweise als Fahrlässigkeit hinsichtlich

---

325 Beispiel: Ein Mieter beobachtet, daß sein alter Pkw in der Garage seines Vermieters durch dessen Verschulden verbrennt. Er mag den Brand um der baren Münze willen mit Freude verfolgen; seinen Ersatzanspruch mindert das nicht, sofern er - aus objektiven oder subjektiven Gründen - von der Pflicht zum Eingreifen freigestellt ist.

326 Staudinger/Medicus, § 253 Rz. 16; Larenz/Canaris, Schuldrecht, Besonderer Teil II/2, § 83 III

327 MünchKomm/Grunsky, vor § 249 Rz. 12

328 = AHRS 1400/15

der *allgemeinen* postoperativen Nachsorge dar, nicht aber hinsichtlich der Gefahr des Fortbestehens der Schwangerschaft.

Der BGH verweist somit auf die unterschiedlichen sachlichen Schutzbereiche von allgemeiner Nachsorgeobliegenheit als Teil der Compliance und spezielleren Kontrollobliegenheiten, die nur in wenigen Ausnahmefällen bestehen können.

In einem Fall fehlgeschlagener Familienplanung bejahte der BGH[329] hingegen die Möglichkeit einer Obliegenheitsverletzung durch den Patienten. Dieser hatte sich zu einer Sterilisation mittels Vasektomie entschlossen. Der Eingriff mißglückte, so daß der Patient einige Monate später erneut Vater wurde. Der BGH betont, daß es ein Mitverschulden nach § 254 Abs. 1 BGB darstellen könne, wenn ein Patient den ärztlichen Hinweis auf die Notwendigkeit einer Kontrolluntersuchung (Spermiogramm) binnen sechs Wochen nach dem Eingriff ignoriere. Dies gelte insbesondere dann, wenn ihm hinreichend klargemacht worden sei, daß bis zum Untersuchungsergebnis vorsichtshalber vom Fortbestand seiner Zeugungsfähigkeit ausgegangen werden müsse.[330]

c) Obliegenheitsverletzungen bei Einwilligungsmängeln

Jeder invasive oder medikamentöse Eingriff bedarf der Einwilligung des Patienten. Dazu ist dieser nur imstande, wenn er zuvor umfassend über Sinn und Zweck der beabsichtigten Maßnahme aufgeklärt worden ist. Die Behauptung unzureichender Aufklärung besteht als zweiter großer Haftungstatbestand neben dem Behandlungsfehler und hat im wesentlichen zwei Ausprägungen. Zum einen stellt sie einen subsidiären Haftungstatbestand für nicht voll bewiesene Behandlungsfehler dar. Die Mehrzahl der Verfahren wegen verletzter Aufklärungspflicht stellen in Wirklichkeit Behandlungsfehlerprozesse dar.[331] Zum anderen gewinnt die Berufung auf Aufklärungsmängel selbständige Bedeutung in Fällen, in denen der Eingriff aufschiebbar oder gar nicht notwendig gewesen ist. Hier wurde dem Patienten die Möglichkeit genommen, abzuwägen, ob er sich behandeln lassen oder mit seinen Leiden weiterleben will.

Im Bereich der ärztlichen Aufklärungsversäumnisse kann der Einwand des § 254 BGB nur ausnahmsweise durchgreifen[332]. Der Grund dafür liegt darin,

---

329 BGH v. 30.7.1992 - AHRS 1400/29 = MedR 1993, 70f.

330 Unterbleibt die erforderliche Aufklärung des Patienten, so daß eine Schwangerschaft eintritt, kann neben dem Unterhaltsbedarf für das Kind im übrigen auch ein Schmerzensgeld für die Mutter verlangt werden, BGH NJW 1995, 2407 = VersR 1995, 1099ff.

331 Deutsch, Arztrecht u. Arzneimittelrecht, S. 51

332 RGRK/Nüßgens, § 823 Anh.II Rz.138

daß es grundsätzlich allein Sache des Arztes ist, den Patienten durch genügende Aufklärung zu einer auf Einsicht beruhenden Einwilligung in den vorgeschlagenen Eingriff zu befähigen. Versäumnisse, die ihren Grund darin haben, daß das begrifflich uneingeschränkte Selbstbestimmungsrecht des Patienten verkannt worden ist, gehen in aller Regel zu Lasten des Arztes. Wie bereits oben[333] dargestellt worden ist, wird man von einer Obliegenheit des Patienten, Nachfragen stellen zu müssen, nur in besonders gelagerten Fällen sprechen können. Es ist eine typische ärztliche Aufgabe, das Aufklärungsbedürfnis und den Aufklärungswunsch des Patienten im Arztgespräch zu ermitteln. Das gilt auch für die in diesem Zusammenhang bedeutsamen Umstände der Anamnese und der persönlichen Verhältnisse. Maßgeblich für die Anforderungen an den Aufklärungsumfang sind freilich immer die jeweiligen Individualumstände wie Alter, Bildungsstand und Verständnis des Patienten. So kann etwa nach Auffassung des BGH von einer Rechtsanwaltstochter (Inspektorin) ohne weiteres das Wissen erwartet werden, daß bei blutigen Eingriffen ein Infektionsrisiko nie völlig ausgeschlossen werden kann[334]. Unterläßt es ein solcher Patient, bei auftretenden Wissenslücken Fragen zu stellen, kann dies ein Mitverschulden an einer objektiv unzureichenden Aufklärung begründen[335]. Der Patient muß sich davor hüten, durch falsche Selbstsicherheit und übertriebene Beteiligung am Arztgespräch den unzutreffenden Eindruck zu erwecken, daß er mit medizinischen Sachverhalten vertraut ist und daß ihm die Risiken des Eingriffs bekannt oder gleichgültig sind. Ebenso kann eine Obliegenheitsverletzung vorliegen, wenn der Patient von sich aus oder auf Rückfrage durch den Arzt unvollständige oder unrichtige Angaben über solche persönlichen Verhältnisse macht, die für sein vermindertes Aufklärungsbedürfnis erkennbar von Belang sind.[336] Hier kann sich der Patient später nicht darauf berufen, es sei eine Übermaßaufklärung erfolgt.

d) Sonstige Fälle

Eine Mitwirkung an der Schadensentstehung gemäß § 254 Abs. 1 BGB kommt für den Patienten schließlich auch insoweit in Betracht, als keine Hauptpflichten, sondern nur Nebenpflichten seines Vertragspartners betroffen sind. So verletzt eine Patientin ihre allgemeine Obliegenheit, ihr Integritätsinteresse zu wahren, wenn sie anläßlich einer Krankenhausbehandlung wertvolle Schmuckstücke mit ins Krankenzimmer nimmt und diese vor der Operation nach Auf-

333 s. oben B I 1 a bb (1)

334 BGH NJW 1980, 633 (635)

335 BGH NJW 1976, 363

336 RGRK/Nüßgens aaO.

forderung der Schwester zum Ablegen im verschlossenen Beistelltisch verwahrt[337]. Die Sorge um die Sicherheit des Eigentums ist primär eigene Angelegenheit, nicht die des Pflegepersonals; zudem muß jedermann mit Diebstählen aus Krankenzimmern immer rechnen. Im Rahmen der Abwägung wird allerdings berücksichtigt, daß sich die Aufmerksamkeit des Patienten im Krankenhaus in erster Linie auf den eigenen Gesundheitszustand richten wird und darf.[338]

2. *Nicht vertypte Obliegenheiten: Spezielle Gefahrenexpositionen des Patienten*

a) Problemstellung und Ausgangssituation

Bislang wurden allein Obliegenheiten des Patienten betrachtet, die durch eine spezielle Verhaltensnorm konkretisiert wurden. Es ist aber auch möglich, daß solche Normen nicht existieren. In diesem Falle könnte die Schadensfernhaltungsobliegenheit des Patienten, sofern sie denn hier bestünde, nur aus § 254 BGB selbst begründet werden, und zwar mittels einer Gegeneinanderstellung[339] der betroffenen Rechtsgüter, deren jeweiliger Gefährdung sowie der Handlungsfreiheit von Schädiger und Geschädigtem.

Ein einfaches Fallbeispiel[340] mag die Problematik verdeutlichen:

> Ein Patient unterzieht sich einer Bauchoperation mit der Folge, daß die Bauchdecke nach der Abheilung ungewöhnlich dünn und narbendurchsetzt bleibt. Als der Patient Jahre später von einem Hund angefallen wird, verursachen dessen Bisse besonders schwere Bauchverletzungen, die mehrere komplizierte Operationen und einen mehrmonatigen Krankenhausaufenthalt erforderlich machen. Diese Folgen wären vermieden worden, wenn der Patient ein Korsett oder eine Leibbinde getragen hätte.

Kann dem Patienten im Rahmen seines Schadensersatzanspruchs aus § 823 S. 1 BGB sein Verhalten als *Obliegenheitsverstoß* angerechnet werden ?

---

337 OLG Hamburg VersR 1989, 1268f.= AHRS 1400/22

338 In der o.g.Entscheidung wurde eine Mithaftungsquote von 30 % angenommen.

339 Es ist hier zu beachten, daß es sich nicht um die bei der *Rechtsfolge* des § 254 BGB erfolgende Abwägung der Verantwortungsanteile handelt, sondern um den Versuch, eine § 254 BGB als *Tatbestandsnorm* zugrunde zu legende Obliegenheit zu entwickeln.

340 Der Sachverhalt ist in Anlehnung an die Entscheidung BGH NJW 1982, 168 gebildet.

Bevor sich die Frage der Mithaftung in derartigen Fällen überhaupt stellt, ist der Blick zurück auf die Haftungsvoraussetzungen zu richten. Spezielle Dispositionen und Anomalien des Geschädigten allein unterbrechen grundsätzlich den Zurechnungszusammenhang zwischen dem Verhalten des Verletzers und dem eingetretenen Schaden noch nicht.[341] Selbst sehr seltene Schadensanlagen wie eine abnorm dünne Schädeldecke[342], die Disposition zu multipler Sklerose[343], eine latent vorhandene Psoriasis[344] oder ein Sanduhrneurinom[345] fallen ganz in den Risikobereich des Schädigers; er muß für die aus seinem Verhalten resultierenden Folgen einstehen. Dies reicht hin bis zu psychischen Konstitutionsmängeln, die grundsätzlich ebenfalls von dem Ersatzpflichtigen hinzunehmen sind.[346] Allen diesen Fällen ist gemeinsam, daß die "Ausgangssituation" für den Schädiger, in der sich sodann seine Fehlleistung vollzieht, durch von ihm nicht zu verantwortende Umstände im Sinne einer erhöhten Gefahrträchtigkeit derart gestört ist, daß sein - möglicherweise nur leichtes - Versagen den Schaden herbeiführt. Dies ist aber zwingende Konsequenz des den §§ 249ff. BGB zugrundeliegenden Alles-oder-Nichts-Prinzips.

Die Zurechnungsgrenze ist erst dann erreicht, wenn es dem Geschädigten an einem Minimum an physischer oder psychischer Widerstandskraft gebricht.[347]

In diesen Fällen verneint die Rechtsprechung die Adäquanz. Es kann hier dahinstehen, ob die statistische Wahrscheinlichkeit der Voraussehbarkeit solcher

---

341 RGZ 91, 347 / BGH NJW 1974, 1510: Tod infolge Disposition zum Herzversagen; RGZ 169, 117 (119f.): Arthrose löst Arthritis aus; BGH NJW 1959, 1031 (1033): Latente Tbc-Erkrankung wird durch pflichtwidriges Tun reaktiviert; RGZ 148, 154: Gallensteinpatient erleidet durch Lektüre unrichtiger Zeitungsmeldungen tödliche Gallenblasenentzündung

342 BGH NJW 1976, 1143, 1144

343 OLG Frankfurt VersR 1980, 564

344 OLG Celle VersR 1981, 1057

345 OLG Frankfurt NJW 1984, 1409

346 BGH VersR 1983, 750: Geschädigtes Kind mit seit jeher vorhandener neurotischer Fehlentwicklung. BGH NJW 1983,340: Durch Behandlungsfehler verursachte Hodenatrophie führt zu einer psycho-pathologischen Fehlentwicklung mit beruflichem Scheitern.

347 OLG Karlsruhe VersR 1966, 741: Ein Verkäufer tritt einem an schweren arteriellen Störungen leidenden Kunden auf den Fuß; daraufhin muß das betreffende Bein zur Hälfte amputiert werden.

Kausalverläufe taugliches Zurechnungskriterium sein kann.[348] Im Regelfalle mangelt es aber schon an einem haftungsbegründenden Verhalten des "Schädigers" entweder unter dem Aspekt der Sozialadäquanz oder dem des allgemeinen Lebensrisikos[349]: Der Stoß im allgemeinen Verkehrsgedränge ist keine Verletzungshandlung, und selbst wenn er es wäre, erschiene die Fremdschädigung hier als zufällig: Der Schaden hätte ebensogut aufgrund eines niemanden zum Ersatz verpflichtenden Umstandes eintreten können. Auch der körperlich oder seelisch Schwache trägt somit ein allgemeines Schadensrisiko, das ihm aus seiner "Soziabilität", d.h. seiner tagtäglichen Begegnung mit der Umwelt, erwächst. Dies muß er wie jeder Gesunde auch hinnehmen, ungeachtet des Umstandes, daß das latente Risikopotential bei ihm schicksalshaft größer ist als bei anderen Verkehrsteilnehmern.[350]

Eines Rückgriffs auf § 254 BGB bedarf es für den Zufall bzw. das allgemeine Lebensrisiko[351] in diesen Konstellationen nicht; die soziale Funktion des Schadensersatzrechts stößt hier an seine Grenze.[352]

Es verbleiben aber Situationen wie das Fallbeispiel, in denen die Zurechnung dem Grunde nach gegeben ist. Kann hier - spiegelbildlich - eine erheblich gesteigerte Gefahr, der der Verletzte seine Rechtsgüter aussetzt, anspruchsmindernd angerechnet werden ?

b) Anrechnung gesteigerter Gefährdungen des Patienten als Mißachtung des Gleichbehandlungsgrundsatzes ?

An dieser Stelle sind die Bedenken in Erinnerung zu rufen, die gegen die Übertragung der Obliegenheit aus dem Versicherungsrecht in das Zivilrecht erhoben worden sind.[353] In der Tat taucht die hier behandelte Problematik im Privatversicherungsrecht nicht auf: Dort wird eine bereits vorhandene konstitutionelle Schwäche als "wesentliche" Entstehungsursache des erlittenen Nachteils angesehen, so daß der Betreffende seine Vermögenseinbuße dann nicht er-

---

348 Dies erscheint eher zweifelhaft; denn wie eben dargelegt, müssen auch ganz außergewöhnliche Umstände im Einzelfall gerade hingenommen werden. Ebenso Schulze, S.29

349 Deutsch, Allgemeines Haftungsrecht, Rz. 600

350 Mädrich, S. 52f.; Schulze, S. 67 f.

351 Zur Unterscheidung von Zufall und allgemeinem Lebensrisiko Deutsch, VersR 1993, 1041ff., der dieses auch dem Haftungsumfang und jenen ausschließlich dem Haftungsgrund zuweist.

352 Mädrich, S. 53; Lange, § 10 IX 1g

353 s.o. A III 3 c

setzt bekommt.[354] Die daraus gezogene Schlußfolgerung, die Obliegenheit habe mindestens außerhalb einer Sonderverbindung nur terminologischen Wert, überzeugt jedoch nicht. Es ist, wie sich zeigen wird, keineswegs nötig, sich im Rahmen der mitwirkenden Schadensverursachung in den geschilderten Konstellationen mit allgemeinen Billigkeitserwägungen zu behelfen, wie dies die Rechtsprechung[355] und Teile der Literatur[356] tun.

Die Schadensfernhaltungsobliegenheit liegt freilich nicht offen zutage. Sie muß entwickelt werden, wobei Gefahr und Verhalten die normbegründenden Merkmale sind: Maßgeblich sind diejenigen Momente, die das Sich -Aussetzen der Gefahr situationsbezogen als sachwidrig qualifizieren: Die Motive zur Gefahraussetzung, die sozial anerkennenswert oder überflüssig sein mögen, die Höhe der der Gefährdung anheimgegebenen Werte etc.

Daß die Anrechenbarkeit selbstgefährdenden Verhaltens des Geschädigten an sich nichts Besonderes ist, zeigt die Gefährdungshaftung: So ist dort die Anrechnung der mitwirkenden Sach- und Betriebsgefahr geboten. Diese Anrechnung erfolgt nach übereinstimmender Rechtsprechung[357] und Literatur[358] unabhängig davon, ob der Schädiger aus Gefährdungshaftung oder aus Verschulden einstandspflichtig ist.

Gefordert wird freilich ganz überwiegend, daß die zur Anrechnung führende Gefahr des Geschädigten diesen, hätte er seinerseits den Schädiger geschädigt, ebenso verschuldensunabhängig hätte haften lassen.[359] Ist dies nicht der Fall, wird die Anrechnung abgelehnt. Begründet wird dies mit dem schon genannten Gleichbehandlungsgrundsatz für Schädiger und Geschädigten: Es sei nicht einzusehen, daß die vom Gesetzgeber für die Gefährdungshaftung bislang verweigerte Generalklausel bei § 254 BGB für die Haftungsherabsetzung eher sollte verwirklicht werden dürfen als für die Haftungsbegründung.[360]

Zwingend ist dieses Argument nicht. Denn auf der Aktivseite besteht für die Gefährdungshaftung nur deshalb ein strenger Gesetzesvorbehalt, weil niemand

---

354 Gitter, S. 113; soweit der Versicherte selbst betroffen ist, hat er dem Versicherer gemäß § 16 Abs.1 VVG vor Vertragsschluß gefahrerhöhende Umstände mitzuteilen, so daß dieser eine entsprechende Kalkulation vornehmen kann.

355 BGH NJW 1982, 168 mit Verweis auf die frühere Rechtsprechung

356 Adriani, S. 15ff.; Dunz, NJW 1986, 2234; ders. NJW 1964, 2133f.

357 z. B. BGHZ 6, 319, 320; 20, 259; NJW 1972, 1415

358 Larenz I § 31 I b; MünchKomm/Grunsky § 254 Rz. 10; RGRK/Alff § 254 Rz. 6; Erman/Sirp § 254 Rz. 12; Jauernig/Teichmann § 254 Anm. 2a

359 s. die in Fn. 356 Genannten; ferner Staudinger/Medicus, § 254 Rz. 11; Wendt, S.58

360 Staudinger/Medicus, § 254 Rz. 16 mwN.

ohne gesetzliche Grundlage einen anderen für seine Schäden verantwortlich machen kann. Diese auf Fremdschäden ausgerichtete normative Zwecksetzung hat innerhalb des § 254 BGB keinen Erkenntniswert.[361]

So ließe sich die Anrechnung der Sach- und Betriebsgefahr in der Weise fortentwickeln, daß jede das Verkehrsübliche übersteigende Gefahrexponierung des Verletzten von § 254 BGB erfaßt wird. Eine damit weit über das Kriterium des "Verschuldens" in § 254 BGB hinausgehende Zurechnung wird in Teilen der Literatur unter Hinweis darauf bejaht, daß § 254 BGB eine flexible Norm sei, in die das bewegliche System der Zurechnungsgründe hineinprojiziert sei.[362] Sie erreiche ihren "idealen Anwendungsbereich"[363], wenn jede übermäßige Selbstgefährdung aus der starren Alles-oder Nichts-Regelung der §§ 249ff. BGB herausgenommen und von § 254 BGB geregelt werde.

Im Einzelfall mag auf diese Weise eine gerechte Haftungsverteilung zwischen den Beteiligten ermöglicht werden.

c) Grenzziehung: Verminderte Sozialtauglichkeit als Analogon des allgemeinen Lebensrisikos

Ungeachtet dessen bleibt gleichwohl ein gewisses Mißbehagen, *allein* aus der gesteigerten Gefahrenexposition eine Schadensfernhaltungsobliegenheit des Patienten im Einzelfall abzuleiten. Damit ließe sich zwar der Gedanke der Obliegenheit als § 254 BGB immanenter "latenter" Verhaltensnorm in vollster Konsequenz umsetzen.[364] Zugleich würde jedoch ignoriert, daß der Gesetzgeber den Gedanken der persönlichen Rechtssphäre, der an sich uneingeschränkt gilt, nur unvollständig in den Bereich der Mithaftung übertragen hat.[365] Für die ausschließlich allein am eigenen Gut verursachten Schäden haftet man allein; sobald aber ein Außenstehender schädigend in die Rechtssphäre eintritt, wird die Frage der Mitverantwortung des Geschädigten unter ein subjektives

---

361 Weidner, S. 34; immerhin hat der BGH jedenfalls für den Fall, daß der Schädiger selbst verschuldensunabhängig haftet, eine Anrechnung schuldlosen Geschädigtenverhaltens vereinzelt bejaht: Im Rahmen einer Irrtumsanfechtung ist der Schadensersatzanspruch aus § 122 Abs. 1 BGB auch dann nach § 254 BGB zu mindern, wenn der Anfechtungsgegner den Irrtum schuldlos veranlaßt hat, BGH NJW 1969, 1380

362 Deutsch, Allgemeines Haftungsrecht, Rz. 581, der z. B. die erhöhte Gefahrenexposition von Skiläufern, Turmspringern und Schützen berücksichtigt wissen will; Weidner, S. 48f.; auch Esser/Schmidt, § 35 I 4

363 Deutsch, Allgemeines Haftungsrecht aaO.

364 vgl. dazu unten B VI 2

365 Soergel/R. Schmidt[10], § 254 Rz. 10

Zurechnungskriterium gestellt, das jedenfalls enger ist als die bloße Sachzuständigkeit. Damit wird dem Rechtsgutsinhaber zwar ein sachlich kaum zu begründender größerer Handlungsfreiraum eröffnet als dem Schädiger.[366] Dies ist aber Folge des gesetzlich gewollten Prinzips der Totalrestitution beim Schadensersatz, das nicht durch das Hineinlesen einer allgemeinen Reduktionsklausel in § 254 BGB korrigierbar ist.

Um eben eine solche unerwünschte Wirkung zu vermeiden, bedarf es somit auch beim Mitverschulden einer - negativen - Zurechnungsgrenze, unterhalb der der Geschädigte mithaftungsrechtlich unbehelligt bleibt. Sie kann gezogen werden bei der bloßen beschränkten Tauglichkeit des Einzelnen zur Teilnahme am sozialen Verkehr. Inhaltlich handelt es sich um das Analogon zum allgemeinen Lebensrisiko, das - wiederum - aus der Sozialbindung des Einzelnen resultiert: Die "Partizipation am Leben" darf zumindest in einer der Sozialstaatlichkeit verpflichteten Rechtsordnung den körperlich und geistig schwächsten Mitgliedern der Gesellschaft nicht im Wege einer Vorab-Hypothek aufgebürdet werden.[367] Dies gilt umso mehr, als die Anforderungen zeitgemäßer Lebensformen ständig wachsen.[368]

Die Rechtsprechung ist hier recht großzügig.

> OLG Koblenz VersR 1987, 1225:
>
> Ein Bluter hatte als Sozius an einer Fahrt auf einem Mokick teilgenommen. Ein Kraftfahrer hatte die Vorfahrt mißachtet und den Hämophilen verletzt. Dieser war darauf angewiesen gewesen, Fahrangebote anderer anzunehmen, da öffentliche Verkehrsmittel nur wenig zur Verfügung standen. Das Gericht verneinte eine Obliegenheit des Kranken, die für ihn besonders gefährliche Kraftradfahrt zu unterlassen: Gerade wegen dessen gesundheitlicher Beeinträchtigung könne von ihm nicht verlangt werden, sich vom Sozialleben auszuschließen.[369]

Es bleibt in diesem Fall freilich bei der allgemeinen Obliegenheit jedes Mitfahrenden, sich nur einem fahrtüchtigen und besonnenen Fahrer anzuvertrauen. Die Schwelle des *Handelns auf eigene Gefahr*[370] wird beim Bluter insoweit wohl schon eher erreicht.

---

366 Diese "legislatorische Fehlwertung" will Gernhuber, AcP 152, 69, 76f. durch eine extensive Anwendung des § 278 BGB bei § 254 BGB kompensieren.

367 Esser/Schmidt I 1 § 6 VI

368 So Mädrich, S. 53

369 zustimmend Soergel/Mertens, § 254 Rz. 53

370 dazu unten B III

Vergleichbar ist die Situation, daß ein Hämophiler an einer potentiell gefährlichen Sportart teilnimmt und dadurch zu Schaden kommt. In einem vom OLG Celle entschiedenen Fall[371] wurde eine Achillessehnenoperation nach einem Fußballspiel erforderlich, in deren Folge eine Hepatitisinfektion aufgrund einer Substitutionstherapie auftrat. Das Gericht erwog nicht einmal, die Teilnahme am gefährlichen Spiel als Obliegenheitsverletzung anzurechnen.

Da es sich immer um eine normative Einzelfallbetrachtung handelt, sind Verallgemeinerungen nicht möglich. So rechnete der BGH im o. g. Beispielsfall die spezielle Gefährdung nicht an, freilich nur mit dem schlichten Hinweis, der Grundsatz von Treu und Glauben verbiete es, dem Patienten das Unterlassen allenfalls zweckmäßiger Vorsorgemaßnahmen entgegenzuhalten, sofern - wie hier - das Schadensereignis eindeutig in die Verantwortungssphäre des Tierhalters falle.[372]

Bejaht man statt dessen eine Obliegenheit, sich durch zumutbare Hilfsmittel vor Verletzungen zu schützen[373], so läßt sich die sachgerechte Entscheidung im Einzelfall über weitere Zurechnungskriterien erreichen. Dann sind nämlich die Grundsätze über den Schutzzweck der Norm ohne weiteres anwendbar. Es entfiele dann ein Mitverschulden des Patienten im o.g. Fall unter dem Aspekt, daß der Kranke zwar gehalten sein mochte, ein Bauchkorsett z.B. beim Fahrradfahren zu tragen, nicht aber im Hinblick auf mögliche Angriffe durch Hunde oder Dritte.[374]

Die möglichen Fallgestaltungen sind beliebig. Der Hämophile, der dem Box- oder Motorradsport nachgeht, ist gewiß anders zu beurteilen als sein Leidensgenosse als besonders mobiler Verkehrsteilnehmer. Die stark gehbehinderte Patientin, die bei Glatteis auf dem Wege zur Arztpraxis auf dem nicht abgestreuten Weg zu Fall kommt oder auf einen fehlerhaft angebrachten Kanalrost tritt[375], handelt kaum obliegenheitswidrig; sie wird froh sein, sich überhaupt noch fortbewegen zu können und hat möglicherweise gar keine Verhaltensalternative. Sie braucht sich im Regelfall auch nicht auf die Inanspruchnahme ei-

---

371 OLG Celle VersR 1984, 89f.

372 BGH aaO.

373 Die Vorinstanz hatte, ohne auf eine "Obliegenheit" einzugehen, eine Anspruchskürzung um 1/4 vorgenommen.

374 Der BGH hatte als *obiter dictum* ausgeführt, anders könne zu entscheiden sein, wenn der Patient z.B. durch den unvorsichtigen Stoß eines Dritten im Gedränge verletzt werde.

375 a. A. OLG Celle VersR 1955, 356: Die Verletzte hätte im Hinblick auf den ihr erkennbaren Umstand, daß die Sturzfolgen möglicherweise besonders verhängnisvoll hätten sein können, besondere Sorgfalt aufwenden müssen. Dies erscheint nach dem oben Gesagten bedenklich.

nes Taxis verweisen zu lassen. Anderes muß jedoch gelten, wenn sie das Haus in profillosen Sommerschuhen verläßt oder zur Wegabkürzung eine steile Treppe hinabsteigt und zu Fall kommt: Hier wird eine aufgrund der erhöhten Gefahr besondere Schadensfernhaltungsobliegenheit verletzt.

Jenseits der ausschließlich beschränkten Sozialtauglichkeit des Einzelnen wären danach flexible Abstufungen möglich: Einem Patienten gegenüber, der während der Behandlung von einer mangelhaft fixierten Behandlungsliege stürzt und sich dabei seine besonders luxuriöse Sonnenbrille zerstört, wäre der Einwand nicht von vornherein ausgeschlossen, daß diese keine medizinische, sondern rein kosmetische Funktion gehabt und die Sonne schon seit Monaten nicht mehr geschienen habe.

Daß die aufgezeigte Grenzziehung keine absolute ist, zeigt ein kurzer Blick ins österreichische Recht:

OGH JBl. 1990, 524ff.:

Einer Patientin mit Leukämie war ein Zytostatikum injiziert worden. Obgleich sich während der Therapie die rechte Hand der Kranken blaurot verfärbte, unterließ der behandelnde Arzt erforderliche Gegenmaßnahmen, so daß die Patientin schwere Folgeschäden erlitt. Es stellte sich heraus, daß das Zytostatikum in das umliegende Gewebe der Hand gelangt war. Nicht geklärt werden konnte, ob bei der Injektion die Vene verfehlt worden oder das Zytostatikum über ein schon vorhandenes Loch im Blutgefäß ausgetreten war.

Der OGH zweifelte nicht am Behandlungsfehler des Arztes, rechnete der Patientin aber einen "zurechenbaren Zufall" an. Dieser trifft nach § 1311 ABGB grundsätzlich den Sachzuständigen, hier die Patientin. Da auch bei der alternativen Konkurrenz von Verschulden und Zufall entsprechend § 1304 ABGB eine Schadensteilung entsprechend den Verursachungsanteilen vorzunehmen sei, gewährte der OGH hier der Patientin nur eine Quote von 50 %.[376]

Obgleich das Gericht hier auf die alternative Kausalität zurückgriff, handelt es sich in der Sache um nichts anderes als um die Berücksichtigung der erhöhten Gefahrenexposition der Patientin.[377]

---

376 anders jedoch OGH JBl. 1986, 576: Hier hatte das Gericht die Situation, daß ein Gesundheitsschaden zu 50 % auf eine schuldhaft unterlassene Schockbehandlung und zu 50 % auf ein unvermeidliches Behandlungsrisiko zurückzuführen war, nicht als Fall einer Schadensteilung angesehen.

377 Deutsch, Allgemeines Haftungsrecht, Rz. 582

Die Entscheidung ist auch in Österreich nicht ohne Kritik geblieben.[378] So ist darauf hingewiesen worden, daß die Quotelung in dieser Weise nur dann in Betracht komme, wenn ein Fall alternativer Kausalität vorläge und ein möglicherweise kausaler Zufall den vermutet kausal, aber sicher grob schuldhaft Handelnden haftungsfrei stelle.

Dies mag der Anlaß gewesen sein, daß der OGH später bei der konkurrierenden Kausalität von Haftung und Zufall keine Quotelung mehr vornahm:

OGH JBl. 1992, 522:

Ein Patient stellte sich mit einem Oberarmdrehbruch und einer leicht verschmutzten Schürfwunde im Krankenhaus vor. Der Bruch wurde nicht ordnungsgemäß versorgt, der Patient entwickelte eine Tetanus- und eine Gasbrandinfektion, die eine Armamputation nötig machte. Bei einem um zwei Tage früheren Erkennen des Gasbrandes wäre die Amputation mit großer Wahrscheinlichkeit vermieden worden. Er erhielt vollen Ersatz.

II. Die Schadensminderungsobliegenheit des Patienten, § 254 Abs. 2 S. 1 3. Var. BGB

Die Schadensminderungsobliegenheit des Patienten knüpft an einen bereits zurechenbar herbeigeführten Schaden an. In dieser Situation werden ihm zumutbare Maßnahmen auferlegt, die den Schaden mit hoher Wahrscheinlichkeit beseitigen oder jedenfalls mindern. Der Kontakt zwischen den Schadensbeteiligten ist hier zwar enger als bei der allgemeinen Schadensfernhaltungsobliegenheit; daraus resultiert aber nicht notwendig ein höherer Pflichtengehalt. Denn der Geschädigte wird unerwünscht und fremdbestimmt in eine ihm unwillkommene Situation gestellt, in der er sich bewähren muß.

1. Inanspruchnahme ärztlicher Hilfe nach Drittschädigung

Für den Patienten besteht grundsätzlich keinerlei Therapiezwang. Daher läßt sich auch keine allgemeine Behandlungsobliegenheit postulieren. Nach ständiger Rechtsprechung ist aber derjenige, der nicht nur unerheblich durch ein deliktisches Verhalten Dritter an Körper oder Gesundheit verletzt ist, gehalten, ärztliche Hilfe in Anspruch zu nehmen, will er seinen Ersatzanspruch

---

378 Holzer, JBl. 1990, 526 unter Verweisung auf Bydlinski, S. 80; kritisch auch Deutsch aaO.: Konkurrenzverhältnis widerspricht der besonderen Mithaftungszurechnung durch das Mitverschulden.

voll realisieren[379]. Unterläßt er dies aus Eigensinn, weltanschaulichen oder sonstigen Gründen und verschlimmert er damit ein bestehendes Leiden, muß er sich ein mitwirkendes Verschulden anrechnen lassen.

Das Reichsgericht ist hinsichtlich des Umfanges dieser Obliegenheit recht streng gewesen:

> Ein Eisenbahnbediensteter hatte aufgrund eines Betriebsunfalls ein schweres Nervenleiden entwickelt. Nach ärztlicher Einschätzung war von einer Behandlung in einer Nervenheilanstalt eine völlige Heilung oder zumindest wesentliche Besserung seines Zustandes zu erwarten. Diese lehnte der Verletzte unter Hinweis auf seine Freiheit der Arzt- und Therapiewahl ab. Das Gericht verweigerte die Zuerkennung der vollen Erwerbsunfähigkeitsrente: Die naturgemäß bei jedermann vorhandene Abneigung gegen die Behandlungsart müsse bei jedem verständigen Menschen gegenüber dem erstrebten Ziel völlig in den Hintergrund treten.[380]

So weit wie das Reichsgericht wird man heute wohl angesichts des weitreichenden grundrechtlichen Freiheitsschutzes zumindest unter dem subjektiven Aspekt der Zumutbarkeit nicht mehr gehen können[381].

Die Wahl des Arztes steht dem Patienten grundsätzlich frei. Soweit der eingeschaltete Arzt den Patienten jedoch an einen Kollegen oder ein Krankenhaus überweist, ist dem Folge zu leisten[382].

Ob eine auswärtige Behandlung die Schadensminderungsobliegenheit verletzt, hängt von der Würdigung sämtlicher Umstände, namentlich der Art und

---

379 RGZ 72, 219 (220); RGZ 60, 147, 149f.; BGH VersR 1970, 272. Dies gilt auch dann, wenn der Verletzer vorsätzlich gehandelt hat, BGH VersR 1964, 94f.

380 RGZ 60, 149; vgl. auch BGH VersR 1970, 272ff.: Haftungsherabsetzung zugunsten eines Landes für eine durch Impfschäden hervorgerufene Neurose, weil die Verletzte die Durchführung von Rehabilitationsmaßnahmen versäumt hatte.

381 Einschränkend auch Staudinger/Medicus, § 254 Rz.41

382 MünchKomm/Grunsky, § 254 Rz.47; OLG Braunschweig VersR 1980, 853; hingegen kann sich der Patient auf den Rat eines zugezogenen Arztes selbst dann verlassen, wenn seine bestehenden Schmerzen unverändert fortdauern; er braucht nicht die Möglichkeit eines Behandlungsfehlers ins Kalkül zu ziehen, OLG Frankfurt v. 8. 5. 1978 - AHRS 1400/11

Schwere der Verletzung, ab[383]. Eine Reise zu einer ausländischen Kapazität wird allerdings nur in Ausnahmefällen in Betracht kommen[384].

Die Rechtsprechung sieht den Patienten auch nicht als verpflichtet an, sich in jedem Falle als Kassenpatient behandeln zu lassen, um die Kosten möglichst gering zu halten[385]. Maßgeblich ist vielmehr, wie sich ein vernünftiger Geschädigter in seiner Lage ohne Vorhandensein eines Ersatzpflichtigen entschieden hätte[386]. Dieser würde sich im Regelfall nicht auf Kosten des Schädigers als Privatpatient behandeln lassen, wenn er Mitglied einer gesetzlichen Krankenkasse ist.

Die Grenzen der Behandlungsobliegenheit werden sichtbar, sofern die Inanspruchnahme medizinischer Hilfe zur Schadensminderung selbst nicht unumstritten ist. So liegt in der Einschaltung eines Naturheilkundigen statt eines approbierten Arztes regelmäßig *kein* mitwirkendes Verschulden. Dies gilt nach der älteren Rechtsprechung[387] jedenfalls dann, wenn der Patient außer einem Arzt auch einen Homöopathen zuzieht und zunächst abwartet, welchen Erfolg die schulmedizinische Behandlung bringt. Aber auch bei alleiniger Einschaltung eines Heilpraktikers schlägt die in sachlicher wie in personeller[388] Hinsicht gewährleistete allgemeine kurative Freiheit durch. Da niemand verpflichtet ist, den Patienten nach einem bestimmten Heilverfahren[389] zu behandeln[390], kann umgekehrt die Wahl einer bestimmten Vorgehensweise auch keine Vernachlässigung eigener Belange sein. Anders kann es jedoch sein, wenn die Schwere der Erkrankung oder Verletzung nach medizinischem Urteil unstrei-

---

383 OLG Köln VersR 1985, 1166f.

384 LG Hamburg NZV 1988, 105: Schwere Hirnschädigung eines neunjährigen Kindes, die nach ärztlicher Auffassung optimal nur in Israel behandelt werden konnte; auf die hinsichtlich unverhältnismäßiger Restitutionskosten zum Tragen kommende "Soziabilitätsschranke" des § 254 BGB wird unter B IX 2 noch eingegangen.

385 BGH VersR 1970, 130; OLG Schleswig NJW 1955, 1234

386 Lange, Schadensersatz, § 10 X 3a, OLG Düsseldorf VersR 1966, 194; Wussow, Rz. 1175f.

387 RGZ 139, 131, 135f.; RG Recht 1915 Nr. 2655; RG Gruchot 68, 307 ff.

388 Gemäß §§ 1 Abs. 3 und 2 Abs. 1 HeilpraktG hat jeder Bewerber, der die Zulassungsvoraussetzungen erfüllt, einen Anspruch auf Erteilung der Heilpraktikererlaubnis.

389 Eine Methodenbindung besteht lediglich bei besonders gefährlichen Behandlungen, und dies auch nur dann, wenn eine bestimmte Therapieform allgemein vorgeschrieben ist. Gerade dies läßt sich für den Einzelfall aber oft nicht sagen, vgl. BGH LM § 222 StGB Nr. 48; auch Taupitz, NJW 1991, 1505ff.

390 Franz, S. 76ff.

tig eine Behandlung durch den Arzt fordert[391], oder wenn Folgemaßnahmen, die im Zusammenhang mit einer entsprechenden Diagnosestellung getroffen werden, für den Patienten von einschneidender Wirkung sind. So hat es das OLG Braunschweig[392] einem Patienten als hälftiges Mitverschulden angerechnet, daß er nach einer irrtümlichen Diagnose eines "präkanzerösen Geschehens" durch eine Heilpraktikerin sich ohne weitere Konsultation eines Schulmediziners in den vorzeitigen Ruhestand versetzen ließ.

2. *Die Operationsobliegenheit*

Gelegentlich kann ein eingetretener Schaden, sei er durch einen ärztlichen Behandlungsfehler oder durch Handlungen Dritter bewirkt worden, durch einen operativen Eingriff beseitigt oder doch wesentlich gemindert werden. Ist der Patient dann im eigenen Interesse genötigt, eine derartige Operation über sich ergehen zu lassen?

Diese Frage, die den Bereich der Schadensminderungsobliegenheit des Patienten zu einem erheblichen Teil ausfüllt, ist in der Rechtsprechung und Literatur seit Jahrzehnten diskutiert worden. Schon das Reichsgericht[393] hat die später immer wieder bestätigte[394] allgemeine Formel geprägt, daß der Patient der Durchführung einer solchen Operation[395] dann zuzustimmen habe, wenn die Operation nach dem jeweiligen Stand der Wissenschaft gefahrlos erscheine, nicht mit besonderen Schmerzen verbunden sei und eine sichere Aussicht auf Heilung oder zumindest wesentliche Besserung biete.[396] Maßgeblich ist dabei

---

391 MünchKomm/Grunsky, § 254 Rz. 47; in diesen Fällen muß man die Einschaltung des Naturheilkundigen wohl eher als ein Handeln auf eigene Gefahr in Form des "Übernahme-Mitverschuldens" ansehen, da der ideologische Charakter der Perhorreszierung schulmedizinischer Hilfe dort offensichtlich ist.

392 OLG Braunschweig (4 U 2/88) v. 7.10.1988, Arzt und Recht 1990, 13

393 RG SeuffArch 46, 294 ff (Nr.189), RGZ 60, 147; 83, 15; 129, 398; JW 1906, 206, 341; 1907, 740

394 Staudinger/Medicus § 254 Rz. 43; Deutsch, Allgemeines Haftungsrecht, Rz. 573; Steffen, Entwicklungslinien S. 123; Laufs, Rz. 543; Giesen, Rz. 50; BGH VersR 1987, 408; OLG München VersR 1960, 952f.

395 Die im folgenden dargestellten Zumutbarkeitskriterien beziehen sich über die Operation hinaus auf sämtliche Formen der ärztlichen Restitutionsbehandlung. (BGH VersR 1961, 1125: Erfordernis einer medico-mechanischen Behandlung eines an der Hand verletzten Patienten über 4-5 Monate).

396 LG Köln v.22. 2. 1961 - AHRS 1400/4 nennt als weiteres Kriterium die Sicherstellung der Kostenübernahme durch den Schädiger, ebenso BGH VersR 1961, 1125.

allein das ärztliche Urteil.[397] Die genannten Kriterien bilden zunächst Voraussetzungen für die objektive Zumutbarkeit, die von der subjektiven Zumutbarkeit, die beim Verschulden noch betrachtet werden soll[398], zu unterscheiden ist[399].

Eine Operation ist grundsätzlich immer dann unzumutbar, wenn sie nicht erforderlich ist. Steht eine konservative Behandlungsalternative mit nahezu gleichen Erfolgsaussichten zur Verfügung, kann der Patient diese wählen[400].

Die *Gefahrlosigkeit* des Eingriffs ist die unterste Schwelle der Operationsobliegenheit:

Es dürfen keine wichtigen Körperfunktionen, das Leben oder die Gesundheit des Duldungspflichtigen gefährdet werden[401]. Selbst noch so geringfügige Operationen können freilich unter ungünstigen Verhältnissen komplikationsträchtig sein, weil sich gelegentlich atypische oder nicht voll beherrschbare Risiken, etwa Embolien, verwirklichen. Der Maßstab der relativen Ungefährlichkeit ermittelt sich unter sorgfältiger Berücksichtigung sämtlicher Umstände aus dem übereinstimmenden Gutachten der ärztlichen Sachverständigen nach dem (jeweiligen) Stand der medizinischen Wissenschaft. Die völlige Gefahrlosigkeit wird freilich nur ausnahmsweise anzunehmen sein.[402]

> RGZ 139, 131:
>
> Ein Patient, der nach einem Unfall ärztlicher Behandlung bedurfte, lehnte den Rat seines Hausarztes ab, einen diagnostizierten Darmabszeß im Krankenhaus operativ entfernen zu lassen. Statt dessen ließ er sich homöopathisch behandeln. Nach mehreren Monaten war eine Teilresektion des Darms erforderlich, die bei sofortiger Operation mit an Sicherheit grenzender Wahrscheinlichkeit hätte vermieden werden können. Das Gericht sieht zwar in der Einschaltung des Homöopathen noch keine Obliegenheitsverletzung, die Operation

---

397 OLG Celle v. 9. 1. 1984, AHRS 1400/13: Verweigerung einer Zweitoperation gegenüber einer Krankenschwester begründet kein Mitverschulden des Patienten, wenn dieser darauf besteht, daß ihm ein Arzt die Notwendigkeit des Eingriffs erläutert.

398 unten B VII

399 Die begriffliche Differenzierung wird übernommen von RGZ 139, 131 (134)

400 Lange, Schadensersatz, § 10 X 3a; Anders, Zumutbarkeit, S.105: Ein schlechtes konservatives Ergebnis ist fast immer besser als ein schlechtes operatives.

401 Göbbels, S. 67; einen Überblick über die statistischen Risiken endoskopischer Eingriffe in der Inneren Medizin gibt Henning, S.131 ff.

402 BGH VersR 1989, 512ff.= NJW 1989, 2330: Eine Korrekturoperation ist unzumutbar, wenn im Rahmen einer operativen Versorgung eines Oberarmbruchs eine fehlerhafte Metallverplattung mit späterer Durchtrennung des nervus radialis erfolgte.

unter dem Aspekt der Gefährlichkeit aber als zumutbar an: Die bloße Tatsache, daß eine Narkose erforderlich gewesen sei, mache einen Eingriff noch nicht zu einem gefahrvollen[403].

Die Gefahrlosigkeit ist ein relatives Kriterium. Sie richtet sich nach Indikationsstellung, Operationsdauer, Alter und Adaptionsfähigkeit des Patienten.[404] Maßgeblich wird insbesondere auf den Operationszweck abzustellen sein. Ist eine Operation etwa das einzige Mittel, eine ansonsten drohende Verschlimmerung des Leidens oder gar Lebensgefahr mit hoher Wahrscheinlichkeit zu vermeiden, wird man an die Gefahrlosigkeit der Operation geringere Anforderungen stellen als für den Fall, daß nur die Erwerbsfähigkeit des Patienten wiederhergestellt oder gesteigert werden soll[405]. Die operative Versteifung eines Ellenbogengelenks wird einem Patienten jedoch nicht einmal dann zugemutet, wenn das Gelenk infolge einer bestehenden Körperverletzung vorgeschädigt war und die Operation die Funktionsfähigkeit des Armes möglicherweise voll wiederherstellt[406].

Sind die Ärzte über die Gefährlichkeit oder die Erfolgsaussichten eines Eingriffs unterschiedlicher Auffassung, geht dies zu Lasten des Schädigers: Dem Patienten wird nicht angesonnen, einer herrschenden medizinischen Auffassung zu folgen oder sich der Meinung von Spezialisten anzuschließen, wenn der Vertrauensarzt aus nicht völlig abwegigen Gründen von der Operation abrät[407].

Das Kriterium der *Schmerzhaftigkeit* stellt nach Art und Grad keinen eindeutigen, absoluten Maßstab dar: Schmerzen werden abhängig von Konstitution und Disposition des Patienten individuell unterschiedlich intensiv empfunden. Auf diese physisch-physische Komponente des Einzelfalls ist die Frage der Zumutbarkeit grundsätzlich abzustimmen. Im Regelfalle kann eine Orientierung über die Frage von Dauer und Intensität der zu erwartenden Schmerzen und Nachschmerzen nur im Wege eines Sachverständigengutachtens erfolgen;

---

403 anders noch RGZ 83, 15(19): Eine Operation in Chloroformnarkose ist im Jahre 1909 unzumutbar gewesen. Zustimmend auch MünchKomm/Grunsky § 254 Rz. 47; RGRK/Alff § 254 Rz. 40

404 Anders, S.105

405 RGZ 139, 131 (134)

406 OLG Düsseldorf VersR 1975, 1031f.

407 RGZ 129, 398 (401) - Kniegelenkoperation zur Wiederherstellung der Erwerbsfähigkeit mit dem Risiko einer chronischen Gelenkentzündung; auch Soergel/Mertens § 254 Rz. 69

schon ein Hausarzt wird mit einer zuverlässigen Prognose oft überfordert sein[408]. Wie bei der Frage der Gefährlichkeit des Eingriffs hängt die Zumutbarkeit von Schmerzen von dessen Zweck und Veranlassung ab.

Bei der Frage der *sicheren Aussicht auf Erfolg* bzw. Linderung der Verletzungsfolgen verfährt die Rechtsprechung zurückhaltend[409]. So braucht sich ein irrtümlich sterilisierter Patient jedenfalls dann keiner Refertilisierungsoperation zu unterziehen, wenn die Erfolgsaussichten mit 50 % bewertet werden[410].

Eine Zumutbarkeitsgrenze bildet die absolute Schwere des Eingriffs: Eine Oberschenkel-Nachamputation ist selbst dann unzumutbar, wenn sie zu einer Verbesserung der Gehfähigkeit und damit zu einer Verminderung des Erwerbsschadens führt[411]. Die Einsetzung einer Hüftgelenkprothese ist einem 46jährigen Patienten angesichts der Risiken nicht zuzumuten, selbst wenn dies die Erwerbsfähigkeit deutlich verbessern und die Schmerzen mindern würde[412]. Die operative Revision von Nervenläsionen zu palliativen Zwecken ist einem Schwerverletzten nicht zuzumuten, wenn dies längere Fixierungen im Beckenbeingipsverband erforderlich macht[413]. Orthopädische Routineeingriffe, die mit an Sicherheit grenzender Wahrscheinlichkeit eine Heilung bewirken, muß ein Patient hingegen hinnehmen[414].

Für die Voraussetzungen eines Verstoßes des Patienten gegen die ihn treffende Operationsobliegenheit ist der Arzt bzw. jeder andere Schädiger darlegungs- und beweispflichtig. Dabei sind die Anforderungen an die Substantiierung des Vortrages nicht gering. Allgemeine oder beiläufige Äußerungen von Sachverständigen zu den Erfolgsaussichten einer Operation reichen keinesfalls aus, um eine Abwägung zwischen einer etwaigen Obliegenheitverletzung und dem ärztlichen Fehlverhalten zu ermöglichen[415]. Trifft den Arzt der Vorwurf eines groben Behandlungsfehlers, so erfaßt die sich daraus ergebende Beweislastum-

---

408 Göbbels, S.94

409 OLG Koblenz VersR 89, 629f.: Keine Schmerzensgeldkürzung, wenn ein Patient, bei dem eine Oberschenkelosteotomie mißglückt ist, eine Restitutionsoperation verweigert, die einen Klinikaufenthalt von 18 bis 19 Wochen erfordert und laut Sachverständigengutachten eine "weitgehende" Wiederherstellung bewirkt hätte.

410 OLG Oldenburg v. 30.1.1990 = AHRS 1400/23

411 BGHZ 10, 18 (19); wohl aber soll eine Umschulung zumutbar sein, siehe dazu sogleich.

412 OLG Oldenburg VersR 1982, 175f.; OLG Oldenburg Nds.Rpfl. 1978, 87

413 OLG München VersR 1960, 952f.

414 OLG Oldenburg VersR 1986, 1220: Arthrodese nach Fersenbeintrümmerbruch zur Vermeidung einer posttraumatischen Arthrose.

415 BGH VersR 1987, 408f. = AHRS 1400/19

kehr auch das Risiko, daß die Erfolgsaussicht einer zu einem späteren Zeitpunkt abgelehnten Operation nicht (mehr) sicher festgestellt werden kann.

> Ein Patient ließ sich nach einem Verkehrsunfall stationär in einer Klinik behandeln. Trotz seines Hinweises auf Schmerzen im rechten Schultergelenk wurde eine komplette Sprengung des Schultereckgelenks nicht erkannt. Dies geschah erst durch den Hausarzt des Patienten. Eine mehrere Wochen später vorgeschlagene Nachoperation durch einen anderen Arzt lehnte der Patient ab, obgleich diese wahrscheinlich eine deutliche Befundbesserung erbracht hätte.

Nach Auffassung des BGH[416] hat der Arzt die Voraussetzungen für einen Verstoß des Patienten gegen die Operationsobliegenheit zu beweisen, und zwar unabhängig davon, ob er selbst wegen erwiesener Schadenszufügung oder aufgrund vermuteter Kausalität wegen Beweislastumkehr aufgrund groben Behandlungsfehlers haftet.

Bedenken gegen den Rechtscharakter der Operationsobliegenheit als einer Verhaltensanordnung mit nur mittelbarer Zwangswirkung ergäben sich dann, wenn spiegelbildlich ein Recht des Arztes gegenüber dem Patienten zu einer *restitutio ad integrum* bestünde. Gemeint ist die der Haftung vorgelagerte "Wiedergutmachung" einer Verletzung durch geeignete Gegenmaßnahmen, die den Fahrlässigkeitsvorwurf auslöscht[417]. Kann ein Operationsfehler, der einen Schaden des Patienten herbeizuführen droht, durch eine rechtzeitige Gegenbehandlung vermieden oder, sofern ein Schaden bereits eingetreten ist, dieser jedenfalls gemindert werden, trifft den behandelnden Arzt die Rechtspflicht zur Sorgfaltsausgleichung. Unterläßt er sie, so kann er gerade wegen der fehlenden Gegenbehandlung haftbar sein: Wird etwa eine Knochenreposition festgestellt, ist eine Retention sowie eine röntgenmäßige Überprüfung und eventuelle Nachoperation erforderlich[418]. Wird Blut einer falschen Blutgruppe infundiert, muß der Arzt eine sofortige Gegenbehandlung ansetzen[419]. Eine solche Sorgfaltsausgleichung hat die Wirkung, daß aus dem Behandlungsfehler resultierende Spätschäden im Einzelfall dem Arzt nicht mehr per se zugerech-

---

416 BGH MedR 1989, 238, 240 = NJW 1989, 2332 = VersR 1989, 701

417 Deutsch, Allgemeines Haftungsrecht, Rz. 853; ders. Arztrecht und Arzneimittelrecht, S. 138; ders. Rechtswidrigkeitszusammenhang, Gefahrenerhöhung und Sorgfaltsausgleichung bei der Arzthaftung, S. 336

418 OLG Nürnberg VersR 1982, 1153

419 Beispiel nach Deutsch, Rechtswidrigkeitszusammenhang, S. 337

net werden können, da sie seiner Risikosphäre nicht mehr unterfallen[420]. Begeht der Arzt schuldhaft einen groben Behandlungsfehler, so daß sich die Beweislast zugunsten des Geschädigten umkehrt, führt die Abmilderung des Behandlungsfehlers mittels nachfolgender ausgleichender Sorgfalt dazu, daß er nicht mehr als grob qualifiziert werden kann[421]. Auch Beweiserleichterungen zugunsten des Patienten in Form des prima-facie-Beweises würden hinfällig, da die Typizität des Geschehensablaufes erschüttert würde.

Wäre die Sorgfaltsausgleichung nicht nur ärztliche Pflicht, sondern zugleich individuelles Recht, bedeutete dies, daß sich der Patient eine "Korrekturbehandlung" des ursprünglich fehlerhaft agierenden Operateurs zumindest grundsätzlich gefallen lassen müßte. Daß dem nicht so ist, kann § 249 S. 2 BGB selbst entnommen werden. Ein korrigierbarer Fehler nach der Operationsbeendigung gibt dem Patienten ein Wahlrecht, ob er Naturalrestitution oder Kompensation in Geld verlangen will, mit anderen Worten, ob er dem Arzt einen Korrekturversuch zubilligen oder den Schaden anderweitig beseitigen lassen will. Handelt es sich bei dem Schädiger um einen gefragten Spezialisten, wird der Patient möglicherweise auf dessen Zweiteingriff bestehen. Hingegen kommt es nicht darauf an, welcher Umfang, welche Gefahr und welches Schmerzpotential dem Restitutionseingriff innewohnt[422]. Der Arzt hat demnach keine Wahlmöglichkeit, zu entscheiden, ob er "nachbessern" oder "zahlen" will[423]. § 249 S. 2 BGB erfaßt in diesem Zusammenhang auch erhebliche Mehrkosten, die durch eine Nachoperation in einer anderen Stadt[424] oder gar im Ausland entstehen, wenn sie nicht völlig außer Verhältnis zum Zweiteingriff stehen. Das dem Arzt-Patienten-Verhältnis zugrundeliegende Vertrauen kann so nachhaltig gestört sein, daß selbst eine Behandlung durch andere am Wohnort ansässige Ärzte unzumutbar wäre. Ist die fehlgeschlagene Erstoperation im Krankenhaus erfolgt, kann der Krankenhausträger dem den Restitutionseingriff verweigernden Patienten auch nicht etwa entgegenhalten, er habe aufgrund des totalen Krankenhausaufnahmevertrages keinen Anspruch auf Behandlung durch bestimmte Ärzte[425]. Es spielt hier ebenfalls der bereits erwähnte Schutzbereich der Obliegenheit hinein: Behandlungsmehrkosten, die allein dadurch entstehen, das das Vertrauensverhältnis zum Operateur zerrüttet ist, liegen nicht im Schutzbereich der Operationsobliegenheit.

---

420 Deutsch, Rechtswidrigkeitszusammenhang, S. 338

421 ders. S.341

422 So jedoch Uhlenbruck, Recht und Pflicht des Arztes zur restitio ad integrum, S. 161.

423 LG Köln VersR 1964, 392(394); Staudinger/Medicus, § 254 Rz. 43

424 OLG Köln VersR 1985, 1166

425 Uhlenbruck, S. 162

3. *Umschulungs- und Erwerbsobliegenheit*

Soweit dem Patienten aufgrund seiner Verletzung Verdienstausfall droht, muß er auch dadurch zur Schadensminimierung beitragen, daß er die ihm verbliebene Arbeitskraft nutzbringend verwertet.Es handelt sich dabei um die allgemeine *Erwerbsobliegenheit*, die prinzipiell jeden Geschädigten im Rahmen des § 254 Abs. 2 BGB trifft.[426]

Der Patient muß, soweit er dazu imstande ist, zunächst die vor der Verletzung ausgeübte Tätigkeit wieder aufnehmen. Ist dies nicht möglich, stellt sich die Frage, innerhalb welcher Grenzen die Aufnahme einer anderen, der beschränkten Erwerbsfähigkeit angepaßten Arbeit zumutbar ist. Grundsätzlich läßt sich sagen, daß die zu stellenden Anforderungen hier wesentlich geringer sind als bei der Operationsobliegenheit.[427] Die zunehmende gesellschaftliche Flexibilisierung und Mobilität fordern vom Patienten, der hier nur in seiner Vermögensdisposition betroffen ist, deutlich größere Anstrengungen zur Schadensbegrenzung. Ein Wohnsitzwechsel wird nur ausnahmsweise unzumutbar sein, wenn etwa der Patient wegen fortwirkender Verletzungsfolgen der Betreuung und Nachsorge durch einen ortsansässigen Spezialisten bedarf[428]. Wesentliche wirtschaftliche und gesundheitliche Risiken, die vielleicht noch eingegangen würden, wenn der Schaden allein getragen werden müßte, braucht man jedoch nicht auf sich zu nehmen: Ein als Freiberufler tätiger Patient, der durch ärztliches Fehlverhalten zu Schaden kommt und infolgedessen ausfällt, braucht zumindest dann keine Ersatzkraft einzustellen, wenn es sich um einen typischen handwerklichen Familienbetrieb handelt[429]. Im Einzelfalle kommt es auf die konkreten Umstände wie Alter, Vorbildung, Begabung, Anlagen, physische und psychische Anpassungsfähigkeit des Patienten, Art und Schwere der Verletzungsfolgen, den Charakter der betreffenden Beschäftigung und die sozialen Auswirkungen des angesonnenen Verhaltens an[430].

---

426 Soergel/Mertens, § 254 Rz. 70; BGH NJW 1974, 603; OLG Hamm, VersR 1960, 859

427 Staudinger/Medicus § 254 Rz. 44

428 BGH VersR 1962, 1100: Oberschenkelamputierter Sattler braucht sich nicht für längere Zeit von Haus und Familie zu trennen; Soergel/Mertens, § 254 Rz. 70

429 OLG Oldenburg VersR 1982, 175 (176):Maler und Lackierergeselle, der zusammen mit Ehefrau und Sohn eine GbR betreibt, braucht keinen Gesellen einzustellen.

430 Lange, § 10 X 3b, c; BGH VersR 1989, 635: Einen an einem Auge mit der Folge des Doppelbildsehens verletzten Fahrlehrer trifft keine Obliegenheit, seine Fahrtüchtigkeit durch (lebenslanges) Tragen einer Augenklappe wiederherzustellen, wenn die Gefahr einer Überlastung und Schädigung des unverletzten Auges besteht; BGH NJW 1974, 602: Wird ein Landarzt, der bislang lediglich Kollegen vertreten hat, verletzt, ist ihm nicht zuzumuten, während der Zeit seiner Behinderung eine eigene Praxis einzurichten.

Zu einer *Umschulung* muß sich ein Patient jedenfalls dann bereitfinden, wenn auch nur mit einiger Wahrscheinlichkeit damit zu rechnen ist, daß er im neuen Beruf eine Anstellung findet[431]. Dieser Einschränkung wird zwar entgegengehalten, daß es ausschließlich Sache des die Umschulungskosten tragenden Schädigers sei, ob er das Risiko einer Fehlinvestition laufen wolle[432]. Gegen diese Auffassung spricht jedoch, daß der geschädigte Patient normalerweise nicht gehalten ist, sich mehr als einem einzigen Umschulungsversuch zu unterziehen[433]; es erscheint wenig überzeugend, der Obliegenheit zur Umschulung auf ein schlechterdings aussichtloses Berufsbild einen schadensmindernden Gehalt zuzuerkennen.

Als letzte denkbare Möglichkeit einer schadensmindernden Erwerbstätigkeit kommt die Übernahme der Haushaltsführung in Betracht, deren Wert vom Gericht nach § 287 ZPO geschätzt werden kann.[434]

Es ist denkbar, daß das Mitverschulden des Patienten ausschließlich daran geknüpft wird, daß er seine verbliebene Arbeitsfähigkeit nicht schadensmindernd zum Einsatz gebracht hat. Hat der Patient jedoch in zurechenbarer Weise nach § 254 Abs. 1 BGB an der Schadensentstehung mitgewirkt, z. B. indem er Medikationsanweisungen ignoriert und dadurch den Krankheitsverlauf verlängert hat, wirkt sich das auf den Inhalt der Erwerbsobliegenheit aus. In diesem Falle wäre es unbillig, wenn dem Patienten zugemutet würde, das eigene Arbeitseinkommen nicht zuerst zur Abdeckung des von ihm selbst zu tragenden Schadensteils zu verwenden, sondern unmittelbar dem Schädiger zuzuwenden.[435] Erst jenseits der eigenen Mitverschuldensquote obliegt es dem Patienten, für seinen Schädiger zu arbeiten.

Die Schadensminimierung durch Umschulung oder Erwerbstätigkeit kann im übrigen nicht etwa im Wege der Vorteilsausgleichung mit anderen Schadensposten verrechnet werden: Wer nach einer Umschulung z.B. besser verdient als vor dem Schadensfall, braucht sich den Mehrverdienst nicht auf seinen Schaden anrechnen zu lassen.[436] Auch Anstrengungen des Patienten oberhalb

---

431 RGZ 160, 119 (121f.)

432 MünchKomm/Grunsky, § 254 Rz. 50

433 BGH VersR 1961, 1018: Umstellung eines Zahnarztes auf Patientenbehandlung im Sitzen.

434 BGHZ 74, 226

435 BGHZ 16, 265 (275) u. BGH VersR 1962, 1063f. jeweils für die Berücksichtigung im Rahmen des § 844 Abs. 2 BGB; dies gilt aber auch für den eigenen Ersatzanspruch des Verletzten, MünchKomm/Grunsky § 254 Rz. 51

436 BGH VRS 65, 89; ebenso Müller-Laube, JZ 1991, 162 (167)

der Obliegenheitsgrenze ("überobligationsmäßige Tätigkeiten") mindern seinen Ersatzanspruch nicht.[437]

In ähnlicher Weise wie dargestellt ist die Frage zu beantworten, ob dem bislang nicht erwerbstätigen Patienten die (erstmalige) Aufnahme einer Arbeitstätigkeit zugemutet werden kann. Besondere Bedeutung hat dabei die Situation des gemäß § 844 Abs. 2 BGB anspruchsberechtigten Ehegatten eines durch einen Behandlungsfehler getöteten Patienten. Die Rechtsprechung hat sich dabei ganz überwiegend mit dem Ersatzanspruch der bislang als Hausfrau tätigen Witwe befaßt. Für den Anspruchsumfang kommt es *nicht* darauf an, ob diese später voraussichtlich eine Beschäftigung aufgenomen hätte[438], familienrechtlich während der Ehe zur Berufstätigkeit verpflichtet war[439] oder als geschiedene Frau eine Erwerbsobliegenheit zu erfüllen gehabt hätte[440]. In Betracht zu ziehen ist vielmehr die vorrangige Pflicht zur Kinderbetreuung: Einer Witwe mit einem oder mehreren minderjährigen Kind(ern) wird, wenn und soweit diese noch der Fürsorge und Erziehung bedürfen, eine Erwerbstätigkeit in der Regel nicht zugemutet[441]. Andererseits ist eine Erwerbsobliegenheit bejaht worden für eine junge, kinderlose Witwe, selbst wenn sie bei fortbestehender Ehe dazu nicht verpflichtet gewesen wäre[442]. Ist der Anspruch der Witwe bzw. des Witwers aufgrund einer Obliegenheitsverletzung des getöteten Ehepartners gemindert, §§ 846, 254 BGB, wird der Ertrag einer dem Anspruchsberechtigten zumutbaren Erwerbstätigkeit zunächst auf den diesem selbst verbleibenden Schadensteil verrechnet[443]. Insoweit gilt das bereits zuvor über das Verhältnis von Erwerbs- und sonstiger Obliegenheit Gesagte.

---

437 BGHZ 4, 170, 176; Steffen, Haftung im Wandel, S. 32; Stürner JZ 1984, 467

438 BGHZ 4, 170, 173ff.

439 BGH NJW 76, 1501, BGHZ 91, 357 (366)

440 BGHZ aaO (368); Lange, § 10 X 3c; gelegentlich wird vorgeschlagen, als Maßstab für die Zumutbarkeit einer Erwerbstätigkeit denjenigen des nachehelichen Unterhaltsanspruchs zugrundezulegen (§ 1570 BGB - Notwendigkeit der Kindererziehung; § 1571 BGB - keine Erwerbsobliegenheit wegen Alters; § 1572 BGB - keine Erwerbsobliegenheit wegen Krankheit), so z.B. Staudinger/Mertens, § 254 Rz. 46; Soergel/Mertens, § 254 Rz. 74. Dem ist jedoch entgegenzuhalten, daß dem Anspruch aus § 844 Abs. 2 BGB gerade das personenrechtliche Band fehlt, welches die familienrechtlichen Beziehungen auch nach einer Ehescheidung mitträgt.

441 BGHZ 91, 357 (366f)

442 BGH NJW 1976, 1501

443 BGHZ 16, 265 (274f); BGH VersR 62, 1063; BGH VersR 1976, 877f.

4. Nichteinlegung von Rechtsmitteln als Obliegenheitsverletzung?

Grundsätzliche Zurückhaltung ist geboten bei dem Gedanken, den Vorwurf mitwirkenden Verschuldens an den Nichtgebrauch von Rechtsbehelfen anzuknüpfen. In der Regel braucht sich der Patient, wie jeder andere Geschädigte auch, auf keinen Prozeß mit höchst zweifelhaften Erfolgsaussichten einzulassen[444].

Die Frage, ob der von einem Behandlungsfehler oder einer Aufklärungspflichtverletzung betroffene Patient gehalten ist, Rechtsmittel einzulegen, kann nur im jeweiligen Einzelfall unter Berücksichtigung der konkreten Erfolgsaussichten entschieden werden. In Ausnahmefällen mag der Patient gehalten sein, Klage zu erheben und dafür einen Rechtsanwalt[445] einzuschalten, sofern ansonsten die tatsächliche Feststellung der Anspruchsvoraussetzungen erschwert würde oder ein erkennbarer Beweismittelverlust drohte.

Interessanter ist die umgekehrte Fragestellung, ob es das Gebot der Schadensminderung fordert, vor einer Klageerhebung zunächst ein Schlichtungsverfahren vor der Ärztekammer durchzuführen. Obgleich es sich bei derartigen Verfahren nicht um "Rechtsmittel" handelt, sondern um die Anwendung von Standesrecht minderen Grades, das nur die kammerunterworfenen Ärzte bindet[446], liegt der Charakter einer Obliegenheit[447] doch nahe: Die Inanspruchnahme der Gutachterkommissions- und Schlichtungsverfahren ist dem Patienten zunächst im eigenen Interesse angesonnen. Er erhält ein kostenfreies Gutachten, anhand dessen ihm vor Augen geführt wird, ob ein Anspruch nicht, nur teilweise oder voll besteht, so daß er sein Prozeßverhalten danach einrichten kann. Andererseits erfolgt die Schlichtung auch im Interesse des behandelnden Arztes. Der Vorwurf des Kunstfehlers wird nicht im Rahmen einer fremden, formalisierten Verhandlung ausgetragen und das Ansehen der Ärzte-

---

444 MünchKomm/Grunsky, § 254 Rz. 56, Soergel/R.Schmidt[10], § 254 Rz. 53; BGH VersR 1966, 340f.; die Einlegung eines offensichtlich aussichtslosen Rechtsmittels ist umgekehrt eine Verletzung der Schadensminderungsobliegenheit, BGH WM 1986, 1442 (1444)

445 RGZ 166, 249 (256)

446 Deutsch, Arztrecht und Arzneimittelrecht, S. 166

447 Staudinger/Medicus, § 254 Rz. 55, meint allerdings eine andere Fallgestaltung, wenn er eine Obliegenheit zur Rechtsmitteleinlegung "am ehesten gegen Entscheidungen im ´summarischen´ Verfahren" bejaht.

schaft insgesamt wird nicht beschädigt[448]. Diese Interessenlage ist dem Patienten auch erkennbar.

Der auf den Patienten ausgeübte mittelbare Zwang manifestiert sich bei der Prozeßkostenhilfe. Ist sie auch dann dem minderbemittelten Patienten zu gewähren, wenn dieser nicht zuvor die Gutachterkommission oder Schlichtungsstelle angerufen hat? Dies ließe sich allein dann bejahen, wenn man die isolierte Klageerhebung als "mutwillige Rechtsverfolgung" i.S.d. § 114 ZPO ansähe. Eine derart weitgehende Folge für das Schlichtungsverfahren vor den Ärztekammern hat die Rechtsprechnung vereinzelt angenommen[449], Im wesentlichen werden dafür vier Gründe genannt: Das Postulat des "preiswertesten Weges" gelte auch für die auf Kosten des Steuerzahlers prozessierende Partei. Bedenken gegen die Unparteilichkeit der Kommission seien nicht bekannt. Die Anrufung der Kommission sei eine risikolose Möglichkeit für eine ökonomische Partei und hemme den Ablauf der Verjährung. Schließlich würden Kommissionsentscheidungen im Regelfalle von den Haftpflichtversicherungen anerkannt.[450]

Diesem Argument ist jedoch entgegenzuhalten, daß Gutachter- und Schlichtungsverfahren keine positive oder negative Bindungswirkung für die ordentliche Gerichtsbarkeit haben.[451] Dann aber können sie auch den Zugang zu Gerichten in keiner Weise beschränken. Im Vergleich zum Schlichtungsverfahren ist der direkte Weg zur Zivilgerichtsbarkeit sogar der vergleichsweise effektivere. Die Schlichtungsstellen gewähren nur thematisch begrenzten Rechtsschutz, weil sie unter rechtlichen Gesichtspunkten nur eine unvollständige Würdigung des Sachverhalts vornehmen.[452] Die eingeholten gutachtlichen Stellungnahmen bleiben für den beteiligten Arzt und den Patienten oftmals anonym, so daß sie nicht einer näheren Prüfung unterzogen werden können.[453] Auch auf die Auswahl des Gutachters haben die Parteien häufig keinerlei Einfluß. Berücksichtigt man sodann, daß die Schlichtungsverfahren nicht selten länger als ein Jahr dauern und für die meisten Patienten allein die Kostenlosigkeit des Schlichtungsstellengutachtens Auslöser dafür ist, sich dem entsprechenden Verfahren zu unterwerfen, fällt es schwer, in der unmittelbaren ge-

---

448 Deutsch, Arztrecht und Arzneimittelrecht, S. 165

449 LG Aurich NJW 1986, 792 m.ablehnender Anm. Matthies: "Eine verständige Partei würde ohne Gewährung von Prozeßkostenhilfe nicht den Klageweg bestreiten, sondern zunächst das Schlichtungsverfahren wählen"; auch LG Dortmund JZ 88, 255

450 LG Dortmund aaO.; Stegers, AnwBl. 1989, 137

451 OLG Oldenburg MedR 1988, 274; OLG Düsseldorf VersR 1989, 645

452 Matthies aaO.

453 Stegers, AnwBl. 1989, 137ff. (138)

richtlichen Rechtsverfolgung ein "mutwilliges" Vorgehen im Sinne des Prozeßkostenhilfeverfahrens zu erkennen. Qualifizierte man die Durchführung eines Schlichtungsverfahrens als Obliegenheit im Rahmen der Schadensminimierung, so räumte man zudem Ärzten eine Art Verweisungsprivileg auf eine von der eigenen Standesaufsicht eingerichtete Institution ein. Dafür besteht indessen kein Anlaß.

III. Das Handeln des Patienten auf eigene Gefahr

1. Ausgangssituation

Das Handeln auf eigene Gefahr stellt einen gesetzlich nicht fixierten Begriff dar, der in Voraussetzungen und Folgen unbestimmt ist. Er ist als Sonderfall der allgemeinen Schadensfernhaltungsobliegenheit des § 254 Abs. 1 BGB von der Rechtsprechung entwickelt worden.[454] Kennzeichnend ist dabei, daß sich der Geschädigte bewußt einer erkennbar gefährlichen Situation aussetzt, die zum Schadenseintritt führt. Hauptbeispiele sind die Mitfahrt im Auto eines nicht voll fahrtüchtigen Fahrers[455], die aktive Teilnahme an gefährlichen Sportarten[456], der Besuch gefährlicher Veranstaltungen[457] und das Betreten fremder Grundstücke.[458]

Derartige Fälle sind in der Vergangenheit zunächst mit der Annahme eines stillschweigenden Haftungsausschlusses[459] oder einer stillschweigenden Einwilligung des Verletzten in die Verletzung[460] gelöst worden. Dabei wurde freilich dem Geschädigten oftmals ein rechtsgeschäftlicher Wille unterstellt, der in Wirklichkeit nicht vorhanden war. Davon abgesehen, führt die Anwendung des Alles-oder-Nichts-Prinzips zu unbefriedigenden Ergebnissen[461]. Aus

---

454 BGHZ 34, 355 (363); BGH VersR 1974, 356 (Reitunfall); OLG Karlsruhe NJW 1978, 705 (Hochgebirgstour); auch MünchKomm/Grunsky, § 254 Rz. 34; Staudinger/Medicus, 254 Rz. 131ff.

455 BGH VersR 1969, 424

456 OLG Köln NJW 1962, 1110 (Skisport)

457 LG Köln VersR 1958, 332 (Rosenmontagszug)

458 dazu im einzelnen Stoll, Handeln auf eigene Gefahr, S. 4 ff.

459 RGZ 65, 313

460 RGZ 141, 262; BGHZ 2, 159= NJW 1951, 916; VersR 1952, 420

461 MünchKomm/Grunsky, § 254 Rz. 34

diesem Grunde hat der BGH[462] unter überwiegender Zustimmung der Literatur[463] von der rechtsgeschäftlichen Einordnung des Problems Abstand genommen und statt dessen § 254 BGB angewandt. Damit wird der Anspruch einer Abwägung und der Zuweisung von Haftungsanteilen unterworfen.

Der Begriff des Handelns auf eigene Gefahr ist also eigentlich irreführend: Nicht der Geschädigte allein trägt das Gefahrenrisiko; vielmehr wird der Umstand, daß er sich ohne triftigen Grund einer von ihm erkannten Gefahr ausgesetzt und sie damit zu "seiner" Gefahr gemacht hat[464], als Abwägungsgrund gesehen, der eine Haftungsherabsetzung herbeiführt[465].

Das Handeln auf eigene Gefahr bildet eine Fallgruppe innerhalb des § 254 BGB, die ursprünglich nicht den Bereich der medizinischen Behandlung erfaßte. Mittlerweile gibt es aber Bestrebungen, das Rechtsinstitut auch dort anzuwenden.[466] Dafür spricht, daß der Zurechnungsgrund, nämlich die Langzeitgefährdung und die Selbstauslieferung gegenüber der einmal in Kauf genommenen Gefahr[467], auch auf viele medizinische Behandlungsmaßnahmen anwendbar ist: Der Patient unterzieht sich einem gefährlichen Geschehensablauf, auf den er später keinen wirklichen Einfluß mehr hat.

2. *Einzelfälle*

In diesem Zusammenhang lassen sich drei Situationen unterscheiden:

a) Einwilligung in die ärztliche Behandlung

Deutsch[468] weist insoweit bereits der Einwilligung des Patienten in die ärztliche Behandlung einen Doppelcharakter zu: Sie sei nicht nur Rechtfertigungsgrund für die Körperverletzung, sondern zugleich Einwilligung in die mit der Behandlung verbundenen Risiken. Verwirklichten sich diese, werde auf Schadensersatz verzichtet.

---

462 BGHZ 34, 355 (363) = NJW 1961, 655; für den Bereich der Sporthaftung bejaht der BGH allerdings die Einwilligung in die Verletzungsgefahr mit der Folge völliger Haftungsfreistellung, BGHZ 63, 144 (145)

463 Weidner 35ff.; Deutsch, Allgemeines Haftungsrecht, Rz. 589; Lange § 10 X IV 2; Larenz I, § 31 I b; Flume JZ 1961, 605

464 Flume, JZ 1961, 606

465 MünchKomm/Grunsky, aaO.; Palandt/Heinrichs, § 254 Rz. 77; Stoll, aaO.

466 Deutsch, Allgemeines Haftungsrecht, Rz. 595

467 Stoll, S. 34f.

468 Deutsch, aaO.

Im Ergebnis kommt es danach zu keiner Abwägung nach § 254 BGB, sondern, entsprechend der Sporthaftung, zur vollständigen Haftungsbefreiung.

Umgekehrt kann auch die Einwilligungsverweigerung in bestimmten Situationen als ein Handeln auf eigene Gefahr bezeichnet werden. Sofern Mitglieder von Sekten oder Anhänger abweichender Lebensformen oder -auffassungen, z. B. Zeugen Jehovas, eine medizinisch zwingend notwendige Behandlung, namentlich eine gebotene Bluttransfusion ablehnen, ist dies - jedenfalls bei erwachsenen Personen - vom Arzt grundsätzlich zu respektieren, da anderenfalls das Grundrecht auf Glaubens- und Gewissensfreiheit leerliefe.[469] Kommt der Patient so zu Schaden, unterbricht dieses Verhalten schon den Haftungszusammenhang. Da für diesen Fall der Tod und damit der Wegfall von Ersatzansprüchen von vornherein in Kauf genommen wird, ließe sich auch von einem Handeln auf eigene Gefahr sprechen.

b) Sportler als Patienten: Ärztliches Doping zur Leistungssteigerung

Kann ein von einem Arzt gedopter Sportler, der durch die Dopingmaßnahme Körper- oder Gesundheitsschäden erleidet, von dem Arzt vollen Schadensersatz verlangen, oder muß er sich seine Teilnahme am Doping anspruchsmindernd zurechnen lassen ?

Beteiligt sich ein Arzt an Dopingmaßnahmen bei Sportlern, übt er zwar eine "ärztliche Tätigkeit" im Sinne der ärztlichen Berufsordnungen aus[470]. Es handelt sich jedoch um eine unzulässige Berufsausübung, da die Medikation nicht medizinisch indiziert ist[471]; Doping unterliegt deshalb als Berufspflichtverletzung der Disziplinargewalt der ärztlichen Berufsgerichtsbarkeit. Neben der berufsrechtlichen Verantwortlichkeit steht die mögliche strafrechtliche Haftung des Arztes unter dem Aspekt der Körperverletzungs- und Tötungsdelikte. Sie soll hier nicht näher betrachtet werden[472].

Das Doping vermag bei Sportlern auch zivilrechtliche Ansprüche auszulösen, sofern diese durch die Maßnahme zu Schaden kommen. Ein vertraglicher Schadensersatzanspruch des Sportlers gegen den behandelnden Arzt entfällt allerdings schon deshalb, weil ein entsprechender, auf die unzulässige Leistungssteigerung gerichteter Vertrag im Hinblick auf § 138 BGB sittenwidrig

---

469 Ulsenheimer, S. 85

470 So zutreffend Franz/Hartl, NJW 1988, 2277 f. : Die Verabreichung von oft hochwirksamen Pharmaka zur sportlichen Leistungssteigerung unterscheidet sich ihrer Art nach nicht von der ärztlichen Krankenbehandlung.

471 Linck, MedR 1993, 55 (56)

472 dazu Linck aaO; (S.57, 58); Schild, S. 32

und damit nichtig ist[473]. Die deliktische Einstandspflicht des Arztes folgt sowohl aus § 823 Abs. 1 BGB als auch aus § 823 Abs. 2 BGB in Verbindung mit den einschlägigen Vorschriften des Strafgesetzbuchs, des Betäubungsmittel- und des Arzneimittelgesetzes[474]. Der Sportler willigt nicht wirksam in die Durchführung der Dopingmaßnahme ein, weil nicht nur die Behandlung als solche sittenwidrig ist (§ 226a StGB), sondern auch die Einwilligung darin: Denn der Zweck jedes Doping läuft unabhängig von der Intensität der körperlichen Beeinträchtigung dem sportethischen Aspekt des Leistungssports zuwider, Wettkampfbedingungen bei Chancengleichheit und Fairneß zu gewährleisten[475].

Damit ist aber nicht ausgeschlossen, die Einwilligung des Sportlers in das Doping haftungsrechtlich als Handeln auf eigene Gefahr zu qualifizieren. Er nimmt an der durch den Arzt gesetzten Gefahr teil, deren Begründung diesen haftbar macht. Der mögliche Schadensersatzanspruch[476] gegen den Arzt ist entsprechend den jeweiligen konkreten Umständen zu mindern[477].

c) Teilnahme an Gefährdungen im Krankenhaus

Typisch für ein Handeln des Patienten auf eigene Gefahr ist schließlich die Inkaufnahme von ihm erkannter Gefahrenzustände im Krankenhaus, namentlich von Infektionsrisiken. Ein Beispiel dafür kann die Durchführung von Operationen ohne Vornahme einer an sich möglichen und sinnvollen Eigenblutspende bilden.

Mit der Verwendung von Fremdblut im Bereich der operativen Medizin ist seit jeher das Risiko erheblicher Transfusionszwischenfälle verbunden. Neben der Verwechselungsgefahr besteht die Möglichkeit von Lues-, Hepatitis- und

---

473 Schwab, S. 42 und Turner S. 720, die den Vertrag geltungserhaltend reduzieren wollen, z.B. soweit auch eine Wiederherstellung der Gesundheit bezweckt wird.

474 Linck, MedR 1993, 61

475 Linck aaO.; Turner, NJW 1992, 72; dagegen spricht auch nicht etwa die freie Verfügbarkeit von Alkohol und Drogen.

476 Turner aaO. will ohne nähere Begründung die mit dem Doping verbundenen finanziellen Nachteile -z.B. Kündigung bestehender Sponsorverträge- zwar dem Schutzbereich des Behandlungsvertrages, nicht jedoch dem des § 823 BGB zuweisen.

477 In diesem Sinne, allerdings ohne Einordnung als Handeln auf eigene Gefahr auch Schwab, S. 41; Turner, S. 720

insbesondere HIV-Kontaminationen.[478] Zur Senkung dieser Gefährdungen bietet sich neben dem Einsatz blutsparender Operationstechniken unter Umständen die Eigenbluttransfusion an. Voraussetzung dafür ist freilich u.a., daß es sich um einen zeitlich planbaren, aufschiebbaren Eingriff handelt und das betreffende Krankenhaus über die technisch-organisatorische Ausstattung für die Entnahme, Aufbereitung und Aufbewahrung der Eigenblutkonserve verfügt[479].

Im Einzelfall kann es für den Patienten gefahrloser sein, eine präoperative Eigenblutspende für die Möglichkeit einer späteren autologen Retransfusion wahrzunehmen. Zu beachten ist freilich, daß man Ängste und Entscheidungskonflikte der in Betracht kommenden Patienten angesichts deren möglicher psychischer Belastung im Zusammenhang mit der Operation fast immer wird entschuldigen müssen.[480] Oft wird auch in Fällen, in denen der Patient, etwa aus Angst vor einer HIV-Infektion, die Eigenblutspende wünscht, gerade dessen schlechter Gesundheitszustand in Form von Infektionen, hämatologischen Erkrankungen oder eines Karzinoms eine Kontraindikation bilden. Lehnt er jedoch eine medizinisch sinnvolle, zumutbare und vertretbare Eigenblutspende ab, handelt er im Hinblick auf das Fremdinfektionsrisiko auf eigene Gefahr. Die Herabsetzung der Haftung erfaßt sowohl den verschuldensabhängigen Anspruch gegen den Blut(plasma)hersteller aus § 823 BGB als auch die Gefährdungshaftung gemäß §§ 84, 85 AMG[481].

IV. Obliegenheitsverletzungen durch Verhalten Dritter, §§ 254 Abs. 2 S. 2, 278 BGB

§ 254 Abs. 2 S. 2 BGB verweist auf § 278 BGB und erklärt damit die Einstandspflicht für das Verschulden des gesetzlichen Vertreters und des Erfüllungsgehilfen im Rahmen von Obliegenheitsverstößen für anwendbar. Wäh-

---

478 Kullmann, PharmaR 1993, 162ff.; Fahrenhorst, MedR 1992, 74ff.; Deutsch, MMG 14(1989) 13 (15) insbesondere zur Haftung für kontaminierte Faktor-VIII -und Faktor-IX-Blutpräparate.

479 Lippert, VersR 1992, 790

480 dazu unten B VII 1

481 Bei Eigen- wie auch Fremdblutkonserven handelt es sich um Arzneimittel i.S.v. § 2 Abs. 1 Nr. 3 AMG. Dasselbe gilt für Blutersatzstoffe, Plasma- oder Serumkonserven gemäß § 4 Abs. 2 AMG.

rend nahezu Einigkeit[482] darüber besteht, daß sich die Vorschrift auf beide Absätze bezieht, also eine Mitwirkung des Vertreters bzw. Gehilfen an der Schadensentstehung ebenso erfaßt wird wie deren unterlassene Schadensminderung, ist streitig, ob die Vorschrift nur auf die Rechtsfolge[483] des § 278 BGB verweist oder auch auf dessen Voraussetzungen.[484] Beide Interpretationen läßt der Gesetzeswortlaut zu, und die Entstehungsgeschichte der Norm gibt insoweit nichts her.[485] Versteht man mit der Rechtsprechung § 254 Abs. 2 S. 2 BGB als Rechtsgrundverweisung, so bedarf es eines bestehenden Schuldverhältnisses zwischen Schädiger und Geschädigtem, um letzterem ein Verschulden seiner Hilfsperson zuzurechnen, weil § 278 BGB vom "Schuldner" und der "Erfüllung seiner Verbindlichkeit" spricht. Fehlt es daran, so kommt § 831 BGB entsprechend zur Anwendung mit der Folge, daß dem Geschädigten ein Verschulden seines gesetzlichen Vertreters überhaupt nicht und seines Gehilfen nur dann schadet, sofern ihm der Entlastungsbeweis mißlingt.[486] Die gegenteilige Auffassung gelangt zu dem Ergebnis, daß sich der Geschädigte das Verschulden von Hilfspersonen stets anrechnen lassen muß.[487]

Der Ansatz der Rechtsprechung kann für sich reklamieren, den Grundsatz der Gleichbehandlung von Schädiger und Geschädigtem auch beim Drittmitverschulden konsequent zu verwirklichen. Bei einer nicht weiter eingegrenzten Anwendung des § 254 Abs. 2 S. 2 BGB wird der Schädiger besser gestellt, weil dessen nach § 831 BGB beschränkter Haftung die unbeschränkte Einstandspflicht des Geschädigten gegenübersteht.[488]

Der gegenteiligen Auffassung, die die Norm als Rechtsfolgeverweisung versteht, ist aber zuzugeben, daß das - sonst recht hilfreiche - Äquivalenzprinzip gerade im Bereich der Einstandspflicht für Dritte seine Schwächen offenbart. Läßt sich die mit § 831 BGB bestimmte Grenze der deliktischen Verantwor-

---

482 RGZ 62, 107; BGHZ 1, 248 (249); 3, 46 (48); MünchKomm/Grunsky, § 254 Rz. 76; Erman/Sirp, § 254 Rz. 27; Lange, § 10 XI 2; Staudinger/Medicus § 254 Rz. 76

483 Gernhuber, AcP 152, 69, 82f.; Rother, Haftungsbeschränkung, S. 145, 153; Deutsch, Allgemeines Haftungsrecht, Rz. 577; Planck/Siber, § 254 Anm. 5; Dialinas, S. 44f.

484 BGHZ 24, 325, 327; NJW 1964, 1670; 1965, 962; VersR 1975, 133; Venzmer S. 129; RGRK/Alff, § 254 Rz. 62; MünchKomm/Grunsky § 254 Rz. 77; Dullinger, JBl. 1990, 20ff. (24)

485 Honsell, Quotenteilung, S. 69; Gernhuber, AcP 152, 69, 74

486 RGZ 142, 356 (362f.); BGH VersR 1975, 133; NJW 1980, 2573 (2575)

487 Planck/Siber aaO.; Enneccerus/Lehmann, Schuldrecht, § 16 II 1; Larenz, Schuldrecht I, § 31 I d; Magnus, S.35

488 BGH NJW 1983, 1108 (1110), Soergel/Mertens § 254 Rz. 94; MünchKomm/Grunsky § 254 Rz. 77

tung für schädigendes Verhalten von Hilfspersonen noch mit dem Argument rechtfertigen, daß im Exkulpationsfalle der Gehilfe regelmäßig selbst haftbar ist, paßt dies für den Geschädigten nicht. Ihm weist seine Sachzuständigkeit gerade die in seinen Risikobereich fallenden Schäden zu. Es ist seine Sache, ob er diesen Risikobereich durch Einschaltung anderer Personen vergrößert oder nicht.[489] Fehlt es an einer Sonderverbindung, erhält der Geschädigte zudem nach Auffassung der Rechtsprechung durch die Einschaltung des sorgfaltswidrig handelnden Dritten zwei Schuldner, während der Schädiger auf den Regreßanspruch aus §§ 840 Abs. 1, 426, 254 BGB verwiesen wird, der häufig nicht realisierbar ist.[490]

Im Ergebnis liegen beide Auffassungen nicht weit auseinander, weil die Rechtsprechung selbst das Erfordernis einer Sonderverbindung in der Weise modifiziert, daß schon das durch die Schädigungshandlung als solche begründete gesetzliche Schuldverhältnis ausreicht.[491]

Die Meinungsverschiedenheit über den Rechtscharakter des § 254 Abs. 2 S. 2 BGB spielt im übrigen im Rahmen der mitwirkenden Verursachung des Patienten am eingetretenen Schaden kaum eine Rolle. So ist der vom Verletzten hinzugezogene Arzt nicht Erfüllungsgehilfe, so daß sich der Patient dessen etwaiges Verschulden einem Drittschädiger gegenüber keinesfalls anspruchsmindernd anrechnen lassen muß.[492] Denn die Einschaltung des Arztes erfolgt in diesen Fällen regelmäßig nicht zur Erfüllung der Obliegenheit aus § 254 Abs. 2 BGB, sondern weil dem Patienten keine andere Möglichkeit der Restitution zu Gebote steht. Das für ein Gehilfenverschulden denkbare Fallbeispiel, daß ein Patient einen Behandlungsfehler dadurch verschlimmert, daß er ärztliche Medikationsanweisungen aus Bequemlichkeit auf seine Ehefrau[493] delegiert und diese aus Nachlässigkeit dann etwa das Arzneimittel vertauscht, erscheint doch reichlich konstruiert. Realistischer ist hingegen die Situation, daß Eltern

---

489 Enneccerus/Lehmann, Schuldrecht, § 16 II 2; Weidner, S. 73ff.; Lange, § 10 XI 6

490 Lange aaO., zweifelnd zum Regreß des Drittschädigers gegenüber den Eltern, die ein Aufsichtsverschulden hinsichtlich ihres Kindes trifft, auch Deutsch, Allgemeines Haftungsrecht, Rz. 577

491 RGZ 141, 353 (356); OLG Celle NJW 1953, 990; OLG Düsseldorf NJW 1973, 1801; gelegentlich läßt die Rechtsprechung sogar ein einer Verbindlichkeit ähnliches Rechtsverhältnis ausreichen, BGH NJW 1964, 1670 (Rechtsverhältnis Schule - Schüler), OLG Hamburg MDR 1957, 423 (Verhältnis Schiffseigner - Kaibesitzer)

492 RGZ 72, 219; RG JW 1921, 741; RG DJ 1938, 45; auch Soergel/Mertens, § 254 Rz. 108

493 Ehepartner sind im Rahmen des § 254 BGB Erfüllungsgehilfen, weil sie mit der allgemeinen Wahrnehmung von Interessen des anderen Ehepartners betraut sind, BGHZ 3, 46 (50)

als gesetzliche Vertreter ihrer Kinder in zurechenbarer Weise an deren Schädigung mitwirken, indem sie z.B. den Arzt verspätet konsultieren[494] oder ihre Aufsichts- und Kontrollpflichten verletzen.

BGH v.26. 1. 1959[495]:

Der Kläger, ein 10jähriger Volksschüler, war vom Schularzt an drei aufeinanderfolgenden Terminen gegen Diphterie und Scharlach geimpft und in der Folgezeit von zunehmendem Muskelschwund ergriffen worden. Er führte dies auf die Impfungen zurück. Einen ihm übergebenen Merkzettel zur Unterrichtung über eine freiwillige Schutzimpfung hatte er nicht an seine Eltern weitergegeben. Diese glaubten an eine Zwangsimpfung und hielten nach dem ersten Termin auftretendes Fieber und Schüttelfrost für normale Begleiterscheinungen.

Der BGH verneinte sowohl ein eigenes Mitverschulden des Klägers nach §§ 828 Abs. 2, 254 BGB als auch eine culpa in custodiendo der Eltern, die ihm nach §§ 254 Abs. 2 S. 2, 278 BGB zuzurechnen gewesen wäre. Die Übermittlung behandlungsrelevanter Informationen durch Zehnjährige sei kein geeigneter und sicherer Weg gewesen. Die Eltern hätten weder von sich aus prüfen müssen, ob die Impfung freiwilligen Charakter hatte, noch, ob Wiederholungsimpfungen beabsichtigt gewesen seien.

BGH v. 24. 6. 1968[496]:

Bei der Klägerin war als Zweijährige eine Pockenschutzerstimpfung durchgeführt worden, die aber nicht den gewünschten Erfolg gebracht hatte. Eine Zweitimpfung 10 Jahre später führte aufgrund der erhöhten Impfempfindlichkeit zu einer schweren Enzephalitis mit Dauerschäden. Der BGH rechnete es dem Vater der Klägerin nicht als Kontrollpflichtverletzung an, daß er in einem auszufüllenden Fragebogen den Erfolg der Erstimpfung irrig bejaht hatte, obgleich der Impfschein weder unterschrieben worden war noch ein zweites Datum trug. Ausschlaggebend sei, daß Eltern bei der Ausübung der elterlichen Sorge gemäß § 1664 BGB nur die eigenübliche Sorgfalt schuldeten; die Prüfung medizinischer Details dürfe dann Fachleuten überlassen werden.

---

494 RGZ 156, 193 (205)
495 = AHRS 1400/3
496 = AHRS 1400/5

Obgleich in den genannten Fällen kein Verschulden des gesetzlichen Vertreters berücksichtigt wurde, wird doch deutlich, daß eine uneingeschränkte Anwendung des § 278 BGB das Risiko erheblicher Härten in sich trägt: Dem Minderjährigen wird ein Zusatzrisiko auferlegt, da er sich unter Umständen nach §§ 828 S. 2, 254 BGB auch sein eigenes Mitverschulden anrechnen lassen muß. Hinzu kommt, daß das von der Theorie der Rechtsfolgeverweisung entwickelte Argument, der Geschädigte erweitere selbst seine Sachzuständigkeit durch die Zuziehung Dritter, bei Minderjährigen nicht trägt: Den gesetzlichen Vertreter kann sich der Vertretene nicht aussuchen, und ihm stehen auch kaum Möglichkeiten zur Verfügung, auf sein Verhalten einzuwirken. Deshalb überzeugt jedenfalls in dem hier genannten Anwendungsbereich letztlich doch der Gleichbehandlungsgrundsatz; auch im Rahmen der Obliegenheit muß es einen Unterschied bilden, ob das Risiko vom Geschädigten geschaffen oder ob es ohne sein Zutun gegeben ist.[497]

V. Obliegenheiten des Patienten außerhalb § 254 BGB

Die bisher betrachteten Obliegenheiten des Patienten sind § 254 BGB entnehmbar. Sie werden auch weiterhin den Gegenstand der Untersuchung bilden, weil nur sie eine vertragliche oder deliktische Haftungsherabsetzung dem Drittschädiger gegenüber bewirken können.

Es existieren aber auch darüber hinaus weitere Obliegenheiten in Form allgemeiner Mitwirkungsobliegenheiten des Patienten als ärztlichem Vertragspartner bzw. als Versicherungsnehmer. Obgleich ihnen der Rechtsgedanke des § 254 BGB ebenfalls eigen ist, sind sie anderweitig loziert.

Sie sollen im folgenden nur kurz skizziert werden.

1. Gläubigerverzug als Verletzung der allgemeinen Mitwirkungsobliegenheit des Patienten

Auf die Situation, daß der Patient einen mit dem Arzt vereinbarten Behandlungstermin nicht oder nicht rechtzeitig wahrnimmt, ist bei § 254 BGB schon im Zusammenhang mit der Compliance eingegangen worden.

---

497 Aus diesem Grunde wird zum Teil generell eine Differenzierung zwischen der Einstandspflicht für gesetzliche Vertreter und für vom Geschädigten bestellte Hilfspersonen gefordert, z. B. Lange, § 10 XI 6b; Weidner, S. 62ff.; Soergel/Reimer Schmidt, § 254 Rz. 64; Esser/Schmidt I 2, § 35 III; Magnus, S. 36 f.

Ein solches Verhalten kann darüber hinaus aber zugleich die allgemeine Gläubigerobliegenheit verletzen, an der Vertragserfüllung gehörig mitzuwirken. Ist der Arzt im Falle entgegenstehenden Verhaltens des Patienten berechtigt, ihm gegenüber Honorarausfallansprüche geltend zu machen ?

Sofern es sich bei diesem Ausfallanspruch um einen echten Schadensersatzanspruch des Arztes handelte, wäre ein entsprechender echter Pflichtverstoß des Patienten haftungsbegründend. Dieses ist aber nicht der Fall: Denn der Behandlungsvertrag ist ein Dienstvertrag, bei dem sich die Vergütung nach §§ 611, 612 Abs. BGB i.V.m. der GOÄ bzw. GOZ richtet.[498] Da der Fall des Ausbleibens des Patienten dort nicht geregelt ist[499], sind die allgemeinen Vorschriften heranzuziehen. Nicht einschlägig ist § 324 Abs. 1 BGB als Anspruchsgrundlage[500], da die Leistung des Arztes nachholbar und damit nicht unmöglich ist. In Betracht kommt aber § 615 S. 1 BGB: Danach kann der Dienstverpflichtete für die infolge des Annahmeverzuges des Dienstberechtigten nicht geleisteten Dienste die vereinbarte Vergütung verlangen, ohne zur Nachleistung verpflichtet zu sein. Wäre diese Voraussetzung erfüllt, könnte der Arzt die übliche Vergütung, abzüglich ersparter Aufwendungen und Einkünfte aufgrund anderweitiger Verwendung seiner Dienste, verlangen.

Es bestehen jedoch Zweifel, ob *generell* in den Fällen des Nichterscheinens eines Patienten von einem Annahmeverzug gem. § 615 S. 1 BGB ausgegangen werden kann. Dann müßte in der Vereinbarung des Behandlungstermins eine kalendermäßige Leistungsbestimmung nach § 296 BGB liegen. Üblicherweise werden Patienten zwar in der Weise bestellt, daß die Sprechstundenhilfe einen Vormerkzettel überreicht oder indem eine telefonische Benachrichtigung erfolgt. Die gelegentlich vertretene Ansicht[501], darin liege eine vertraglich bindende Abrede, aus der sich der Erfüllungs- und damit aus Patientensicht der Mitwirkungszeitpunkt ergebe, wird jedoch nur für Ausnahmefälle zutreffend sein. Der Arzt mag den Patienten z.B. ausdrücklich darauf hingewiesen haben, daß er pünktlich erscheinen solle, oder die Behandlung möge außerhalb der

---

498 Beide Gebührenordnungen sind Taxen i. S. d. § 612 Abs. 2 BGB.

499 Für Verspätungen von Patienten über 30 Minuten billigte die GOÄ vom 18. 3. 1965 ebenso wie die GOZ von 1965 eine sog. Verweilgebühr zu; die Neufassung der GOÄ (1982) läßt dies nicht mehr beim Warten *auf* den Patienten, sondern nur noch beim Warten *beim* Patienten zu.

500 so aber Narr, Ärztliches Berufsrecht, Rz. 1024

501 Narr, Ärztliches Berufsrecht,aaO., Schmatz/Goetz/Matzke, GOÄ, Einl. S. 20; Laufs/Uhlenbruck, Arztrecht, § 78 Rz. 14, der dem Arzt nicht nur den Honoraranspruch, sondern darüber hinaus einen evtl. Aufwendungsersatzanspruch aus § 304 BGB gewähren will.

Sprechzeit erfolgen.[502] Denkbar sind auch Fälle, in denen die Art der Behandlung einen erheblichen Planungsaufwand erfordert.[503] Regelmäßig wird die Terminabsprache aber nur der Sicherstellung eines geordneten Behandlungsablaufs dienen.[504] Denn typischerweise treten in einer Praxis - auch längere - Wartezeiten auf, und der Arzt terminiert unter Umständen sogar gerade deshalb eng, weil er mit dem Ausbleiben von Patienten rechnet. In diesen Fällen stellt die Terminfestsetzung nur einen Hinweis dar, daß der Patient zum angegebenen Zeitpunkt den Arzt *voraussichtlich* konsultieren kann. Wird der Termin verfehlt, liegt weder ein Fall des Schuldner- noch des Gläubigerverzugs vor.[505]

Sofern die vorgenannten Beispiele in den Anwendungsbereich des § 615 S. 1 BGB fallen, verletzt der säumige Patient seine ihm als Gläubiger des Dienstanspruchs aufgegebene Mitwirkungsobliegenheit. Anknüpfungspunkt für den Pflichtverstoß ist die Nichteinhaltung der Terminabrede. Auf ein Verschulden kommt es beim Fernbleiben nicht an, da der Annahmeverzug kein Verschulden des Dienstberechtigten voraussetzt. Der ihn treffende Nachteil besteht darin, daß - abweichend von den allgemeinen Regeln über den Annahmeverzug gemäß §§ 293 ff. BGB - die ärztliche Leistungspflicht endgültig entfällt; zugleich besteht der Vergütungsanspruch des Arzes als Erfüllungsanspruch[506] weiter. § 615 S. 1 BGB liegt insoweit der Gedanke zugrunde, daß der Dienstverpflichtete während der Zeit des Annahmeverzuges seine Arbeitskraft nicht anderweitig verwerten kann.[507] Dem Arzt obliegt es jedoch umgekehrt, falls irgend möglich in dem betreffenden Zeitraum einen anderen Patienten zu behandeln, § 615 S. 2 BGB. In diesem Falle entfällt bzw. mindert

---

502 Natter, MedR 1985, 258 (259)

503 AG München NJW 1994, 3014f.:Ambulante operative Krampfaderentfernung; LG Konstanz NJW 1994, 3015: Kieferorthopädische Spezialbehandlung; AG Tiergarten ZM 1990, 640: Fertigung einer Zahn-Vollprothese; ebenso Werthenbruch, MedR 1991, 167 (169)

504 MünchKomm/Schaub, § 612 Rz. 216; Natter, MedR 1985, 259; LG München II MedR 1986, 45 = NJW 1984, 671 (Vereinbarung zweier Termine von insgesamt 3 (!) Stunden); AG Waldbröl NJW 1989, 777; AG Calw NJW 1994, 3015

505 Natter aaO.

506 BGH NJW 1967, 248, 250; unzutreffend daher AG München aaO., das von einem Schadenseratzanspruch aus pVV des Behandlungsvertrages gegen den abwesenden Patienten ausgeht; in diese Richtung gehend offenbar auch LG München II aaO., das den Schadensersatzanspruch des Arztes offenbar für aus § 628 Abs. 2 BGB herleitbar hält, ihn aber im Hinblick auf eine mögliche Kündbarkeit des Vertrages verneint; s. dazu Fn. 508.

507 Soergel/Kraft, § 615 Rz. 1

sich dann der Vergütungsanspruch gegen den nicht erschienenen Patienten. Es handelt sich dabei um die allgemeine Schadensminderungsobliegenheit jedes Gläubigers, wie sie auch in § 324 Abs.1 S.2, Abs. 2 BGB sowie in § 74c Abs. 1 HGB für den Handlungsgehilfen genannt ist.[508]

In diesem Zusammenhang kann erwogen werden, die Obliegenheitsverletzung an einen noch früheren Zeitpunkt als den Verzugseintritt anzuknüpfen, nämlich an das Unterlassen der an sich möglichen rechtzeitigen Kündigung des Behandlungsvertrages. Die medizinische Behandlung stellt Dienste höherer Art dar; deshalb können die Parteien den Vertrag jederzeit und ohne Grund nach § 627 Abs. 1 i. V. m. § 621 Nr. 5 BGB kündigen. Das Verbot der Kündigung zur Unzeit gilt gemäß § 627 Abs. 2 BGB ausdrücklich nur für den Dienstverpflichteten, d.h. den Arzt. Im Falle der Kündigung verbleibt dem Arzt allenfalls ein Teilvergütungsanspruch nach § 628 Abs. 1 S. 1 BGB, wenn etwa eine Teilbehandlung in der Vergangenheit erfolgt ist oder bereits umfangreichere Behandlungsvorbereitungen getroffen wurden.

Die entgegengesetzten Regelungen in § 627 BGB sowie in § 615 BGB führen allerdings zu dem zweifelhaften Ergebnis, daß ein Patient, der den Behandlungsvertrag eine juristische Sekunde vor dem Einbestellungszeitpunkt kündigt, vom ärztlichen Vergütungsanspruch freigestellt wird, während derjenige, der der verabredeten Behandlung schlicht fernbleibt, nach § 615 BGB zahlungspflichtig ist. Es ist dies die Folge der unterschiedlichen Normzwecke: § 615 BGB schützt den Dienstpflichtigen[509], § 627 BGB hingegen den Dienstberechtigten.[510]

Soweit die Rechtsprechung[511] bislang mit dieser Fragestellung konfrontiert wurde, hat sie den Wertungswiderspruch erst gar nicht entstehen lassen, indem sie das Nichterscheinen des Patienten einfach einer Kündigung gleichstellte. Weil der Patient hätte kündigen *können,* sei der ärztliche Vergütungsanspruch nicht entstanden. Dies überzeugt aber schon deshalb nicht, weil die Kündigung als Gestaltungsrecht nur *ex nunc* wirkt.[512] Abgesehen davon scheint in der ge-

---

508 Schmidt, Obliegenheiten, S. 176 (Fn. 902) spricht hier von gesetzlich geregelten Nebenpflichten minderer Zwangsintensität.

509 MünchKomm/Schaub, § 615 Rz. 2

510 MünchKomm/Schwerdtner, § 627 Rz. 1

511 LG München II MedR 1986, 45

512 so zutreffend Werthenbruch, MedR 1991, 167 (170)

nannten Entscheidung der Einwand des rechtmäßigen Alternativverhaltens durch, der auf den Erfüllungsanspruch des § 615 BGB nicht recht paßt.[513]

Richtiger dürfte sein, hier die Rechtsfolge des § 627 Abs. 1 BGB der des § 615 BGB im Wege einer teleologischen Reduktion anzupassen.[514] Das bedeutet, daß das Kündigungsrecht des Patienten unter Normzweckgesichtspunkten eingeschränkt wird. Handelt es sich bei der Terminvereinbarung zwischen Arzt und Patient lediglich um die organisatorische Sicherstellung eines geordneten Behandlungsverlaufs, bleibt die Kündigung zulässig; es könnte hier mangels Annahmeverzuges auch kein Anspruch des Arztes aus § 615 BGB entstehen. Die Kündigung zur Unzeit ist im (Ausnahme-)Falle einer verbindlichen Terminfestlegung nur unter den Voraussetzungen des § 626 Abs. 1 BGB, d. h. bei Vorliegen eines wichtigen Grundes, statthaft. Fehlt es daran, gerät der Patient beim Ausbleiben in Annahmeverzug, § 615 BGB. Damit werden die unterschiedlichen Zeitpunkte von Kündigung und Nichterscheinen durch das Band des "wichtigen Grundes" miteinander verbunden. Fehlt es, ist die Nichtbeachtung des Termins durch den Patienten obliegenheitswidrig.

2. *Obliegenheitsverletzungen/ Leistungsausschlüsse in der privaten Krankenversicherung*

Zu den in der privaten Krankenversicherung wesentlichen Methoden, Risiko und Gefahrtragung zu begrenzen, gehören zum einen Einschränkungen der allgemeinen Leistungsbeschreibung, zum anderen Leistungsausschlüsse durch Obliegenheiten. Sie sind teilweise im Versicherungsvertragsgesetz fixiert; zum Teil finden sie sich auch in den Allgemeinen Versicherungsbedingungen für die Krankheitskosten und Krankenhaustagegeldversicherung[515] (MB/KK) sowie für die Krankentagegeldversicherung[516] (MB/KT) und werden damit Bestandteil der Versicherungsverträge.

Die Obliegenheiten des Versicherten sowie die Leistungsausschlüsse sollen hier nur insoweit betrachtet werden, als die *Mitwirkung* des Patienten i.e.S. an

---

513 Die Frage des rechtmäßigen Alternativverhaltens stellt sich nur bei Schadensersatzansprüchen, vgl. Deutsch, Unerlaubte Handlungen und Schadensersatz, Rz. 72ff.; MünchKomm/Grunsky, vor § 249 Rz. 90ff.; ferner BGHZ 90, 103 (111); 63, 315 (325); OLG Düsseldorf VersR 1982, 857f.

514 Natter, MedR 1985, S.262

515 Musterbedingungen 1976 des Verbandes der privaten Krankenversicherung (MB/KK) idF. VerBAV 78, 207 und VerBAV 91, 60, 436

516 Musterbedingungen 1978 des Verbandes der privaten Krankenversicherung (MB/KT) VerBAV 78, 230ff und 91, 60, 436

Krankheitsprävention und Therapie durch Androhung des Verlusts des Versicherungsschutzes mittelbar erzwungen wird.[517]

Dabei ist zunächst § 5 Abs. 1b MB/KK und MB/KT zu nennen. Nach beiden Vorschriften besteht keine Leistungspflicht des Versicherers für "auf Vorsatz beruhende Krankheiten und Unfälle einschließlich deren Folgen sowie für Entziehungsmaßnahmen einschließlich Entziehungskuren". Dabei reicht es aus, wenn der Versicherte die Primärkrankheit vorsätzlich herbeigeführt hat; die Folgewirkungen brauchen nicht einmal vorhersehbar gewesen sein.[518] Demzufolge ist etwa eine Lebererkrankung als Folge übermäßigen Alkoholkonsums vorsätzlich herbeigeführt, wenn ein "trockener" Versicherter trotz Kenntnis der drohenden Erkrankung wieder zu trinken beginnt.[519] Ein versicherter Patient, der trotz ärztlicher Belehrung und bereits durchgeführter stationärer Behandlung in seine ungesunden Eßgewohnheiten zurückfällt, hat eine erneut auftretende Adipositas vorsätzlich herbeigeführt.[520] Ebenso kann ein extremer Nikotingenuß, der eine pathologische Entwicklung nimmt, u.U. eine (bedingt) vorsätzliche Krankheitsherbeiführung sein.[521]

Die Mitwirkungsobliegenheiten des Versicherten bei der Therapie werden von § 9 Abs. 3 MB KK/KT (Untersuchungsobliegenheit) und § 9 Abs. 4 MB/KT (Wiederherstellungsobliegenheit) erfaßt. Durch den Bezug auf § 6 Abs. 3 VVG wird klargestellt, daß die Obliegenheiten nur *nach* Eintritt des Versicherungsfalls zu beachten sind. Außerdem ist erforderlich, daß der Versicherte vorsätzlich oder grob fahrlässig die Compliance verweigert.

§ 9 Abs. 3 MB KK/KT fordern, daß sich der Versicherte auf Verlangen des Versicherers einer ärztlichen Untersuchung unterziehen muß, deren Umfang der Versicherer festlegt. Untersuchungen, die mit über den normalen ärztlichen Diagnose- und Therapieaufwand hinausgehenden körperlichen Eingriffen einhergehen, sind aber in der Regel unzumutbar.[522]

---

517 Außer Betracht bleiben deshalb hier die dem Versicherten seinem Vertragspartner gegenüber bestehenden Anzeigeobliegenheiten (§§ 16-22, 33 VVG i.V.m. § 9 Abs. 1 MB/KK), Gefahrstandsobliegenheiten (§§ 23-29a, 32 VVG i.V.m. § 9 Abs. 4, 5 MB/KK) sowie die Auskunftsobliegenheit (§§ 34 VVG, 9 Abs. 2 MB/KK); siehe dazu Bach/Moser, §§ 9,10 MB/KK, Rz. 2, 5ff.

518 Schulz-Weidner, S. 240; Bach/Moser, MB/KK § 5 Rz. 5

519 OLG Oldenburg VersR 1991, 242

520 OLG Hamburg VersR 1980, 275; 1981, 1049 (1050)

521 Bach/Moser, MB/KK, § 5 Rz. 8

522 LG Köln VersR 1990,616; OLG Hamm VersR 1983, 1177f.: In Ausnahmefällen ist auch eine stationäre Aufnahme zumutbar; auch Bach/Moser, MB/KK §§ 9, 10, Rz. 22c; Kloppenborg, S.99f.

Bei der Krankenkostenversicherung wird das Problem der Schadensminderungsobliegenheit des Versicherten allenfalls abgeschwächt bestehen: Er braucht im allgemeinen nicht zu einer ärztlichen Behandlung genötigt zu werden, da er ja Arzt bzw. Krankenhaus schon in Anspruch genommen hat.[523]

Demgegenüber wird wegen des hohen subjektiven Risikos bei der Erwerbsunfähigkeit für die Krankentagegeldversicherung eine zusätzliche ausdrückliche Wiederherstellungsobliegenheit[524] des Patienten vereinbart: Hier besteht die Gefahr, daß der Versicherte die Krankheit pflegt und Tagegelder kassiert. Daher ist er gehalten, alles ihm Zumutbare zu tun, um seine Arbeitsfähigkeit wiederherzustellen. Nur beispielshaft nennen die Musterbedingungen, daß er die Weisungen des behandelnden Arztes gewissenhaft befolgen muß[525]. Dies verpflichtet ihn zwar nicht zu aktiven Genesungsanstrengungen, sondern erlegt ihm nur auf, genesungshemmende Maßnahmen zu unterlassen.[526] Diese Verhaltensgebote können aber im Einzelfalle sehr weitreichend sein: Je nach Krankheitsbild schließen sie unter Umständen auch größere Anstrengungen, Reisen, eine gefährliche Freizeitgestaltung oder intensive und dauernde häusliche Tätigkeiten aus.[527]

Die Rechtsprechung begründet die Mitwirkungsobliegenheit des Versicherten gelegentlich noch auf anderem Wege: Verweigert der Patient eine zumutbare Compliance und wird dadurch der Heilerfolg in Frage gestellt, so sollen die gleichwohl durchgeführten Heilmaßnahmen "ungeeignet" und damit keine *notwendige* Heilbehandlung i. S. d. § 1 Abs. 2 MB KK/KT sein.[528] Folglich muß der Versicherte die Aufwendungen für die Heilbehandlung selbst tragen.

3. Obliegenheitsverletzungen in der gesetzlichen Krankenversicherung

Ähnlich ausgestaltete Obliegenheiten bestehen auch dem gesetzlichen Krankenversicherungsträger gegenüber. So stellt schon § 1 S. 2 SGB V fest, daß die Versicherten für ihre Gesundheit mitverantwortlich seien und durch eine ge-

---

523 Kloppenborg, S.100

524 Sie entspricht dem Grundsatz nach der Schadensminderungsobliegenheit in § 62 Abs. 1 VVG, der aber nur für die Schadensversicherung gilt, also z. B. bei der o.g. Krankheitskostenversicherung.

525 OLG Köln VersR 1988, 1040)

526 Bach/Moser, §§ 9, 10 MB/KT Rz. 17; Kloppenborg, aaO.

527 Bach/Moser aaO.; Schulz - Weidner, S. 241; auch OLG Hamm VersR 1976, 554 (556)

528 BGH VersR 1979, 211; OLG Hamm VersR 1982, 996; LG Münster VersR 1981, 671 (jeweils wiederholte vergebliche Behandlung alimentär bedingter Fettsucht).

sundheitsbewußte Lebensführung und frühzeitige Beteiligung an gesundheitlichen Vorsorgemaßnahmen dazu beitragen sollten, den Eintritt von Krankheit und Behinderung zu vermeiden. Dies ist freilich nicht viel mehr als ein programmatischer Aufruf zur Herstellung gesunder Lebensverhältnisse.[529]

§ 52 SGB V regelt die "Leistungsbeschränkung bei Selbstverschulden": Haben sich Versicherte eine Krankheit vorsätzlich zugezogen, kann die Krankenkasse sie an den Kosten der Leistungen in angemessener Höhe beteiligen und das Krankengeld ganz oder teilweise für die Dauer dieser Krankheit versagen oder zurückfordern.[530] Die im Vergleich zu § 192 RVO a. F. verschärfte Norm sieht eine Beteiligung des Patienten an den Heilkosten mit finanziell möglicherweise unkalkulierbaren Folgelasten vor. Bislang hat sich ihre praktische Bedeutung indessen in der Sanktionierung einer schuldhaften Beteiligung an "Schlägereien und Raufhändeln" erschöpft.[531]

§ 63 i. V. m. § 66 Abs. 2 SGB I bildet das Äquivalent zur Wiederherstellungsobliegenheit in § 9 Abs. 4 MB/KT. Demjenigen, der Sozialleistungen beantragt hat oder solche erhält, obliegt die Duldung ärztlicher Heilmaßnahmen, wenn zu erwarten ist, daß diese mindestens den gesundheitlichen status quo erhalten. Im Gegensatz zu § 52 SGB V greift die Vorschrift erst später, nämlich frühestens dann, wenn der Versicherte Krankenhilfe bzw. Krankengeld beantragt; Krankenpflege wird in jedem Fall weitergewährt.[532]

Die Wiederherstellungsobliegenheit wird hier *restriktiv* interpretiert, weil Sozialversicherungsträger dem Verfassungsvorbehalt unterliegen.[533] Demzufolge soll jedenfalls eine Mitwirkungsobliegenheit im Sinne der Vermeidung einer "kontraindizierten Lebensweise" dem Gleichheitsgrundsatz des Art. 3 Abs. 1 GG widersprechen: Mit diesem sei es nicht vereinbar, nur den Alkoholkonsum, nicht aber den Nikotingenuß zu beschränken, die Ernährungsgewohnheiten zu regulieren, nicht aber Streß durch berufliches Karrieredenken, gesund-

---

529 Schulz-Weidner, S. 149

530 Eine Sondervorschrift ist § 30 Abs. 5 SGB V, wonach Mitwirkungsobliegenheiten in der Zahnprophylaxe in der Weise aufgestellt werden, daß Zahnersatzleistungen von 50% auf 60% erhöht werden, sofern der Versicherte mindestens einmal jährlich zahnärztliche Kontrolluntersuchungen durchführen läßt.

531 Hauck, § 52 SGB V Rz. 12

532 Schulz-Weidner, S. 154; v. Maydell, S. 73

533 Donner/Simon, DÖV 1990, 907ff. (916)

heitliche Urlaubsgestaltung oder mangelnde Bewegung.[534] Zugleich würde eine unerträgliche, von Art. 2 Abs. 1 i. V. m. Art. 1 GG nicht gedeckte Reglementierung im persönlichen Lebensbereich des Einzelnen eintreten.

Nach anderer Ansicht[535] ist der Begriff der "Heilbehandlung" in § 63 Abs. 1 SGB I auf klinische Krankheitssymptome zu begrenzen, so daß gefahrerhöhendes Verhalten nicht in den Schutzbereich der Norm fiele.

Der pauschale Rückgriff auf die Grundrechte vermag in diesem Zusammenhang nicht zu überzeugen. Indirekt verdeutlicht er freilich den Verhaltensnormcharakter der Obliegenheit: Die in § 63 Abs. 1 SGB I genannten Mitwirkungs- bzw. Duldungsobliegenheiten lassen sich zwar noch nicht dem Sozialstaatsprinzip des Art. 20 GG entnehmen[536]; denn dieses fordert nur *allgemein* ein soziales Verhalten des einzelnen gegenüber der Gesamtheit. Sie lassen sich aber ganz konkret aus dem öffentlich-rechtlichen Zuwendungsverhältnis zwischen Träger und Leistungsempfänger begründen, das nicht nur einseitig zur Gewährung sozialer Leistungen verpflichtet, sondern ein dem privaten Schuldverhältnis vergleichbarer Organismus mit Rechten und - unterschiedlich intensiven - Pflichten ist.[537]

Welche Maßnahmen dem Versicherten zumutbar sind, ist im Ergebnis nicht anders zu entscheiden als bei den zivilrechtlichen Mitwirkungs- und Duldungsobliegenheiten. Der Gesetzgeber hat in § 65 SGB I allerdings versucht, die Grenzen positivrechtlich zu fixieren: § 65 Abs. 2 SGB I nimmt die zur Operationsobliegenheit[538] entwickelten Kriterien auf, indem darauf abgestellt wird, daß im Einzelfall ein Schaden für Leib oder Gesundheit mit hoher Wahrscheinlichkeit müsse ausgeschlossen werden können; die Maßnahme dürfe

---

534 Krasney, S.145ff.; Donner/Simon aaO., die die Mitwirkung insbesondere im Hinblick auf die Durchführung einer Genomanalyse verneinen. Gegen diese Sichtweise spricht schon, daß die Mitwirkungsobliegenheit an der Heilbehandlung durch die individuelle ärztliche Therapie für den Versicherten konkretisiert wird. Art. 3 GG verbietet aber lediglich, ungleiche Sachverhalte gleich zu behandeln.

535 Peters, SGB I, § 63 Anm. 6

536 so aber Brackmann, DOK 1976, 794f.

537 Dies klingt an bei v. Maydell, Zumutbarkeit, S. 65, 70

538 Die Kriterien gelten auch für diagnostische Maßnahmen, die zur Feststellung der Leistungsberechtigung des Versicherten angewendet werden. Zu Komplikationsraten bei röntgendiagnostischen Maßnahmen, z.B. Kontrastmitteluntersuchungen, Angiographien vgl. Lange, Zumutbarkeit, S. 139 ff. ; für die endoskopische Diagnostik und Therapie Henning, S. 131 ff.

ferner nicht mit erheblichen Schmerzen[539] verbunden sein und schließlich keinen erheblichen Eingriff in die physische Integrität bedeuten[540].

§ 65 Abs. 2 SGB I wird durch den in Abs. 1 normierten Verhältnismäßigkeitsgrundsatz konkretisiert: Die Weigerung des Versicherten ist keine Obliegenheitsverletzung, wenn deren Erfüllung außer Verhältnis zur in Anspruch genommenen Leistung stünde. Ein kurzfristiger Krankengeldbezug rechtfertigt keine langwierige Behandlung; je umfänglicher die beanspruchten Leistungen sind, desto schmerzhafter darf umgekehrt die Heilbehandlung sein.

---

539 Gegen eine Überbewertung des Schmerzkriteriums und für einen deutlich höheren Grad der Zumutbarkeit gegenüber dem Gefahrenmoment Krasney, Probleme, S. 148.

540 Letzteres ist bei Eingriffen der Fall, die den durch Anlage oder natürliche Entwicklung bedingten Zustand des Körpers willentlich verändern, z. B. Amputationen, nicht oder kaum reversible Funktionsbeeinträchtigungen etc., v. Maydell, S. 71

VI. Die Obliegenheitswidrigkeit als Analogon der Rechtswidrigkeit

Bislang wurden einzelne Obliegenheiten betrachtet, deren Beobachtung dem Patienten angesonnen werden, und zwar in erster Linie im Rahmen des § 254 BGB. Die Rückführung der Norm auf verschiedene Obliegenheiten, denen sich der Adressat unterwirft, ergibt allerdings nur unter der Voraussetzung Sinn, daß dem Normzweck - der Vermeidung der Anspruchskürzung - eine (abgeschwächte) Pflicht zur Gefahr- bzw. Erfolgsabwendung entnehmbar ist. Der Gedanke einer teleologischen Nötigungswirkung bleibt sinnlos, wenn der Anspruch allein aufgrund eines individuellen Billigkeitsurteils reduziert wird.[541]

Daß hier namentlich die "echte" Widerrechtlichkeit der Selbstgefährdung nicht ernstlich zu begründen ist, wurde bereits im Zusammenhang mit den Ausführungen zum Grundgedanken des § 254 BGB dargelegt. Gleichwohl lohnt sich unter systematischen Gesichtspunkten an dieser Stelle ein Blick auf die Frage, ob sich für die Obliegenheit eine der Rechtswidrigkeit entsprechende Sach- bzw. Normwidrigkeit finden läßt.

1. § 254 BGB als gestreckter Tatbestand: Persönliche Rechtssphäre und venire contra factum proprium

Erkennt man die Existenz der Obliegenheit als Pflicht mit abgeschwächter Wirkung grundsätzlich an, wird das oben[542] bereits angeführte Argument, das rechtliche Verbot der Selbstschädigung des *dominus* sei ein Widerspruch in sich[543], gegenstandslos. Die Obliegenheitsverletzung bildet mit dem "an sich" gegebenen Schadensersatzanspruch des Patienten den einer unzulässigen Rechtsausübung zugrundeliegenden Tatbestand[544]. Er ist mithin zweiaktig: Die gegen die Gebote des eigenen Interesses gerichtete "erste Handlung" erhält ihre rechtliche *Bewertung* als "sachwidrig" erst aus dem Gesichtspunkt der "zweiten Handlung", nämlich der Geltendmachung des vollen Ersatzanspruchs[545]. Demzufolge ergibt sich das Obliegenheitswidrigkeitsurteil nicht schon aus der

---

541 in diesem Sinne aber z. B. Dunz, JZ 1961, 408 (410); NJW 1964, 2133ff.; NJW 1986, 2234; Adriani, S. 23f.; a. A. Greger, NJW 1985, 1130ff.

542 s. A III 1

543 Dunz, NJW 1986, 2234 (2235)

544 Deutsch, Fahrlässigkeit und erforderliche Sorgfalt, 58

545 Schmidt, Obliegenheiten S. 115

Selbstschädigung des Patienten per se[546], sondern erst aus der Perspektive der Liquidation des vollen Schadens[547]. Darin liegt nach Ansicht *Reimer Schmidts* schon das "Analogon"[548] zur "echten" Rechtswidrigkeit: Es besteht im Verstoß gegen das *venire-contra-factum-proprium* - Prinzip, dem Verbot eigenen widersprüchlichen Verhaltens.[549] Die Verknüpftheit der beiden Tatbestandsfragmente offenbart danach, daß die teleologisch abgeschwächte Gebotsnorm zur Unterlassung von Selbstschädigungen ausschließlich im Hinblick auf die Rechtsfolge des Gesamttatbestandes aufgestellt wird.[550]

Ein in dieser Weise erfolgender Rückgriff auf das Verbot des Selbstwiderspruchs zur Begründung einer objektiven Mißbilligung des Obliegenheitsverstoßes erscheint für sich allein jedoch wenig aussagekräftig. Denn er nimmt im Ergebnis eine retrospektive Bewertung des "ersten Fragmentes" des Geschädigtenverhaltens vor. Die Entscheidung darüber, ob ein Verhalten in irgend einer Weise vom Recht zu mißbilligen ist, kann aber nicht davon abhängig gemacht werden, ob der Geschädigte zu einem ungewissen späteren Zeitpunkt ganz oder teilweise Schadensersatz verlangt oder nicht.[551]

Es kommt hinzu, daß diese Umschreibung der Normwidrigkeit eines Obliegenheitsverstoßes nicht alle denkbaren Konstellationen des Mitverschuldens erfaßt. Insoweit hilft auch der Vergleich *R. Schmidts* mit der Drittschädigung nicht weiter. So soll die Verletzung einer Obliegenheit dann nicht mißbilligt werden, wenn das gegen sich selbst und durch die "zweite Handlung" nur abgeschwächt gegen einen Dritten gerichtete Verhalten, sofern unmittelbar gegen diesen gerichtet, nicht widerrechtlich wäre.[552] Doch das versagt im Einzelfall. In manchen Fällen, etwa bei Sachschäden, mag man die Obliegenheitswidrigkeit des Eigentümers in Form einer hypothetischen Rechtswidrigkeitsprüfung zwar noch feststellen können.[553] Anders liegt es

---

546 Davon geht aber Adriani offenbar aus, wenn er das rechtliche Unwerturteil allein an die treuwidrige Erhebung des vollen Anspruchs knüpft, S. 23, 28.

547 Schmidt, Obliegenheiten S. 109

548 Schmidt, Obliegenheiten, S. 115, hat den Begriff von Zitelmann, S. 168, übernommen. Gegen diesen Begriff Esser, AcP 154, 51.

549 Schmidt spricht insoweit von "relativer" Rechtswidrigkeit, S. 110

550 Kritisch zur Heranziehung des Rechtsgedankens des Verbots widersprüchlichen Verhaltens im Zusammenhang mit der Obliegenheitsverletzung überhaupt Dette, S. 99, 102; ebenso Soergel/Mertens § 254 Rz. 4

551 Weidner, S. 22f.; Hinrichs, S. 20

552 Schmidt, Obliegenheiten, 115; für eine vergleichsweise Heranziehung des Standards, der bei einer Fremdschädigung ersatzpflichtig macht, auch Esser/ Schmidt I 2, § 35 I 2.2

553 Wochner, S.180; Zeuner, JZ 1966, 1 (2)

jedoch, wenn der Selbstschädiger einen Schaden an der eigenen Person erlitten hat. Beim Handeln auf eigene Gefahr etwa lassen sich die betreffenden Sachverhalte gar nicht in eine Fremdschädigung umdenken[554].

Schließlich wird das Verbot des Selbstwiderspruchs auch von denjenigen fruchtbar gemacht, die einen Verhaltensnormcharakter des § 254 BGB entschieden in Abrede stellen und statt dessen ein venire contra factum proprium als Verstoß gegen Treu und Glauben im Einzelfalle feststellen. Auch hier wird die o. g. Doppelaktigkeit des Gesamttatbestandes aufgespalten: Das "erste Verhalten" des Geschädigten in Form einer finalen Selbstgefährdung oder gar Selbstschädigung wird wertneutral betrachtet, da diese prinzipiell auch auf vernünftigen, anerkennenswerten Erwägungen beruhen könne.[555] Die Widersprüchlichkeit wird ausschließlich daraus abgeleitet, daß sich im Einzelfall die Erhebung des Vollanspruchs als eine unsittliche Selbstverwirklichung auf Kosten anderer, als "Spekulieren aus fremder Tasche", darstellt.[556]

Angesichts dessen erscheint es sinnvoll, das verpönte Verhalten, das den Rechtsverlust bewirkt, noch schärfer zu fassen, indem wiederum der Symmetriegedanke von Selbstschädigung und Fremdschädigung konsequent herangezogen wird.

2. *Symmetriegedanke: Rechts- und Obliegenheitswidrigkeit als Normwidrigkeit?*

Bezugspunkt der Widerrechtlichkeit kann entweder ein schädlicher *Erfolg* in Form eines Eingriffs oder der Verletzung eines Rechts oder Rechtsgutes sein. Statt dessen kann auch an ein *Verhalten* angeknüpft werden. Im ersteren Falle wird die Handlung des Verletzers selbst zunächst als wertneutral betrachtet; sie ist mit dem Erfolg nur durch das Band der Kausalität verknüpft. Der Verletzungserfolg bildet zugleich ein Indiz für dessen Bewertung als rechtswidrig; der Einbruch in fremde Rechtssphären ist ohne weiteres unerlaubt, wenn dem Täter dazu nicht ausnahmsweise eine besondere Befugnis zur Seite gestanden hat.[557] Der Beweis dessen ist dem Täter auferlegt.

Demgegenüber stellt die Konzeption des Verhaltensunrechts nicht auf den Erfolg, sondern die Bewertung des Tuns oder Unterlassens selbst ab. Ein Verhalten ist rechtswidrig, wenn und weil einer bestehenden Verhaltensnorm

---

554 so zutreffend Staudinger/Medicus, § 254 Rz. 59

555 Dunz, JZ 1961, 406 (408)

556 Dunz aaO.

557 Erman/Schiemann, § 823 Rz. 146; Staudinger/Schäfer, § 823 Rz. 1

zuwider gehandelt worden ist. Ob dies im Einzelfall geschehen ist, ist immer Ergebnis einer individuellen Interessenabwägung.[558]

Die Frage, ob das Rechtswidrigkeitsurteil bei der Fremdschädigung erfolgs-, d.h. rechtsgutsbezogen oder aber verbots-, d.h. handlungsbezogen bestimmt wird, ist in der Rechtsprechung[559] und Literatur[560] schon immer streitig gewesen und bis zum heutigen Tage nicht allgemeingültig entschieden. Eine Auseinandersetzung mit den unterschiedlichen Auffassungen in dieser Frage - von der reinen Lehre des "Erfolgsunrechts" über pluralistische Mischformen bis hin zu einem streng handlungsbezogenen Konzept - kann an dieser Stelle nicht erfolgen; sie würde den hier vorgegebenen Rahmen sprengen. Dies ist aber für die Untersuchung der hier interessierenden Fragestellung auch nicht notwendig: Da allgemeine Übereinstimmung[561] darüber besteht, daß sich *beide Arten* der Rechtswidrigkeit im Bereich der Fremdschädigung wiederfinden lassen, hätte die Obliegenheitswidrigkeit als besondere Form der Normwidrigkeit im Rahmen des § 254 BGB schon dann einen eigenen Erkenntniswert, wenn sie sich sachgerecht zumindest aus einem der beiden Konzepte begründen ließe. Das bedeutet, daß sich entweder die Gründe für das Verständnis der Rechtswidrigkeit als verbotsbezogenes Werturteil auf die Obliegenheitswidrigkeit übertragen lassen oder aber "analoge" Rechtfertigungsgründe entwickelt werden können müßten.

3. *Verhaltensbezogene Obliegenheitswidrigkeit*

Die Lehre vom Verhaltensunrecht geht von dem Gedanken aus, daß das Recht Ausdruck einer Bestimmungsfunktion ist: Sind die Rechtsnormen Gebote und Verbote, so kann ihr Objekt nur etwas sein, das geboten und verboten werden kann. Da "Erfolge" nicht sinnvoll geboten oder verboten werden können, kommt eine Normausrichtung nur auf menschliches Verhalten in Betracht.[562]

---

558 Münzberg, S. 49 ff., 83 ff. ; Enneccerus/Nipperdey, § 209 (S. 1279 ff.); Welzel, Fahrlässigkeit und Verkehrsdelikte, S. 7 ff., 18; Esser/Schmidt, § 25 IV 1

559 BGHZ 24, 21 ff. = NJW 1957, 785 (Rechtfertigungsgrund verkehrsrichtigen Verhaltens); BGHZ 39, 103 (108); 42, 118 (122); 74, 9 (14) (Verhaltensbezug bei Verletzung offener Deliktstatbestände)

560 grundlegend Stoll, AcP 162, 203 ff. (209); ebenso v. Caemmerer, Wandlungen, S. 77 ff., 127 ff.

561 Stoll, Handeln auf eigene Gefahr, S. 288, 388; ders. , AcP 162, 206; Larenz/Canaris, Schuldrecht II/2, § 75 II 3; Deutsch, Welzel-FS, S. 227 (234)

562 Zippelius, AcP 157, 390 (398); Münzberg, S. 53, 61f.

Bei dieser Feststellung handelt es sich allerdings um eine stark verkürzte Formel. Genaugenommen geht es nämlich auch der Lehre vom Erfolgsunrecht um ein Urteil über die *Handlung* und nicht über den Erfolg als solchen. Letzterer ist nicht Gegenstand, sondern Grund des Rechtswidrigkeitsprädikats.[563] Der Unterschied offenbart sich jedoch bei der Eingriffsart in die nach § 823 Abs. 1 BGB geschützten Güter und Rechte: Bei unmittelbaren Eingriffen ergibt sich der Verhaltensverstoß schlicht und einfach aus dem negativen Erfolg, während bei mittelbaren Beeinträchtigungen das Unwerturteil erst aus der Mißachtung einer *Gefahrvermeidungspflicht* resultiert.

Aus dem Gesagten folgt jedoch, daß Verhalten ausschließlich über die Fähigkeit zur Willensbildung und -betätigung wirksam werden kann; unerheblich ist demgegenüber,ob die Verhaltensnorm beim Einzelnen eine faßbare Wirkung entfaltet.[564] Dem entspricht etwa in der Strafrechtsdogmatik die *finale Handlungslehre*, derzufolge ein menschliches Verhalten nur dann ein tatbestandsmäßiges Handeln darstellt, wenn der erstrebte Zweck der von der Rechtsordnung mißbilligte Erfolg ist.[565]

Relativ leicht ist noch die Frage zu beantworten, *weshalb* ein Verhalten von einer Norm gesteuert werden soll: Durch das Gebot oder Verbot soll eine Beeinträchtigung von Rechtsgütern vermieden werden.[566] Schwieriger ist die Bestimmung des Verhaltens selbst, da der Begriff *Verhaltensnorm* nicht eindeutig ist.[567] Lassen sich geschriebene Verhaltensnormen noch als Schutzgesetze über § 823 Abs. 2 BGB in das Haftungsrecht transponieren, ist das bei den allgemeinen Verkehrs(sicherungs)-pflichten schon schwieriger. Im Rahmen des § 823 Abs. 1 BGB müssen unter Zugrundelegung der Verhaltensunrechtskonzeption gar aus dem *neminem laedere* - Grundsatz konkrete Verhaltensnormen entwickelt werden, Gefährdungsverbote also, die in einer bestimmten Situation ein bestimmtes Verhalten des Täters verbieten, weil es für die genannten Rechte bzw. Rechtsgüter unter den situationsspezifischen Umständen besonders gefährlich ist.[568]

---

563 Larenz, Schuldrecht II/2, § 75 II 3; auch Steffen, Haftung im Wandel, S. 13

564 Münzberg, S. 53, 194ff.; Deutsch, Allgemeines Haftungsrecht Rz. 248; anders aber BGHZ 24, 26

565 Welzel, Strafrecht, S. 28ff.; ders., Fahrlässigkeit und Verkehrsdelikte, S. 15f.

566 Hingegen ist es anders als im Strafrecht nicht Normzweck, den Adressaten zu einer "rechtstreuen Gesinnung" anzuhalten; diese ist für das Haftungsrecht allenfalls insoweit von Interesse, als diese erfahrungsgemäß oft für die Intensität und Quantität der Angriffe auf Rechtsgüter von Bedeutung sind, vgl. Münzberg, S. 54 Fn. 108.

567 Lang, Normzweck, S. 58

568 Lang, Normzweck, S. 59; Bodenburg, S. 154f.

Ungeachtet der Tatsache, daß ein streng verhaltensbezogener Rechtswidrigkeitsbegriff mit der systematischen Einordnung von Abwehrrechten, etwa der Notwehr, sowie negatorischen Ansprüchen Schwierigkeiten hat[569], ist sein Begründungsansatz doch geeignet, die Normwidrigkeit der *Obliegenheitsverletzung* für einen erheblichen Teil des § 254 BGB zu klären. Gemeint ist derjenige Bereich des § 254, der die Mitverursachung oder Vergrößerung des Schadens durch das Unterlassen gebotener Handlungen zur Schadensabwendung bzw. -minderung anspricht.

Wie oben im einzelnen ausgeführt, frustriert der Patient eine Handlungserwartung, wenn er eine gebotene Obliegenheit im Rahmen der ärztlichen Behandlung nicht beobachtet, es z. B. unterläßt, seine körperliche Integrität durch zumutbare Therapiemaßnahmen wiederherzustellen. Für Unterlassungsdelikte ist die Verbotsbezogenheit der Rechtswidrigkeit anerkannt: Ein Unterlassen kann als ontologisches Nullum keine Rechtsgutsbeeinträchtigung herbeiführen, sie ist dafür lediglich negative Bedingung.[570] Das Unrechtsurteil wird vielmehr an die Verletzung konkreter objektiver Gefahrvermeidungspflichten geknüpft, die für eine bestimmte Situation ein bestimmtes Tun fordern. Widerrechtlich handelt, wer diese Forderung enttäuscht.

In diesem Zusammenhang wäre es kaum überzeugend, eine Unterscheidung allein nach der Zwangsintensität der Pflicht vorzunehmen. Geht man nämlich davon aus, daß Normen menschliches Verhalten rechtsordnungsmäßig steuern und motivieren, dann wird die Außerachtlassung der Sorgfaltsgebote im Rechtsverkehr seiner Qualität als sachwidriges Verhalten nicht etwa deshalb entkleidet, weil der Sorgfaltsverstoß sich "zufällig" im eigenen Rechtskreis als Schaden manifestiert hat. Unter Normwidrigkeitsgesichtspunkten spielt es keine Rolle, ob unsorgfältiges Verhalten zu einer Fremd- oder Eigengefährdung führt: Denn in dem Moment, in dem ein Normadressat mit Sorgfaltsanforderungen konfrontiert wird, ist der weitere an das beobachtete Verhalten anknüpfende Kausalnexus nicht mit völliger Sicherheit prognostizierbar.[571] Auch in diesem Zeitpunkt - ex ante - muß aber ein Werturteil möglich sein. Dieses ändert seinen Charakter nicht etwa dadurch, daß ex post festgestellt werden kann, daß das ursprünglich potentiell andere Rechtsgüter gefährdende Verhalten nunmehr zu eigenem Schaden geführt oder zumindest dazu beigetragen hat. Die Selbstschädigung, genaugenommen die Selbstgefährdung, läßt sich somit generell ebenso als latente, um einen immer noch möglichen aktuel-

569 Deutsch, Fahrlässigkeit und erforderliche Sorgfalt, S. 447; ders., Welzel-FS, S. 234; Münzberg, S. 355ff. (361)

570 Münzberg, S. 55

571 Schünemann, VersR 1978, 118

len Schadenserfolg im fremden Rechtskreis "kupierte" unerlaubte Handlung auffassen. Die durch eigene Nachlässigkeit zurechenbar veranlaßte Selbstgefährdung, die in eine Selbstschädigung mündet, ist deshalb normwidrig, weil sie immer zugleich das virtuelle Bild einer Fremdschädigung zeichnet.[572].

Es ist demnach im wesentlichen die *beschränkte Soziabilität*[573] des Einzelnen, die sich aus dem Blickwinkel des Verhaltensunrechts als Grund für die normative Indifferenz von Fremdschädigung und Selbstschädigung anführen läßt.

Interessanterweise hat sich der BGH[574] für einen Teilbereich des Mitverschuldens, nämlich für Verhaltensnormen mit kumulativem Rechtspflicht- und Obliegenheitscharakter, in ähnlicher Weise geäußert. Während er ansonsten die Existenz eigenständiger Verhaltensnormen in § 254 BGB negiert und pauschal das Prinzip von Treu und Glauben zum Beurteilungsmaßstab für die Mitverantwortung des Geschädigten erhebt, sieht er die Legitimation des Gesetz- und Verordnungsgebers zur Statuierung der *Gurtanlegepflicht*, § 21a Abs. 1 StVO[575], differenzierter. Die amtliche Begründung zur entsprechenden StVO - Änderungsverordnung[576] stellte nur lapidar fest, es stehe "außer Frage", daß der Gesetzgeber auch Vorschriften erlassen könne, die nur dem Schutz des Betroffenen dienten. Der BGH wies hingegen zur Begründung auf den *Gemeinschaftsbezug* des Verkehrsteilnehmers hin. Zwar verbiete unser Rechtssystem dem Einzelnen nicht jede Selbstgefährdung. Begebe er sich hingegen als Kfz - Insasse in den allgemeinen Straßenverkehr, dann handele er nicht nur auf eigenes Risiko, sondern entscheide auch über das Ausmaß des im heutigen Straßenverkehr immer gegenwärtigen Risikos anderer mit, rechtlich oder wenigstens moralisch für schwere Verletzungen oder gar den Tod eines Unfallopfers mitverantwortlich zu werden.[577]

Diese Gründe für die Normwidrigkeit der unterlassenen Gefahrenvermeidung bei solchen Rechtspflichten, die zugleich auch Obliegenheiten sind, können als Basis für den allgemeinen Grundsatz herangezogen werden, *daß* selbstgefähr-

---

572 Sofern eine Fremdschädigung schon ex ante betrachtet absolut ausgeschlossen wäre, bliebe das Aufstellen von Sorgfaltsgeboten in § 254 BGB sinnlos; denn es bliebe dann ohne weiteres beim Sachzuständigkeitsprinzip.

573 Die Wirkung des § 254 BGB als Soziabilitätsschranke, d.h. als Verbot, die eigene Individualität auf Kosten des Schädigers auszuleben, wird, sofern sie in der Literatur erörtert wird, nicht unter dem Aspekt der Tatbestandsnorm, sondern bei der Rechtsfolge des § 254 BGB betrachtet.

574 BGHZ 74, 25 = NJW 1979, 1363 (1365)

575 Entsprechendes gilt für die Pflicht zum Tragen eines Sturzhelms, § 21a Abs. 2 StVO.

576 ÄndVO zur StVO vom 27. 11. 1975, abgedruckt im VkBl. 1975, 675ff.

577 BGH aaO.

dendes oder gar unmittelbar selbstschädigendes Verhalten des Einzelnen von der Rechtsordnung prinzipiell mißbilligt wird. Die Verhaltensmotivation spielt allerdings für dieses "unterste" Obliegenheitsfragment noch keine Rolle; ein mittelbarer Zwang besteht in diesem Entwicklungsstadium dem Normadressaten gegenüber noch nicht: *Wann* die Normwidrigkeit im Einzelfall zu einer Kürzung oder einem Wegfall des Rechts des Geschädigten führt, muß vielmehr durch ergänzende Zurechnungskriterien entschieden werden.

4. Erfolgsbezogene Obliegenheitswidrigkeit

Es stellt sich weiterhin die Frage, ob sich die Normwidrigkeit der Selbstschädigung nicht auch erfolgsbezogen begründen läßt. Ausschlaggebend wäre dann die Schutzwürdigkeit des betroffenen Rechtsgutes als solches, nicht hingegen die Art und Weise, in der der geschädigte Patient mit diesem umgeht.

Rein methodisch ließen sich Gründe, die einen Obliegenheitsverstoß im Einzelfalle nicht als Enttäuschung einer Erfolgsvermeidungsobliegenheit erscheinen lassen, als argumentum a maiore ad minus aus den Rechtfertigungsgründen bei der Fremdschädigung herleiten: Wenn der unmittelbare Eingriff in fremde Rechte und Rechtsgüter im Einzelfall erlaubt sein kann, muß der Verstoß gegen eigene Interessen erst recht möglich sein, ohne daß die Rechts-(güter-) beeinträchtigung die volle Schadensabwälzung auf den Schädiger als widersprüchlich erscheinen ließe.

Die Möglichkeit solcher "analoger" Rechtfertigungsgründe wird in der Literatur gelegentlich angedeutet[578], verbunden mit dem Hinweis, daß die Trennung von "rechtlicher Mißbilligung" und (Obliegenheits-) Verschulden hier noch unschärfer sei als bei der Verletzung von Rechtspflichten[579]. Im Interesse einer systematisch hilfreichen Schichtung des Gesamttatbestandes *Mitverschulden* soll eine Abgrenzung gleichwohl versucht werden.

Der Ausschluß der Obliegenheitswidrigkeit käme danach in Betracht, wenn besondere Umstände vorliegen, welche das schädigende Verhalten des Patienten gegen sich gerade in diesem Falle zu einem für ihn selbst ethisch oder egoistisch gebotenen machen[580].

Zur Illustration mag eine Entscheidung des BGH herangezogen werden, die den sog. Rettungs- und Nothilfefällen in der Rechtsprechung entspricht. Kenn-

---

578 R. Schmidt, Obliegenheiten, S. 116; Deutsch, Fahrlässigkeit und erforderliche Sorgfalt, S. 58; Zitelmann, S. 168

579 Schmidt, Obliegenheiten, S. 116

580 Zitelmann, Allgemeiner Teil, S. 168

zeichnend ist, daß jemand zu Schaden kommt, weil ihn ein Gefahrenzustand zur Hilfe veranlaßt[581].

BGHZ 101, 215[582]:

Die 13jährige Klägerin wurde nach einem Sportunfall mit Verdacht auf eine Milzverletzung ins Krankenhaus eingeliefert. Als der operierende Arzt Verletzungen der linken Niere feststellte, entfernte er diese. Am nächsten Tage fiel bei der Klägerin ein akutes Nierenversagen auf. Nunmehr stellte sich heraus, daß die Klägerin von Geburt an keine rechte Niere besaß. Ihr war mithin die einzige vorhandene Niere entfernt worden. Nach einer kurzen stationären Dialysebehandlung entschloß sich die Mutter der Klägerin auf Anraten der beteiligten Ärzte zu einer Nierenspende. Bei korrektem ärztlichen Vorgehen hätte die verletzte Niere der Klägerin gerettet werden können. Die Mutter der Klägerin verlangt Ersatz für künftige aus der Nierenentnahme resultierende Schäden.

Der BGH hat der Nierenspenderin einen eigenen Schadensersatzanspruch aus § 823 Abs. 1 BGB gewährt. Er hat den Haftungszusammenhang zwischen dem Behandlungsfehler des Arztes und dem durch die Nierenspende entstandenen Körperschaden trotz der Freiwilligkeit des Spendenentschlusses bejaht, weil die Spende durch die unerlaubte Handlung "herausgefordert" worden sei[583]. Das ärztliche Fehlverhalten habe einen gesteigerten Gefahrenzustand für die Klägerin geschaffen, der jedenfalls nahe Angehörige dazu habe veranlassen dürfen, zur Rettung von Leben und Gesundheit der Klägerin eine Verletzung des eigenen Körpers herbeizuführen.

Der BGH greift in seiner Entscheidung nicht auf den Ansatz einer mitwirkenden Verursachung der Spenderin im Sinne des § 254 BGB zurück, obgleich dies, wie gleich zu zeigen sein wird, der konstruktiv überzeugendere Weg gewesen wäre. Statt dessen entwickelt er seine frühere Rechtsprechung zur Durchbrechung des Zurechnungszusammenhanges fort, sofern der Verletzte kraft eigenen Willensentschlusses den - psychisch vermittelten - Kausalnexus

---

581 RGZ 29, 120ff.: Bändigung durchgehender Kutschpferde; RGZ 50, 219 (223): Bändigung durchgehender Reitpferde; RGZ 164, 125 (126): Rettung von Fahrgästen aus einem Bus; OLG Stuttgart NJW 1965, 112: Rettung von Insassen aus brennendem Kfz.

582 = NJW 1987, 2925, 2926 = JZ 1988, 150ff.

583 BGHZ 101, 215 (221)

unterbricht[584]. Anknüpfend an die reichsgerichtliche Rechtsprechung[585], nach der die Haftung für Verletzungen des "Retters" jedenfalls dann bestehe, wenn die Rettungshandlung im Hinblick auf den drohenden und abzuwendenden Schaden nicht unverhältnismäßig ist, hat der BGH die Einstandspflicht des Schädigers in den sogenannten Verfolgungsfällen[586] darauf gestützt, daß die gesteigerte Gefahr ihre Ursache in der Rechtspflicht zur Eingehung des Risikos habe.

Nunmehr spricht der BGH von einer "Herausforderung der Selbstgefährdung" des Geschädigten durch den Schädiger. Als Kriterien dafür werden neben der Verhältnismäßigkeit von Risiko und Rechtsgut die Motivation des Retters herangezogen: Sofern diese, wenn nicht schon moralisch geboten, so doch nach anerkannten gesellschaftlichen Verhaltensregeln zu billigen sei, bleibe der Zurechnungszusammenhang zu Lasten des Schädigers gewahrt; in allen anderen Fällen gehöre die Selbstgefährdung oder Selbstverletzung des Retters zu seinem von ihm allein zu verantwortenden allgemeinen Lebensrisiko[587].

Nicht das Ergebnis, wohl aber die Begründung der Entscheidung hat Kritik hervorgerufen. Die Annahme einer Körper- bzw. Gesundheitsverletzung der bewußt und eigenverantwortlich handelnden Organspenderin durch den Arzt im Wege positiven Tuns erscheint zweifelhaft, weil der Schutzbereich der in § 823 Abs. 1 BGB genannten Rechtsgüter zwar die Abwehr von Eingriffen umfaßt, grundsätzlich aber nicht die Vermeidung unerwünschter Dispositionen über das Rechtsgut.[588] Wer etwa durch falsche Erklärung oder gar arglistige Vortäuschung eines vernünftigen Zwecks den Eigentümer zur Zerstörung oder Veräußerung der eigenen Sache veranlaßt, mag hierfür nach § 826 BGB verantwortlich sein, hat jedoch keine Sachbeschädigung begangen.

Konstruktiv bleibt dann nur der Weg einer - hier vom BGH offenbar angenommenen - Verkehrspflichtverletzung: In Einzelfällen mag der in § 823 Abs. 1 BGB garantierte Schutz von Leben, Körper und Gesundheit für andere Personen auch die Rechtspflicht begründen können, deren vorsätzliche Selbstverletzungen zu verhindern. Damit läßt sich hier jedoch eine Verkehrspflicht für den behandelnden Arzt mit dem Inhalt, keine

---

584 dazu Deutsch, Unerlaubte Handlung und Schadensersatz, Rz. 64ff.; Soergel/Mertens, Vor § 249 Rz. 138

585 RGZ aaO.

586 BGH NJW 1964, 1363f.; BGHZ 57, 25 (29); BGHZ 63, 189 (192ff.)

587 BGHZ 101, 215 (221): Der BGH verwendet hier - untechnisch - den Begriff des Handelns auf eigene Gefahr.

588 Stoll, JZ 1988, 153; zustimmend zur Begründung des BGH hingegen Giesen, JR 1988, 202f.

Veranlassung für eine Organspende zu geben, kaum begründen. Denn im Beispielsfall war der für die Fehlbehandlung seiner Patientin verantwortliche Arzt zu keinem Zeitpunkt berechtigt, geschweige denn verpflichtet, der Nierenspende entgegenzutreten, im Gegenteil: er hatte sie aus ärztlicher Verantwortung geradezu zu befürworten. Die Situation unterscheidet sich deshalb von der denkbaren ärztlichen Pflicht, einer unverantwortlichen Willensentfaltung des Rechtsgutsinhabers in Ausnahmefällen entgegenzutreten, z. B. bei psychisch Kranken oder Kindern, die sich selbst zu verletzen drohen.

Stoll[589] hat deshalb vorgeschlagen, den Entschädigungsanspruch des Organspenders nicht aus dessen eigenen Haftungsgrund abzuleiten, sondern als Frage der haftungsausfüllenden Kausalität zwischen primärer Verletzungshandlung (Behandlungsfehler) und Schaden (eigener Organverlust) zu behandeln. Als freiwilliges Opfer sei die Organspende der Aufwendung von Geld zum Zwecke der Feststellung, Beseitigung oder Minderung des Schadens gleichzustellen; derartige Aufwendungen gehören in jedem Falle zum ersatzfähigen Schaden[590]. Es bestehe freilich nicht nur ein Ersatzanspruch des primär Verletzten, Aufwendungen des Dritten geltend zu machen, sondern auch ein eigenes Recht des Dritten auf Vergütung selbstverantwortlich erbrachter Opfer[591]. Denn ohne sein Tun wäre die dringend benötigte Hilfe vom Dritten und damit auch die Restitution des Behandlungsfehlers nicht sichergestellt.

Der eigene Ersatzanspruch des Organspenders würde auf diese Weise somit im Wege einer *Erweiterung* des Schutzbereichs der Haftungsnorm begründet: Weil es der Wiedergutmachungszweck erfordert, erhält das "mittelbare Opfer" einen Restitutionsanspruch aus der Verletzung des "unmittelbaren" Opfers, d.h. der fehlerhaft behandelten Patientin.

Unabhängig von der Frage, ob die Normzwecklehre statt zur Eingrenzung gesetzlicher Haftungsfolgen für eine Erweiterung derselben fruchtbar gemacht werden kann oder nicht, läßt sich der normative Gehalt des rettenden Verhaltens überzeugend durch die Anwendung des § 254 BGB bestimmen. Legt man mit der Rechtsprechung eine Körperverletzung des sorgfaltswidrig handelnden Arztes gegenüber dem rettenden Dritten zugrunde, ergibt sich für die Schadenskausalität, daß die ihre körperliche Integrität opfernde Retterin zwar

---

589 Stoll, JZ 1988, 154; ders., Haftungsfolgen, S. 463f.

590 Rother, Haftungsbeschränkung, S. 154ff.; Stoll, Haftungsfolgen, S. 462; Larenz, SchuldR I, S. 466f.; Palandt/Heinrichs, Vor § 249 Rz. 83

591 Dieses Recht wird sich für Fallkonstellationen wie die vorliegende auch als Aufwendungsersatz im Rahmen einer Geschäftsführung ohne Auftrag, §§ 677, 683, 670 BGB, oder aus einer Verwendungskondiktion gem. § 812 Abs. 1 S. 1 2. Alt. BGB herleiten lassen.

i.S.d. § 254 Abs. 1 BGB gegen ihre eigenen Interessen, nicht aber obliegenheitswidrig gehandelt hat: Die Verletzung des eigenen Körpers bzw. der eigenen Gesundheit ist durch das eigene Verhalten unmittelbar herbeigeführt worden, wird aber rechtlich so lange nicht mißbilligt, wie sich die Geschädigte zu ihrem Handeln "herausgefordert" fühlen durfte. Hier können die von der Rechtsprechung entwickelten Kriterien zur Verhältnismäßigkeit zwischen eingesetztem und zu rettendem Gut sowie die soziale "Nachvollziehbarkeit" der Handlungsmotivation als Maßstab herangezogen werden. Verdient die Selbstschädigung nicht das Urteil der Sachwidrigkeit, so liegt per se kein widersprüchliches Verhalten vor. Die Frage nach einem etwaigen Verschulden ist dann gar nicht mehr zu stellen[592].

Bei Zugrundelegung der Auffassung *Stolls* ist allein der Schutzbereich der Rechtsfolgenorm zu erweitern. Mit dem Rückgriff auf die - hier umgekehrt angewendete - Schutzbereichslehre wird die kommunizierende Wirkung von Haftung und Obliegenheit besonders plastisch: Erfordert es der Zweck der Haftungsnorm im Einzelfall, daß auch psychisch vermittelte Fernwirkungsschäden zu ersetzen sind, so fällt die eigenverantwortliche Selbstschädigung des Opfers umgekehrt nicht in den Schutzbereich der Erfolgsvermeidungsobliegenheit. Es fehlt am Selbstwiderspruch. In den anderen Fällen würde der fremde Obliegenheitsverstoß dem Begünstigten in entsprechender Anwendung der §§ 254 Abs. 2 S. 2, 278 BGB zugerechnet, so daß es zur Bildung von Haftungsquoten käme. Wann dies der Fall ist, ist situationsbezogen zu beurteilen.: Hat die Selbstschädigung des Retters überwiegend spekulative Beweggründe, wird man nicht von einer "Herausforderung" der eigenen Verletzung sprechen können. Der fremde Blutspender, der in einer ärztlich verschuldeten Notfallsituation im Krankenhaus aushilft, nimmt die Gefahr einer Infektion vielleicht gerade im Hinblick auf die bezweckte Aufwandsentschädigung in Kauf. Verwirklicht sich diese schicksalshaft, hat sich für ihn lediglich ein allgemeines Lebensrisiko realisiert. Eine andere Beurteilung ist hingegen geboten, wenn das ärztliche Verschulden ein grobes war, der Spender ein guter Freund des Begünstigten oder selbst besonders infektionsanfällig war. In diesen Fällen hängt es von einer Abwägung ab, in welchem Maße die Selbstgefährdung des Helfers von der Haftung erfaßt wird.

Unabhängig davon, ob dem sich aufgrund ärztlichen Fehlverhaltens aufopfernden Retter ein eigener Haftungsgrund gewährt oder der Schutzbereich der Norm erweitert wird, erlaubt es die am Obliegenheitsverstoß orientierte Betrachtungsweise, vom ungeschmeidigen Alles-oder-Nichts des fehlenden bzw.

---

592 Schmidt, Obliegenheiten, S. 115

vorhandenen Zurechnungszusammenhanges abzugehen. Obliegenheitsverletzungen der genannten Art sind immer final gesteuert, mögen sie nach der Rechtsprechung "herausgefordert" sein oder nicht. Das Kriterium entscheidet allein über die soziale Nachfühlbarkeit fremdnützigen Verhaltens, das durchaus einer normativen Abstufung im Rahmen der Rechtsfolge des § 254 BGB zugänglich ist.

Zusammenfassend läßt sich feststellen, daß sich die Normwidrigkeit der Obliegenheit auch dann begründen läßt, wenn man diese rechtsgutbezogen versteht. Die Mitwirkung am eigenen Schaden nach § 254 Abs. 1 BGB wird mißbilligt, sofern nicht, wie dargestellt, im Ausnahmefalle Ausschlußgründe eingreifen, die die Geltendmachung des vollen Ersatzanspruchs als sachgerecht und angemessen erscheinen lassen.

5. *Sozialadäquanz*

Auch der Gedanke der Sozialadäquanz läßt sich in diesem Zusammenhang auf § 254 BGB übertragen. Bei der Haftung sind sozialadäquat solche Handlungen, die sich innerhalb des Rahmens der geschichtlich gewordenen sozialethischen Ordnung des Gemeinschaftswesens bewegen und von ihr gestattet werden[593]. Bestimmte Rechts- bzw. Rechtsgutsbeeinträchtigungen sind dergestalt mit dem allgemeinen Sozialleben verknüpft, daß sie als völlig normal anzusehen sind, etwa harmlose Infektionen, die in öffentlichen Verkehrsmitteln erfolgen. Infolgedessen fällt es hier schon schwer, von fehlender "Tatbestandsmäßigkeit" bzw. "Rechtswidrigkeit" sozialüblichen Verhaltens zu sprechen[594].

Der Gedanke der sozialen Adäquanz kann umgekehrt auch Obliegenheitsverletzungen ausschließen.[595] Es handelt sich dann um solche selbst gesetzten Gefahren, die sich im Rahmen des sozialen Gemeinschaftslebens halten und denen infolgedessen die Mehrheit latent ausgesetzt ist.[596] Kleinere gesundheitliche Beeinträchtigungen des Patienten muß ein falsch behandelnder Arzt "hinnehmen", ohne daß dies bei dessen Haftung zu berücksichtigen wäre. Auch bleibt z. B. der Umstand, daß ein Patient mit nur mittlerem Allgemeinzustand in Maßen Alkohol und Tabak konsumiert oder ein ernährungsphysiologisch zweifelhaftes Eßverhalten pflegt, schon unter dem Aspekt der sozialen Üblichkeit für die Frage der Obliegenheitsverletzung unberücksichtigt.

---

593 Welzel, Strafrecht, S. 61; Deutsch, Allg. Haftungsrecht, Rz. 291

594 Deutsch, Unerlaubte Handlungen und Schadensersatz, Rz. 104

595 Deutsch aaO. (Rz. 162)

596 Mädrich, S. 131

VII. Das Obliegenheitsverschulden

Der eben erläuterte Normbezug des Mitverschuldens erleichtert die dogmatische Einordnung des Verschuldens als Zurechnungsmoment erheblich. Da es wie bei der Fremdschädigung bezogen ist auf eine wenn auch mit schwächerer Zwangswirkung ausgestattete Verhaltenspflicht, erübrigen sich nähere Auseinandersetzungen zur Frage, ob § 254 BGB ein "echtes" Verschulden zugrundeliegt. Fremdverschulden und Selbstverschulden sind qualitativ ununterscheidbar, § 276 BGB.[597]. Nichts anderes besagt im Ergebnis auch die Formel des Reichsgerichts[598], wonach derjenige gegen sich selbst schuldhaft handelt, der die Sorgfalt außer Acht läßt, die ein ordentlicher und verständiger Mensch zur Vermeidung eigenen Schadens anzuwenden pflegt.

Als Schuldformen kommen Vorsatz und Fahrlässigkeit in Betracht. Eine vorsätzliche Selbstschädigung ist allerdings selten.[599]

Trotz der allgemeinen Anerkennung des Symmetriegedankens für Verschulden und Mitverschulden bestehen Meinungsverschiedenheiten zum Fahrlässigkeitsmaßstab sowie zur Anwendbarkeit der §§ 827 bis 829 BGB im Rahmen der Obliegenheitsverletzung.

1. Verschuldensmaßstab

Zunächst stellt sich die Frage, ob der für das haftungsbegründende Verschulden geltende Fahrlässigkeitsmaßstab des § 276 Abs. 1 BGB ohne weiteres auf Obliegenheitsverstöße übertragen werden kann.

Fahrlässigkeit wird in § 276 Abs. 1 S. 2 definiert als Außerachtlassung der im Verkehr erforderlichen Sorgfalt. Diese Begriffsbestimmung enthält weder den Bezug der Fahrlässigkeit noch deren Komponenten oder den Maßstab der anzuwendenden Sorgfalt[600], so daß sich in Rechtsprechung und Literatur eine subjektive und eine objektiv-typisierende Fahrlässigkeitstheorie herausgebildet haben. Die u.a. im Strafrecht zugrundegelegte subjektive Theorie[601] bejaht

---

597 Deutsch, Fahrlässigkeit und erforderliche Sorgfalt, S. 59, 360; ders., Allgemeines Haftungsrecht, Rz. 562; Wochner, S. 173, 182; Lange, § 10 VI 2; Siber, Rechtszwang, S. 41; Venzmer, S. 91; Schünemann, VersR 1978, 116 (118)

598 RGZ 149, 6ff.(7); vgl. auch RGZ 100, 42(44); 105, 115 (119); BGHZ 3, 46 (49)

599 Sie ist allenfalls als bewußte Schutzgesetzverletzung i.S.d. § 823 Abs. 2 BGB vorstellbar, Deutsch, Unerlaubte Handlungen und Schadensersatz, Rz. 162; vgl. zur Abwägung von vorsätzlicher Schutznormverletzung und Fremdverschulden unten IX 1

600 Deutsch, Allgemeines Haftungsrecht, Rz.377 ff.

601 Planck/Siber, § 276 Anm. 2b; Leonhard, Fahrlässigkeit, S. 36ff.; Zitelmann, S. 168f.

zwar aus der Anknüpfung in § 276 Abs. 1 S. 2 BGB an die "im Verkehr erforderliche Sorgfalt" einen objektiven Maßstab; dieser soll jedoch nur für die in der Handlung zum Ausdruck kommende "äußere" Sorgfalt gelten. Die Fahrlässigkeit als Schuldform sei indessen nach den individuellen Täterfähigkeiten zu bestimmen.

Demgegenüber verbietet es die zivilrechtliche objektiv - typisierende Theorie[602], die individuellen Besonderheiten des Handelnden zu berücksichtigen. Sie nimmt statt dessen eine differenzierende Beurteilung durch Bildung konkreter Vergleichsgruppen vor, mit deren Hilfe der einschlägige Verkehrskreis bestimmt wird. Diese Auffassung vertritt also eine im Ansatz objektivierende Betrachtung, die durch Ausrichtung an vertypten Gruppen[603] beschränkt individualisiert wird.

Der entscheidende Grund für die Heranziehung des objektiven Maßstabs liegt im Vertrauensschutz[604] und der Sphärenbetrachtung[605]: Vor dem Hintergrund einer gerechten Risiko- und Schadenverteilung ist ein tat- und nicht täterbezogener Haftungsmaßstab unabdingbar. Der Zweck der Haftungsnorm, eine gerechte, am Sphärengedanken orientierte Schadenszuweisung vorzunehmen, liefe leer, wenn sich der Täter mit subjektiven Unzulänglichkeiten entschuldigen könnte.

Nach ganz überwiegender Auffassung[606] ist die objektiv typisierende Fahrlässigkeit auf die Obliegenheitsverletzung in § 254 BGB zu übertragen. Es bestehen - zumindest grundsätzlich - keine Gründe dafür, vom Geschädigten weniger zu verlangen als vom Schädiger. Dies bedeutet etwa, daß derjenige Geschädigte, der aufgrund individueller Fähigkeiten zu erhöhter Sorgfalt in der Lage ist, diese auch beobachten muß[607]: Behandelt der Arzt einen Kollegen, wird man bei diesem eine höhere Fähigkeit und Bereitschaft zur Compliance erwarten dürfen als bei einem medizinischen Laien, ebenso bei Nachfragen im Rahmen des Aufklärungsgesprächs oder der therapeutischen Beratung. Da die

---

602 z. B. Venzmer, S. 18ff., S. 109; RGRK/Alff, § 276 Rz. 19; Larenz, § 20 III, Staudinger/Löwisch, § 276 Rz. 16; auch BGHZ 39, 283

603 Solche Typisierungskriterien können etwa sein: Beruf (RGZ 102, 50; 119, 397), Alter (BGH LM § 828 BGB Nr.1), Gefahr (RGZ 128, 43; BGHZ 5, 318)

604 Deutsch, Allgemeines Haftungsrecht, Rz. 379; Fahrlässigkeit und erforderliche Sorgfalt, S. 299ff.; Palandt/Heinrichs, § 276 Rz. 15; RGRK/Alff, § 276 Rz. 19

605 Deutsch, Allgemeines Haftungsrecht, Rz. 565 m.w.N.

606 Deutsch, Fahrlässigkeit und erforderliche Sorgfalt, S. 361; Lange § 10 VI 2; BGHZ 33, 293 (301); "Sorgfaltsmaßstab eines geistig wenig gebildeten und geschäftlich unerfahrenen Menschen"; Staudinger/Medicus § 254 Rz. 70

607 BGH NJW 1987, 1479

bei § 276 BGB geltende Abstufung der Sorgfaltsanforderungen nach Gruppen, z.B. Jugendliche, ältere Leute, Behinderte etc., auch im Rahmen von Obliegenheitsverletzungen gilt, kann sich im Einzelfalle trotz Geltung der objektiv-typisierenden Betrachtung ein milderer Maßstab ergeben: So ist bei älteren Menschen Vergeßlichkeit oft geradezu kennzeichnend, so daß bei der Bewertung unregelmäßiger Medikamenteneinnahmen, der Nichtmitteilung von Krankheitsprädispositionen etc. als sorgfaltswidrig Zurückhaltung geboten ist.

Gerade unter dem Aspekt der Personenbezogenheit der Obliegenheit stellt sich die Frage, ob es nicht angemessener wäre, die individuellen Eigenschaften des Verletzten zu berücksichtigen, d.h. die subjektive Sorgfalt heranzuziehen. Dies gilt umso mehr, als mit der medizinischen Behandlung, anders etwa als beim Wechsel der Arbeitsstelle, des Wohnortes oder der Erlernung eines anderen Berufes, der Kernbereich der Persönlichkeit und des Persönlichkeitsrechts des Patienten betroffen ist: Er stellt seine körperliche Integrität zur Disposition. Mit der möglichen Ungewißheit von ärztlicher Diagnose und Therapie, mit der Schwere des Krankheitsbildes, mit dem Auftreten von Schmerzen oder Krankheitsfolgen sind potentielle psychische Zwangssituationen verbunden. Ist es hier wirklich überzeugend, für ein Mitverschulden auf den objektiven, durchschnittlichen Patienten abzustellen?

Die Rechtsprechung[608] hat dieses Problem vornehmlich im Rahmen der Operationsobliegenheit[609] behandelt, und zwar als Frage der subjektiven Zumutbarkeit. Sie ist aber nicht darauf zu beschränken, sondern betrifft sämtliche vom Patienten im Rahmen des § 254 BGB zu beobachtenden Obliegenheiten.

Die Frage der Zumutbarkeit eines die Gesundheit ganz oder zum Teil wiederherstellenden Eingriffs wird nicht nur objektiv, sondern auch durch die persönlichen Eigenschaften des Patienten bestimmt[610]. So kann die Beeinträchtigung der Entschlußkraft die Unterlassung eines Eingriffs entschuldigen, und zwar unabhängig davon, ob dieses Verhalten gerade die üblicherweise zu erwartende Folge der Krankheit ist oder von vornherein schon aufgrund der körperlich-psychischen Veranlagung des Patienten bestand[611]. In einer solchen Situation ist es schon schwierig, von "unterhalb der durchschnittlichen Verkehrsanforderungen stehenden voluntativen Fähigkeiten" des Patienten zu

---

608 RGZ 139, 131 (135); BGHZ 10, 18 (19); BGH VersR 1987, 408; BGH MDR 1994, 667; OLG Düsseldorf NJW 1975, 1031f.

609 s. dazu oben Teil II, B II 2

610 RGZ aaO, ebenso Deutsch, Fahrlässigkeit, S. 364; Göbbels, S. 54 f.

611 RGZ aaO.

sprechen. Sofern dies überhaupt möglich ist, wird dem Patienten sein "Nicht-wollen-können" nicht zum Vorwurf gemacht[612].

Der Umstand, daß man in höchstpersönlichen Entscheidungen keine abstrakt zu bemessenden persönlichen Fähigkeiten und Eigenschaften zugrunde legen darf, gilt über die Operationsobliegenheit hinaus, etwa bei der Entscheidung zwischen schulmedizinischer und homöopathischer Behandlung, der Frage einer zusätzlichen Einschaltung eines Spezialisten oder der Zumutbarkeit eines schwangerschaftsunterbrechenden Zweiteingriffes. Insgesamt wird damit der Verhaltensspielraum des Patienten zulasten des Interesses des ersatzpflichtigen Arztes an einer an sich möglichen Schadensminimierung erheblich erweitert. Dies ist die Folge des Umstandes, daß der Patient mit seiner Einwilligung über die körperliche Integrität disponiert und infolge der Reichweite seines Entschlusses einer permanenten psychischen Zwangswirkung unterliegt. Diese wiederum bestimmt den Umfang der Obliegenheit.

Da es entscheidend auf eine Bewertung der gesamten Umstände ankommt, ist es richtig, für Obliegenheitsverletzungen durch den Patienten ebenso wie für die Haftung des Arztes die Fahrlässigkeit selbst *objektiv* zu bestimmen[613]. Wollte man generalisierend den subjektiv-individuellen Maßstab anlegen, liefe § 254 BGB im Ergebnis weitgehend leer: Dem willensschwachen bzw. überängstlichen Patienten würde sein Verhalten ebensowenig angerechnet wie dem unfähigen Arzt. Aus diesem Grunde wird das individuell geminderte Leistungsvermögen des Patienten im Rahmen der *Rechtsfolge* des § 254 BGB, nämlich bei der Abwägung von Verursachung und Verschulden, berücksichtigt[614]. Damit wird dem Zweck des § 254 BGB, eine flexible, nach den Umständen zu bemessende Schadensverteilung sicherzustellen, am weitesten Rechnung getragen.

---

612 Deutsch, Fahrlässigkeit, S. 365; ders.; Arztrecht und Arzneimittelrecht, S. 135

613 Etwas zögerlich ist Schmidt, Obliegenheiten, S. 117: Er will in persönlichen Zwangssituationen des Verletzten wegen der "geringeren Eindringtiefe" der Obliegenheitsverletzung gegenüber der Rechtspflichtverletzung bei der Berücksichtigung individueller Unzulänglichkeiten großzügiger sein. Dies überzeugt jedoch im Rahmen der Schadensfernhaltungsobliegenheit nicht, da auch Schmidt selbst die prinzipielle Gleichbehandlung von Schädiger und Geschädigten in § 254 BGB bejaht, S. 105

614 Einen ganz anderen Weg wählt Leonhard, Fahrlässigkeit, S. 57, 72 ff.: Er will in krassen Fällen des Obliegenheitsverschuldens die haftungsausfüllende Kausalität als unterbrochen ansehen. Dies widerspricht freilich nicht nur den allgemeinen Haftungsvoraussetzungen, sondern führt -im Ergebnis unerwünscht- das starre Alles-oder-Nichts-Prinzip wieder ein.

2. *Anwendbarkeit der §§ 827 bis 829 BGB*

Es ist zu prüfen, ob die in den §§ 827f. BGB über die Verschuldensfähigkeit aufgestellten Grundsätze auf das Obliegenheitsverschulden des § 254 BGB anzuwenden sind. Die Frage ist insbesondere für Minderjährige von hoher praktischer Bedeutung; einschlägige Entscheidungen aus dem Bereich des Patientenmitverschuldens sind freilich selten. Zu erwähnen ist in diesem Zusammenhang RGZ 108, 68ff.:

> Der geisteskranke und entmündigte Kläger war in eine Heil- und Pflegeanstalt eingewiesen worden. Dort verkehrte er wiederholt mit seiner Pflegerin geschlechtlich und wurde als Erzeuger eines nichtehelichen Kindes zur Unterhaltszahlung verurteilt. Er verlangte vom Anstaltsträger wegen dessen schuldhafter Verletzung der Obhuts- und Fürsorgepflicht Ersatz allen Schadens, der ihm infolge der Erzeugung des Kindes entstanden sei.

Das Reichsgericht bejahte sowohl einen deliktischen als auch vertraglichen Ersatzanspruch des untergebrachten Klägers gegen den Anstaltsträger, weil dieser mit der Unterbringung zugleich den Schutz und die Fürsorge für das Vermögen des Klägers übernommen habe.

Während das Berufungsgericht jedoch eine Anwendbarkeit des § 254 BGB unter Schutzbereichsaspekten[615] verneint hatte, weil der Beklagte verpflichtet gewesen sei, den Kläger durch eine angemessene Schutzaufsicht an - auch finanzieller - Selbstschädigung zu hindern, argumentierte das Reichsgericht mit § 618 BGB: Daß sich der schutzpflichtige Dienstherr im Rahmen dieser Vorschrift durch den Nachweis entlasten könne, daß der Schaden jedenfalls auch auf ein grob fahrlässiges Verhalten des Verletzten zurückzuführen sei, sei Ausdruck des allgemeinen Prinzips, daß sich niemand allgemeiner Unvorsicht befleißigen dürfe, der sich der Fürsorge durch Dritte anvertraue. Die fehlende Verantwortlichkeit des Klägers, so das Gericht, könne sich zwar aus § 827 i.V.m. § 254 BGB ergeben. Dann müsse dieser jedoch darlegen und beweisen, daß er sich im Tatzeitpunkt im Zustand völliger Willensunfreiheit befunden habe.

In ähnlicher Weise zog das OLG Nürnberg[616] § 827 BGB in einem Falle heran, in dem die 72jährige Klägerin vom Dackel des beklagten Arztes derart in Schrecken versetzt worden war, daß sie stürzte und sich erheblich verletzte. Das Gericht, das einen Anspruch aus §§ 833, 847 BGB bejahte, rechnete der

---

615 Dazu sogleich unter VIII. 2. b

616 OLG Nürnberg VersR 1965, 93

Klägerin ein Mitverschulden nicht an, freilich nur deshalb nicht, weil sie sich in einem Zustande äußerster Erregung befunden habe, der entsprechend § 827 BGB die freie Willensbildung ausgeschlossen habe. Eine hälftige Anspruchskürzung erfolgte dann jedoch über § 829 BGB.

Die Anwendbarkeit der genannten Vorschriften ist für die Obliegenheitsverletzung in der höchstrichterlichen Rechtsprechung[617] unter Zustimmung der herrschenden Meinung im Schrifttum[618] stets bejaht worden. Dabei ist dies nicht selbstverständlich: Denn auf diese Weise wird der Grundsatz der täterschaftlichen Gleichbehandlung von Schädiger und Geschädigtem gestört. Während es bei der Unzurechnungsfähigkeit des Schädigers, §§ 827f. BGB, beim Prinzip des *casum-sentit-dominus* bleibt, führt die Anwendung in § 254 BGB zur Verstärkung der Position des nicht zurechnungsfähigen Geschädigten: Der Abwehrtatbestand wird damit zum Angriffsmittel[619]. Gleichwohl ist die Anwendbarkeit der Vorschriften schon deshalb angezeigt, weil das Gesetz ein allein kausales Verhalten des Geschädigten nicht als hinreichendes Haftungskorrektiv ansieht. Die Kategorie des Verschuldens trägt aber unabhängig davon, welche der konkurrierenden Handlungen betroffen ist, die Frage nach der Verschuldensfähigkeit in sich. Die Alternative zur h.M., also die Nichtanwendung der Vorschriften, bestünde zudem nur in der fragwüdigen Vorstellung, daß die Verschuldensfähigkeit des Menschen im Rahmen einer Obliegenheitsverletzung mit der Vollendung der Geburt begänne[620]. Insoweit sprechen auch hier - allerdings nicht unter Sozialstaats-, sondern unter Rechtssicherheitsaspekten - gute Gründe für die Anerkennung einer "Schutzzone", innerhalb derer der Schuldvorwurf keinen Raum hat, und die eine sonst mögliche Diskussion über das "schuldhafte" Verhalten drei- oder vierjähriger Verkehrsteilnehmer in einer von Erwachsenen geschaffenen Verkehrswelt ausschließt.

Das sachwidrige Verhalten des Minderjährigen führt zu einer Minderung des Schadensersatzanspruchs, wenn dieser um die Gefährlichkeit seines Tuns wußte. Dabei sind die Altersabstufungen in § 828 Abs. 2 BGB bei der Eigen- und Fremdschädigung nicht notwendig identisch: Gefahren für sich selbst wer-

---

617 RGZ 54, 407, 410f.; 68, 422 (424); BGHZ 9, 316f.; 24, 325 (327); BGH VersR 1975, 133, 135

618 Deutsch, Allgemeines Haftungsrecht, Rz. 564; Larenz, SchuldR I, § 31a; MünchKomm/Grunsky, § 254 Rz. 21; RGRK/Alff, § 254 Rz. 16; Soergel/Mertens, § 254 Rz. 29; Oftinger, S. 165

619 Weidner, S. 56; Rother, Haftungsbeschränkung, S. 98; auch Esser/Schmidt, Schuldrecht I § 35 I 3b

620 so zutreffend Lange, § 10 VI 3

den fast immer früher wahrgenommen und respektiert als Gefahren für andere.[621]

Als Konsequenz dieser Überlegungen ergibt sich, daß auch § 829 BGB im Rahmen von Obliegenheitsverletzungen anwendbar sein muß[622]. Es besteht freilich die Tendenz, die Vorschrift aufgrund ihres Ausnahmecharakters nur zurückhaltend anzuwenden: Die Tatsache allein, daß der Geschädigte, wenn auch in wesentlichem Umfang, an der Schadensentstehung beteiligt war, reicht für eine Zurechnung ihm gegenüber nicht aus. Erforderlich ist zusätzlich, daß die Vermögensverhältnisse der Beteiligten einen Vermögensausgleich geradezu verlangen[623].

VIII. Weitere Zurechnungsgrenzen bei Obliegenheitsverletzungen

1. *Adäquate Kausalität*

Nicht anders als bei der Fremdschädigung gilt für die Obliegenheitsverletzung, daß eine Zurechnung obliegenheitswidrigen Verhaltens deren Kausalität für die Entstehung oder den Umfang des Schadens voraussetzt[624]. Dies ergibt sich bereits aus dem Wortlaut des § 254 BGB: Andernfalls fehlte schon die dort geforderte "Mitwirkung" des Patienten. Unter Kausalgesichtspunkten ist im übrigen unerheblich, ob der Mitwirkungsbeitrag des Patienten zeitlich vor oder nach der schädigenden Handlung des Arztes erfolgt[625]. Die Rechtsprechung[626] differenziert allerdings danach, ob die Obliegenheitsverletzung im Vertrags- oder im Deliktsrecht gründet; im ersten Falle soll nur eine *nach* dem Vertragsschluß folgende Mitwirkung angerechnet werden, weil verletzbare Obliegenheiten erst mit Vertragsschluß entstünden. Dies erscheint jedoch je-

---

621 OLG Celle, NJW 1968, 2146f.: Die Erkenntnis, sich selbst vor Schaden bewahren zu müssen, entspricht der Urkraft des in jedem Menschen vorhandenen Selbsterhaltungstriebs. Diese Erkenntnisfähigkeit wird daher regelmäßig in einem wesentlich früheren Stadium der Entwicklung einsetzen als die Erkenntnis, daß man keinen anderen schädigen darf. Denn letzteres läuft keinem Naturtrieb parallel, sondern setzt im Gegenteil die Überwindung des Naturtriebes der Aggression voraus.

622 BGHZ 37, 102; anders noch RGZ 59, 221

623 BGH NJW 1969, 1762 f.; schwächer OLG Celle NJW 1969, 1632f.

624 BGHZ 3, 46; BGHZ 61, 147; Venzmer, S. 28f.; MünchKomm/Grunsky, § 254 Rz. 20; Erman/Sirp, § 254 Rz. 8; Oftinger, S. 122

625 Medicus, Niederländer FS, S. 332; Oftinger, S. 158

626 BGH NJW 1972, 1702 (1703); VersR 1972, 1052 (1054); NJW 1987, 251 (253)

denfalls dann zweifelhaft, sofern nicht § 254 Abs. 2 BGB einschlägig ist, sondern die allgemeine Schadensfernhaltungsobliegenheit des § 254 Abs. 1 BGB in Rede steht[627]. Der Patient, der sich vor Abschluß des Behandlungsvertrages in zurechenbarer Weise einem gesteigerten Risiko ausgesetzt hat, muß sich dessen Verwirklichung auf seinen späteren Schaden anrechnen lassen. In den meisten Fällen dieser Art -etwa bei einer völlig unverantwortlichen Selbstmedikation des Patienten, die dann die fehlerhafte Behandlung erst erforderlich macht- wird die Obliegenheitsverletzung allerdings gar nicht vom Schutzbereich der Norm erfolgt werden, so daß sich das Problem selten stellen wird.

Umstritten ist die Frage, ob der Grundsatz der Adäquanz ins Mitverschulden zu übertragen ist[628]. Daß in dieser Frage Meinungsverschiedenheiten bestehen, ist wiederum die Konsequenz des Gleichbehandlungsgrundsatzes von Schädiger und Geschädigtem:

So wird schon bei der Fremdschädigung vielfach argumentiert, das abstrakte Wahrscheinlichkeitsurteil der Adäquanztheorie sei eine rudimentäre Formel, die die nicht kognitiven Vorgänge unberücksichtigt lasse.[629] Gelegentlich wird versucht, deren grundsätzliche Schwäche, nämlich die Unfähigkeit, das für die Annahme von Adäquanz erforderliche Maß an Wahrscheinlichkeit hinreichend genau quantifizieren zu können, dadurch abzumildern, daß sie in die Lehre vom Schutzzweck der Haftungsnorm integriert wird[630]. In der Tat legt letzlich die teleologische Auslegung der Haftungsnorm die Grenzen der Haftung und der Schadenszurechnung fest[631]. Die Haftungsbegrenzung durch den Schutzzweck der Norm ist schon deshalb der Adäquanztheorie gegenüber überlegen, weil sie zur Disposition des Gesetzgebers bzw. der Vertragspartner steht: Der Normzweck kann es gebieten, daß er auch den Ersatz ganz und gar unwahrscheinlicher und daher inadäquater Schäden erfaßt bzw. einigermaßen wahrscheinliche Schadensfolgen vom Ersatz ausschließt[632].

---

627 Staudinger/Medicus, § 254 Rz. 68

628 Für eine Anwendung Soergel/Mertens, § 254 Rz. 32; Rother, VersR 1983, 793 (794); RGRK/Alff, § 254 Rz. 18; dagegen MünchKomm/Grunsky, § 254 Rz. 20; Weidner, S. 3

629 Deutsch, Allgemeines Haftungsrecht, Rz.138f.

630 Soergel/Mertens, Vor § 249 Rz. 123

631 Lange, § 3 VII 2b

632 Staudinger/Medicus, § 249 Rz. 43

Dementsprechend wird gelegentlich für die Selbstschädigung bzw. Selbstgefährdung auf die Heranziehung der Adäquanztheorie verzichtet[633]. Dies wird damit begründet, daß deren Anwendung den Grundsatz der Sachzuständigkeit des Rechtsinhabers leerlaufen lasse: Zweck des Adäquanzkriteriums bei der Fremdschädigung sei es allein, dem Schädiger einen Handlungsfreiraum zu gewährleisten, weil der Geschädigte völlig außerhalb jeder Wahrscheinlichkeit liegende Schadensfolgen selbst zu tragen habe. Dies sei auch der Grundgedanke des § 254 BGB; daher müsse die spiegelbildliche Anwendung der Adäquanzformel beim Mitverschulden zu der fragwürdigen Konsequenz führen, daß der Schädiger zwar nicht für die von ihm verursachten inadäquaten Folgen einstehen müsse, wohl aber für diejenigen, die vom Geschädigten ausgingen[634].

Diese Argumentation läßt sich freilich nur dann halten, wenn § 254 BGB nicht als Verhaltensnorm aufgefaßt wird. Sieht man hingegen die Vermeidung der Selbstschädigung als Obliegenheit, so wird deutlich, daß der "Symmetriegedanke" hinsichtlich Schädiger und Geschädigten für die Adäquanz nur unvollständig umsetzbar ist. Das Sachzuständigkeitsprinzip lautet dann inhaltlich entsprechend: Jedermann ist gehalten, Selbstschädigungen zu unterlassen. Um die generelle Handlungsfähigkeit nicht übermäßig einschränken zu müssen, wird man nur mit solchen Handlungsfolgen belastet, die nicht außerhalb jeglicher Vorhersehbarkeit stehen.[635]

Die Unterschiede zwischen beiden Auffassungen sind im Ergebnis vernachlässigbar. Denn selbst wenn man den Geschädigten mit dem Risiko gänzlich fernliegender Folgen eigenen schadenstiftenden Tuns belasten wollte, müßte im Rahmen der Abwägung bei § 254 BGB die Schadensferne des eigenen Verursachungsbeitrages des Geschädigten hinreichend berücksichtigt werden. Denn die Abwägung orientiert sich an der "vorwiegenden" Verursachung.[636]

---

633 Weidner, S. 6

634 Weidner aaO.; angedeutet auch bei Lange, § 10 VIII

635 Die Problematik ist bereits im Rahmen der besonderen Gefahraussetzung (oben B I. 2) erörtert worden.

636 dazu unten B IX 1

2. *Der Schutzbereich der Obliegenheit*

a) Der Schutzbereich der Norm als haftungsbegrenzendes Element

Für den Bereich der Fremdschädigung ist anerkannt, daß der Schädiger nicht für sämtliche Folgen rechtswidrigen Tuns haftet. Es entspricht nicht dem Zweck deliktischer Schadensersatzverbindlichkeiten, den unerlaubt Handelnden mit allen möglichen Folgen seines Tuns zu belasten[637], sondern nur mit denjenigen, zu deren Verhütung die betreffende Norm bzw. die einschlägige Verhaltenspflicht bestimmt ist. Die Lehre vom Schutzzweck der Norm geht also -unter Heranziehung der teleologischen Auslegungsmethode- davon aus, daß der Zweck- und die Interessenausrichtung vertraglicher Pflichten und gesetzlicher Verhaltensanordnungen einerseits die teleologische Ausrichtung der zu ihrer Sanktion bestimmten sekundären Schadensersatzpflichten andererseits entspricht[638]. Anders als bei der Adäquanztheorie, die die Haftungsbegrenzung allein anhand der abstrakten Wahrscheinlichkeitsprognose vornimmt, werden die Kriterien anhand des jeweiligen Haftungsgrundes bestimmt[639].

Es handelt sich bei der Lehre vom Schutzbereich der Norm um ein *allgemeines*, von der Frage der Kausalität unabhängiges Prinzip der objektiven Zurechnung.[640] Schon die Terminologie ist uneinheitlich. So werden die Begriffe "Schutzbereich", "Schutzzweck", "Normzweck", "Normadäquanz" und "Rechtswidrigkeitszusammenhang" teils synonym, teils zur Bezeichnung bestimmter Bereiche und Aspekte der Schutzbereichslehre verwendet[641]. Auch die Stellung im Schichtaufbau des Deliktssytems ist unterschiedlich. Soweit es allein um die Zurechnung des Schadensumfanges geht, ist die Rechtsfolgenorm betroffen. Die Frage jedoch, ob z. B. der Geschädigte ein "anderer" i. S. d. § 823 Abs. 2 ist, richtet sich nach der Feststellung des Tatbestandes. Hier ist die Tatbestandsnorm Gegenstand der Schutzzweckerwägungen, die sich auch

---

637 so aber die Haftung für das *versari in re illicita* im Gemeinen Recht, Deutsch, Unerlaubte Handlung, Rz. 402; Lang, Normzweck, S. 57

638 Deutsch, Unerlaubte Handlungen, Rz. 106ff.; ders. Allgemeines Haftungsrecht, Rz. 297ff.; Staudinger/Medicus, § 249 Rz. 42; Stoll, Kausalzusammenhang, S. 19; Larenz I § 27 III; Esser/Schmidt, § 33 III

639 Lange, Schadensersatz, § 3 IX 1

640 Deutsch, Fahrlässigkeit und erforderliche Sorgfalt, S. 452; Stoll, Kausalzusammenhang und Normzweck, S. 44; Lange, Verhandlungen zum 43. DJT, S. 41; ders., JZ 1976, 198 (202)

641 Lang, Normzweck, S. 38 mit Belegstellen

auf die Rechtswidrigkeit, namentlich die Einordnung als Handlungs- oder Erfolgsunrecht, sowie auf das Verschulden richtet.[642]

Die Ausrichtung der Haftung am Schutzzweck der Norm ist Leitgedanke der Zurechnung; er ersetzt die einzelnen Zurechnungsregeln jedoch nicht, sondern bildet einen Rahmen, der letztere konkretisiert. *Deutsch*[643] hat vorgeschlagen, jedenfalls zwischen dem Schutzzweck und dem Schutzbereich der Norm zu differenzieren. Der Schutzzweck betrifft die Frage, ob einer außerhaftungsrechtlichen Verhaltensnorm ein zivilrechtliches Schutzinteresse beigemessen werden kann, so daß sie in das zivile Haftungsrecht integriert wird. Ist dies nicht der Fall, mangelt es bereits am haftungsbegründenden Tatbestand[644]. Demgegenüber erweitert und präzisiert der Schutzbereich der Norm den Schutzzweck in zweifacher Dimension, nämlich in personaler und gegenständlicher Hinsicht. Diese Bedeutungsdifferenzierung hat sich zwar nicht allgemein durchgesetzt, bringt aber strukturell insofern Klarheit in die Schutzzwecklehre, als bei bestimmten Verhaltensnormen, die erst, etwa über § 839 BGB als Amtspflicht, ins Haftungsrecht transponiert werden müssen, die private Schutzrichtung nicht von vornherein evident ist.

Die Anwendung der Schutzzwecklehre ist -je nach den Haftungsgründen- unterschiedlich ergiebig. Am ehesten wird man noch bei der Verletzung von Schutzgesetzen (§ 823 Abs. 2 BGB) und Amtspflichten (§ 839 BGB) sagen können, diese verfolgten einen bloß beschränkten Schutzzweck, so daß sich bei ihnen eine Beschränkung des Schadensersatzes überzeugend begründen läßt. Schon schwieriger ist es im Rahmen des § 823 Abs. 1 BGB: Das dieser Vorschrift zugrunde liegende allgemeine Verbot der Verletzung absolut geschützter Rechte und Rechtsgüter stellt sich in Bezug auf die Zurechnung weiterer Schadensfolgen als meist farblos dar[645]. Aus dem allgemein angeordneten Rechtsgüterschutz lassen sich nicht ohne weiteres einzelne Schadensfolgen ausgliedern[646]. Es läßt sich am ehesten noch bei ganz ungewöhnlichen Folgen sagen, sie seien vom Gesetzgeber nicht bedacht worden und befänden sich deshalb außerhalb des Normzwekkes. Diese Folgen werden aber schon von der Adäquanztheorie erfaßt. Es müssen Verhaltensnormen als spezielle Verkehrspflichten aus dem Inhalt des geschützten (Rechts-) Guts erst entwickelt werden,

---

642 Deutsch, Allgemeines Haftungsrecht Rz. 311; ders., Fahrlässigkeit und erforderliche Sorgfalt, S. 452; Lang, Normzweck, S. 55ff.; Lange, JZ 1976, 198 (203); Stoll, Kausalzusammenhang und Normzweck, S. 14ff.; Bydlinski, S. 63f.; Mertens, S. 205ff.;

643 Deutsch, Allgemeines Haftungsrecht, Rz. 303f.; ders., Unerlaubte Handlungen, Rz. 108

644 Deutsch, aaO. (Rz. 304)

645 Medicus, Niederländer-FS, S. 335; Larenz, Schuldrecht I, § 27 III 2

646 Staudinger/Medicus, § 249 Rz. 41

sofern sich nicht schon die Handlung selbst als Eingriff in den Zuweisungsgehalt eines Rechts darstellt[647]. Es wird also im Rahmen einer wertenden Betrachtung eine Risikozurechnung vorgenommen: Sofern der reale Geschehensablauf, der zu der Verletzung führte, im großen und ganzen der Gefahr entspricht, welche die Norm abwenden will, ist die Verletzung dem Täter zuzurechnen.

Auch im Vertragsrecht bedarf die Anwendung der Schutzbereichslehre besonderes genauer Wertungen: Der Schuldner muß nur für solche Einbußen einstehen, die die vertraglich geschützten Interessen betreffen. Diese sind im Wege der -ergänzenden- Vertragsauslegung zu ermitteln, da beim Vertragsschluß selbst regelmäßig nicht an den möglichen Bruch von Verpflichtungen gedacht wird[648]. Hier liegt die Schwierigkeit der Anwendung der Schutzzwecklehre für diesen Bereich: Der Parteiwille wird wenigstens dann, wenn erst einmal Streit entstanden ist, wesentlich schwerer feststellbar sein als die Motive des Gesetzgebers[649].

Die Lehre von der Haftungsbegrenzung durch den Schutzzweck der Norm ist nicht nur in der Literatur[650], sondern auch von der Rechtsprechung besonders für den Bereich der ärztlichen Berufshaftung fokussiert worden. Was die Haftung für Behandlungsfehler anbetrifft, umfaßt der an der konkret verletzten ärztlichen Sorgfalt ausgerichtete Schutzbereich der Verhaltensnorm das durch den Behandlungsfehler iatrogen gesetzte Risiko und dessen Weiterungen, im Gegensatz zum allgemeinen Krankheits- und dem auch bei sachgerechter Behandlung bestehenden Mißerfolgsrisiko. Ohne die Berücksichtigung des Normzwecks ist es auch kaum überzeugend möglich, dem Arzt prinzipiell den begrenzten Einwand des rechtmäßigen Alternativverhaltens bei fehlerhafter Diagnose und mangelnder therapeutischer Beratung zu eröffnen.[651] Auf der anderen Seite werden dem fehlerhaft behandelnden Arzt auch diejenigen Schadensfolgen eines fahrlässig nachbehandelnden Arztes zugerechnet, sofern dessen Fehler in den Schutzbereich des pflichtwidrig gesetzten Erstrisikos fällt.[652]

---

647 Stoll, Kausalzusammenhang, S. 15

648 Lange, § 3 IX 5

649 Deutsch, Allgemeines Haftungsrecht, Rz. 301, weist darauf hin, daß die Schutzbereichslehre mit ihrer schlichten Rückführung auf die teleologische Auslegungsmethode eine materiellrechtliche Leerformel sei.

650 Schramm, S. 132 ff., 194 ff.

651 Schramm, S. 295

652 z.B. BGH NJW 1986, 2367; 1989, 767

Auch die ärztliche Aufklärungspflicht hat einen Schutzbereich. Realisiert sich vor dem Hintergrund eines Aufklärungsdefizits ein nicht aufklärungsbedürftiges Risiko, so ist der daraus resultierende materielle und immaterielle Schaden grundsätzlich als außerhalb des Schutzbereichs der Pflicht gelegen und - bezogen auf das körperliche Integritätsinteresse des Patienten - nicht zu ersetzen.[653] Ebenso steht es, wenn über das Risiko zwar hätte aufgeklärt werden müssen, sich dieses aber gar nicht verwirklicht hat. Der Schutzbereich der Aufklärungspflicht läßt den Zurechnungszusammenhang zwischen mangelnder Information und Behandlungsfolge entfallen.[654] Dies gilt freilich nur in gewissen Grenzen: So muß der Patient nach der Rechtsprechung wenigstens eine "Grundaufklärung" über die Art und den Schweregrad des Eingriffs erhalten haben. Dazu muß er wenigstens auf das schwerste möglicherweise in Betracht kommende Risiko hingewiesen worden sein.[655] Der absolute Persönlichkeits- und Integritätsschutz des Patienten bildet hier seinerseits eine "Schrankenschranke" für die Einstandspflicht. Außerdem darf der Schaden, der sich verwirklicht hat, nach Bedeutung und Auswirkung für den Patienten nicht dem mitzuteilenden Risiko ähnlich sein.[656] Daher kommen für eine Korrektur der Haftungsfolgen durch den Schutzzweck der Norm vornehmlich solche Fälle in Betracht, in denen das Aufklärungsversäumnis im möglichen Risikospektrum eine eher unbedeutende Spezialität betroffen hat. Sofern über ein Risiko, z. B. eine Infektion, pflichtwidrig nicht hingewiesen worden ist, sich dieses aber in einer völlig unwahrscheinlichen Folge, z. B. dem Tod, verwirklicht, geht das zu Lasten des Arztes: Die Schadensfolge liegt im Schutzbereich der Aufklärungspflicht.

Die Haftungsbegrenzung unter Schutzbereichsgesichtspunkten ist besonders deutlich hervorgetreten bei den Familienplanungsschäden[657]. Der BGH[658] hat aus dem Schutzbereich der Norm gefolgert, daß ein Schadensersatzanspruch aus *wrongful birth* nur gegeben sei, wenn die Familienplanung aus materiellen Gründen eingeschränkt war; und selbst dann liegt nur die Unterhaltslast als solche im Schutzbereich der Norm. Erfolgte eine fehlerhafte Sterilisation, um Gesundheitsschäden der Mutter vorzubeugen, soll der Unterhaltsschaden hin-

---

653 OLG Karlsruhe 1983, 2643 (Krampfaderverödung mit seltenem Risiko einer aberratio des Verödungsmittels); BGHZ 90, 96 (Dickdarmperforation nach Rektoskopie)

654 Steffen, Entwicklungslinien, S. 133

655 BGHZ 106, 391 (399); neuestens BGH VersR 1996, 195ff.: Risikoaufklärung bei Myelographie muß jedenfalls Hinweis auf mögliche Querschnittlähmung enthalten.

656 Steffen aaO.; auch BGH VersR 1991, 777

657 s.o. unter B I 1 b

658 BGHZ 76, 249; BGHZ 76, 259

gegen nicht mehr vom Normzweck erfaßt sein[659]. Diese Wertung offenbart die vorgenannte Unsicherheit bei der Anwendung der Schutzzwecklehre im Vertragsrecht. Genauso gut ließe sich nämlich argumentieren, daß sich die Eltern typischerweise auf die Wirksamkeit der Sterilisation verlassen und auf diese Weise den ursprünglich engeren Schutzbereich erweitern[660]. Die Motive für eine Sterilisation wie auch für einen Schwangerschaftsabbruch sind ein Motivbündel und treten nach außen nicht immer deutlich hervor[661]. Für ein extensives Verständnis des Schutzbereichs des Behandlungsvertrages bzw. des § 823 BGB spricht hier zudem der Vertrauensgrundsatz: Die wirtschaftliche Last einer ungewollten Schwangerschaft sollte immer ausgeglichen werden müssen, auch wenn sich die Schwangere aus ganz anderen, in der innersten Psyche wurzelnden Gründen dem Eingriff unterzogen hat[662]. Die Wertung der Rechtsprechung erscheint hier zu eng.

b) Der Schutzbereich der Norm als mithaftungsbegrenzendes Element

Bei der vorangegangenen Untersuchung der einzelnen Obliegenheiten des Patienten ist bereits für nahezu jede Fallgruppe deutlich geworden, daß die haftungsbegrenzende Wirkung des mitwirkenden Verschuldens ihrerseits durch die Schutzzwecklehre beschränkt wird: Auch die Obliegenheit hat also einen Schutzbereich. Dessen Existenz folgt aus deren Charakter als verhaltensbezogener Norm. Nicht nur, aber in besonderer Weise bedarf es dieses Zurechnungskriteriums bei denjenigen Obliegenheiten zur Schadensfernhaltung, die sich nicht aus dem Behandlungsverhältnis ergeben, sondern die sich an jeden richten, den es angeht: Gesteigerte Gefahrenexpositionen des Patienten, die ihn - situationsabhängig - zu einer erhöhten Sorgfalt gegen sich selbst verpflichten. Der Begriff der Obliegenheit würde hier konturenlos, wenn er nicht gerade durch den Schutzbereich der Norm zu individuellen Verkehrserwartungen ausgeprägt werden könnte.[663]

Es ist eine eigenartige Dichotomie, daß die -für § 254 BGB negative- Zurechnungsbeschränkung durch den Schutzbereich der Norm gerade auch von denjenigen anerkannt, wenn nicht gefordert wird, die dem Verhaltensnorm-

---

659 BGH NJW 1985, 2749; a.A. Stoll, Haftungsfolgen, S. 376, ebenso kritisch Deutsch, VersR 1995, 609 (611)

660 Deutsch, aaO.

661 Deutsch, NJW 1995, 674

662 OLG Celle, JZ 1978, 528

663 Das ist oben (B 2 c) schon deutlich geworden.

charakter des § 254 BGB ansonsten eine klare Absage erteilen[664] oder ihn mindestens skeptisch beurteilen.[665] Namentlich die Rechtsprechung äußert sich hier sehr eindeutig. So hatte der BGH[666] zwar zunächst die Heranziehung des Schutzbereichs der Schadensfernhaltungsobliegenheit unter Hinweis darauf verneint, daß es bei § 254 BGB nicht auf den "Rechtswidrigkeitszusammenhang" ankommen könne, da das mitwirkende Verschulden nicht rechtswidrig sein müsse. Dieses allein terminologische Argument wurde mit dem Begriff des Schutzbereichs der Norm obsolet. In späteren Entscheidungen hat der BGH dann auch uneingeschränkt auf den Schutzbereich der verletzten Obliegenheit abgestellt.[667]

Das überrascht: Versteht man die Vorschrift nämlich allein als billigkeitsrechtliche Generalklausel, ist die Frage nach dem Schutzbereich der Norm nicht nur überflüssig, sondern widersinnig: Denn soweit lediglich die Rechtsfolgenorm im Einzelfall durch richterliche Erwägungen nach dem Grundsatz von Treu und Glauben abgeschwächt wird, genügt es stets, wenn der "unerwünschte Erfolg" auf ein *beliebiges* menschliches Verhalten zurückführbar ist, dessen einzelne Merkmale aber unerheblich sind.[668] Die Frage, ob das Verhalten gerade mit Rücksicht auf die betreffende Norm zu mißbilligen ist, stellt sich dann nicht mehr.

Die Heranziehung der Schutzbereichslehre für die Obliegenheit bedeutet, daß eine Mitwirkung des Geschädigten zu einer Minderung des Ersatzanspruchs nur hinsichtlich solcher Schäden führt, denen diese gerade vorbeugen sollte[669].

Im Hinblick auf ein den Schaden mitverursachendes Patientenverhalten sind insbesondere zwei typische Fallkonstellationen für den Obliegenheitszusammenhang von Interesse.

---

664 Soergel/Mertens, § 254 Rz. 4, 30 ("...im Ergebnis ist nichts gewonnen, wenn man § 254 als Verletzung einer Obliegenheit im untechnischen Sinne erklärt..."; Weidner, S. 18 ("Genauso wenig, wie es eine Rechtspflicht zur Unterlassung von Selbstschädigungen gibt, gibt es eine Obliegenheit dieses Inhalts"); ablehnend auch Dunz, NJW 1988, 2234 f.

665 Lange, Schadensersatz § 10 VI 1 c ("Sofern man im Zusammenhang mit § 254 BGB von Obliegenheiten spricht, muß klar sein, daß Obliegenheiten im Sinne des sonstigen Sprachgebrauchs nicht gemeint sein können").

666 BGH VersR 1959, 135, 136

667 BGH VersR 1965, 484, 486f.; NJW 1978, 2502 (2504); VersR 1970, 812 f. ; VersR 1972, 1016 f.; auch OLG Stuttgart VersR 1973, 324 f.

668 Lang, Normzweck, S. 58

669 Staudinger/Medicus, § 254 Rz. 66

Denkbar ist zum einen, daß gerade der Schutzzweck des vom Schädiger gesetzten Verhaltens den Einwand des Mitverschuldens ausschließt, weil das selbstschädigende Verhalten den Verantwortungskreis des Ersatzpflichtigen erst begründet hat.

BGH VersR 1971, 1123 f.:

Ein Patient hatte einen Verkehrsunfall verschuldet, indem er als Mopedfahrer mit einem Lkw zusammenstieß und erheblich verletzt wurde. Die medizinische Versorgung bestand primär in einer Nagelung des linken Oberschenkelknochens. Erst später wurde noch eine Hüftgelenksverrenkung links festgestellt. Sie konnte im Zuge einer Nachbehandlung nicht voll ausgeglichen werden, sondern hinterließ eine Verkürzung des linken Beines um ca. 9 cm und eine erhebliche Bewegungseinschränkung.

Der BGH versagte dem Arzt die Verteidigung, der Patient habe seine Behandlungsbedürftigkeit schuldhaft selbst herbeigeführt. Dies gelte jedenfalls, soweit ein Arzt im Rahmen seiner normalen Berufstätigkeit in Anspruch genommen werde.

Die diesem Fall vergleichbaren Konstellationen sind vielfältig. Der Patient mag wegen Alkoholismus, Drogensucht oder aus anderen Gründen behandlungsbedürftig werden; den Arzt kann das nicht entlasten. Die Anrechnung mitverschuldeter Unglücksfälle als Obliegenheitsverletzung kommt allein demjenigen gegenüber in Betracht, der für die durch die Unaufmerksamkeit geförderte Verletzung verantwortlich ist, etwa einem anderen Unfallbeteiligten[670]. Hier bleibt es dabei, daß der Schädiger in demjenigen Maße von der Schadenstragung freizustellen ist, wie der Schaden dem eigenen Verhalten des Geschädigten zugerechnet werden kann. Gegenüber dem Arzt beschränkt sich die Mitwirkung des Patienten jedoch darauf, daß eine Behandlung überhaupt nötig geworden ist.[671] Für solche Behandlungsfälle sind Ärzte auf Posten gestellt, und hierfür werden sie vergütet[672]. § 254 BGB käme gegenüber einem ärztlichen Behandlungsfehler allenfalls dann in Betracht, wenn die Gefahr, daß sich ärztliches Fehlverhalten gerade bei vom Patienten mitverschuldeten Unfällen realisierte, über das "allgemeine Lebensrisiko" hinausginge. Eine solche Situation ist jedoch kaum vorstellbar.

---

670 Im Falle BGH VersR 1971, 1123f. hatte der Patient gegenüber seinem Unfallpartner 40 % des Schadens tragen müssen.

671 In der Schweiz wird dies anders gesehen, vgl. OG Appenzell, SJZ 1981, 372: Mitverschulden einer Patientin, die ihre Zähne seit Jahren nicht mehr hatte behandeln lassen und außerdem von der gebotenen Einschaltung eines Spezialisten Abstand genommen hatte.

672 Medicus, Niederländer-FS, S. 337

In allen anderen Fällen bleibt es bei der möglichen Anrechnung nur solcher Obliegenheitsverletzungen, die sich auf den Behandlungsfehler selbst beziehen, wie unvollständige Angaben zum Krankheitsbild oder -verlauf, Non-Compliance etc. Denn allein hierdurch wird das Risiko des Arztes erhöht, daß sich in seine Behandlung von ihm mitverschuldete Fehler einschleichen, oder daß die Wirkung derartiger Fehler zumindest wächst.

Die Reichweite des Schutzbereichs der Obliegenheit läßt sich -gleichsam als Gegenprobe- im Wege der Auslegung des Behandlungsvertrages ermitteln:

Im Behandlungsvertrag sind das ärztliche Behandlungsbemühen und der Honoraranspruch synallagmatisch miteinander verknüpft. Dabei ist das Honorar in seiner Höhe unabhängig davon, ob der Patient die zu behandelnde Verletzung verschuldet hat oder nicht. Mit dem Honorar wird auch das ärztliche Risiko entgolten, aus Behandlungsfehlern vom Patienten in Anspruch genommen zu werden. Die Gefahr eines Behandlungsfehlers wird durch ein Verschulden des Patienten an seiner Behandlungsbedürftigkeit nicht erhöht. Wenn also Risiko und Risikoprämie nicht von einem solchen Verschulden abhängen, kann dies auch die Haftung des Arztes nicht. Der Gleichbehandlungsgrundsatz von Schädiger und Geschädigtem taucht hier erneut -allerdings nur mittelbar- auf.

Die neuere Rechtsprechung hat die genannten Erwägungen in den Gesamtschuldnerausgleich zwischen Erstschädiger und dem schuldhaft eine Zweitschädigung herbeiführenden Arzt übertragen.

OLG Hamm MedR 1996, 83ff.[673]:

Ein Pkw - Fahrer hatte bei einem mitverschuldeten Verkehrsunfall einen Oberschenkeltrümmerbruch erlitten. Bei der operativen Sanierung im Krankenhaus kam es zu einer Innenrotationsfehlstellung des Beins, bei deren Korrektur eine Infektion des Knochenlagers erfolgte, so daß der zuvor selbständige Patient arbeitsunfähig wurde.

Der Krankenhausträger leistete vollen Schadensersatz, nahm den gegnerischen Unfallbeteiligten jedoch in Höhe einer Quote von 50 % mit der Begründung in Anspruch, im Vorprozeß sei ein Mitverschulden der Unfallbeteiligten in dieser Höhe rechtskräftig festgestellt worden. Diese Quote müsse sich der Unfallgegner im Rahmen des Gesamtschuldnerausgleichs nach §§ 840, 426, 254 BGB entgegenhalten lassen.

Das OLG Hamm sah dies anders: Richtig sei zwar, daß der Krankenhausträger mit dem Unfallgegner gesamtschuldnerisch hafte. Entsprechend der Haftungs-

673 = NJW 1996, 789ff. (Sachverhalt hier vereinfacht)

quote müsse auch der Erstschädiger für *alle* durch den Behandlungsfehler schuldhaft verursachten Schadensfolgen eintreten, sofern nicht ausnahmsweise ein grober Behandlungsfehler den Haftungszusammenhang durchbreche. Dies gelte aber nur im *Außenverhältnis* zum Geschädigten. Da der Ausgleich der Schädiger untereinander im Innenverhältnis nach §§ 840, 426 BGB in entsprechender Anwendung des § 254 BGB zu erfolgen habe, seien die jeweiligen Verantwortungsbeiträge gegeneinander abzuwägen. Daraus resultiere die völlige interne Freistellung des Erstschädigers von den Folgen der Fehlbehandlung, da die beiden Unfallbeteiligten aufgrund ihrer konkurrierenden Kausalbeiträge gegenüber dem Arzt bzw. Krankenhausträger eine Haftungseinheit bildeten.

Insoweit profitiert der außenstehende Unfallmitverursacher hier vom beschränkten Schutzbereich der Schadensfernhaltungsobliegenheit des Geschädigten; dessen Herbeiführung der eigenen Behandlungsbedürftigkeit wird beim Innenregreß der Schädiger zulasten des Behandelnden nicht berücksichtigt.

Unter Schutzbereichserwägungen ist ein Mitverschulden des Patienten sodann nicht anzurechnen, wenn der ersatzpflichtige Schädiger den Geschädigten gerade vor der Verwirklichung der Obliegenheitsverletzung zu bewahren hatte:

BGHZ 96, 98[674]:

Ein Patient, der nach LSD-Konsum mit Verdacht auf beginnende schizophrene Entwicklung in ein Krankenhaus eingewiesen worden war, unternahm während der Behandlung einen Suizidversuch, indem er sich aus dem zweiten Stock des Krankenhausgebäudes in einen Treppenhausschacht stürzte. Die klagende Ersatzkasse verlangt vom Land als Trägerin des Krankenhauses Ersatz der aufgewandten Heilungs- und Pflegekosten.

Der BGH verneinte hier eine auch nur teilweise Schadenszurechnung zulasten des Geschädigten, da die Verhütung des entstandenen Schadens dem Beklagten allein oblegen habe: Weder der Konsum von LSD habe im Schutzbereich der Schadensfernhaltungsobliegenheit des Patienten gelegen noch der Suizidversuch selbst: Denn der Inhalt des Behandlungsverhältnisses sei nicht nur auf die Therapie der psychotischen Reaktion gerichtet gewesen, sondern zugleich auf die Verhinderung der bei dem Patienten bestehenden Suizidgefahr. Die Inschutznahme des Patienten "vor sich selbst" habe den Behandlungsvertrag geradezu geprägt. Der BGH weist in seiner Entscheidung selbst darauf hin, daß Fallkonstellationen anders zu bewerten sein könnten, in denen ein zunächst suizidgefährdeter, psychotischer Patient im Laufe der Behandlung so weit wiederhergestellt wird, daß die Suizidgefahr nicht mehr typisches Symptom seiner

674 = JR 1986, 149ff. m. Anm. Hohloch

Erkrankung ist. Bei einem "Bilanzselbstmord" etwa müßte der Patient nicht mehr vor sich selbst durch das Krankenhaus geschützt werden, so daß dessen Haftung von vornherein ausschiede.[675]

Für die Auslegung des Schutzbereichs der Obliegenheit greift der BGH in seiner Entscheidung auf das Pflichtgefüge des Behandlungsverhältnisses zurück: So ist die Bewahrung psychotischer Patienten vor eigener Schadenszufügung vertragliche Hauptpflicht.[676] Verletzt der Krankenhausträger hingegen nur eine Nebenpflicht aus der Behandlung -etwa die Wahrung der Vermögensverhältnisse des Patienten- werden die eingetretenen Schäden im Regelfalle in den Schutzbereich der Schadensfernhaltungsobliegenheit fallen.[677]

Die Beschränkung des Mitverschuldens durch den Schutzbereich läßt sich über die genannten Konstellationen hinaus sachgerecht vornehmen, etwa für die im Rahmen der Obliegenheitswidrigkeit i.e.S. schon betrachteten Fernwirkungsschäden. Erleidet z. B. die Ehefrau aufgrund der Nachricht vom mitverschuldeten Unfalltod ihres Mannes einen pathologischen Schock, wird ihr Ersatzanspruch gegen den Unfallbeteiligten zwar nicht nach §§ 846, 426, 254 BGB gekürzt[678], weil dies dessen Haftung auch dann begründete, wenn im Innenverhältnis zwischen den Ehegatten eine volle Haftungsfreistellung bestanden hat. Der BGH[679] wendet aber § 254 BGB im Rahmen des § 242 BGB an, weil der Getötete schuldhaft eine zusätzliche, für den Schadenserfolg wesentliche Ursache aus dem eigenen Verantwortungsbereich gesetzt hat.

Greift man statt dessen auf die Obliegenheit zurück, so ist die schuldhaft verursachte Selbsttötung normwidrig. Der psychisch vermittelte Schockschaden macht die "analoge" Widerrechtlichkeit des Obliegenheitsverstoßes besonders augenscheinlich: Erst in der Sekunde vor dem Unfall entscheidet sich, ob aus dem vom Normadressaten gesetzten Verhalten eine alleinige Selbst- bzw. Fremdschädigung oder aber ein mitwirkendes Verschulden wird. Die Ehefrau liegt im persönlichen Schutzbereich der Obliegenheit, weil ihr Schaden auf einer ganz besonders persönlichen Bindung an den unmittelbar Verletzten beruht. Für Dritte gilt das nicht; das Verhaltensgebot, die eigene Gesundheit zu

---

675 vgl. zu den Ausgangssituationen bei psychotischen Störungen Bochnik, MedR 1994, 438 ff.

676 Bochnik, aaO.

677 Dies galt etwa im bereits genannten Fall (B VII 2) eines geisteskranken Patienten, der mit einer Pflegerin ein Kind gezeugt hatte und sich sein Verhalten im Rahmen des geltend gemachten Unterhaltsersatzanspruchs zunächst als Obliegenheitsverletzung entgegenhalten lassen mußte.

678 so jedoch RGZ 157,11

679 BGHZ 56, 164 (170)

erhalten, erfaßt nicht die theoretische Möglichkeit, daß ein Extraneus aufgrund einer seelischen Fehlverarbeitung des Unfallereignisses Schaden nimmt.

IX. Die Rechtsfolge der Obliegenheitsverletzung

Die regelmäßige Rechtsfolge einer Obliegenheitsverletzung besteht in der Teilung des Schadens in einen zu ersetzenden und einen unersetzt bleibenden Teil. Nach welchen Kriterien diese Teilung erfolgen soll, ist eine für die Praxis außerordentlich wichtige Frage, für deren Lösung das Gesetz jedoch lediglich Anhaltspunkte gibt: Maßgeblich sollen die "Umstände", insbesondere die jeweiligen Verursachungs- und Verschuldensanteile sein, die untereinander und gegeneinander abzuwägen sind. Diese Formulierung verdeutlicht bereits, daß es sich immer um einen auf den Einzelfall bezogenen Vorgang tatrichterlicher Ermessensausübung[680] handelt, der Verallgemeinerungen nicht zugänglich ist. Die Vielgestaltigkeit der möglichen Lebenssachverhalte ist allein für das ärztliche Handeln aus den vorangegangenen Betrachtungen ersichtlich geworden.

Die normative Abgrenzung der Verantwortungsbereiche von Schädiger und Geschädigtem verbietet eine uneingeschränkte Systematisierung und Konkretisierung des Abwägungsvorganges.[681] Es können nur Abwägungsgrundsätze und Sonderfragen genannt werden.

1. Abwägung nach den Umständen der Schadensmitentstehung

So soll die Schadensteilung gemäß § 254 Abs. 1 BGB insbesondere davon abhängen, inwieweit der Schaden "vorwiegend von dem einen oder dem anderen Teile verursacht worden ist". Sprachlich ist diese Regelung mißglückt, denn eine Handlung kann nur entweder ursächlich sein oder nicht[682].

Rother[683] hat daraus die Schlußfolgerung gezogen, die Teilung habe über die oft unmögliche natürliche Teilung des Schadenserfolges anhand der Tatbeiträge zu erfolgen; ansonsten solle dieses Kriterium zur Schadensabwägung

---

680 Die Frage der Schadensermittlung wird dem Gericht nach § 287 ZPO erleichtert, nicht jedoch der Beweis für die obliegenheitsbegründenden Tatsachen, für den § 286 ZPO gilt, BGH NJW 1968, 985; Soergel/Mertens, § 254 Rz. 109, MünchKomm/Grunsky, § 254 Rz. 67

681 Hinrichs, S. 31; Larenz, Schuldrecht I, S. 549

682 Rother, Haftungsbegrenzung, S. 42; ders., VersR 1983, 793; Larenz, SchuldR I, S. 503

683 Rother aaO. (798)

aufgegeben werden. Nach ganz überwiegender Auffassung[684] ist der Gesetzeswortlaut jedoch in dem Sinne zu verstehen, daß auf die Wahrscheinlichkeit des Schadenseintritts abzustellen ist. Denn sonst müßten sämtliche Schadensursachen gleichbehandelt werden. Vorwiegend verursacht hat den Schaden danach derjenige, der dessen Eintritt nicht nur objektiv ermöglicht, sondern darüber hinaus in einem höheren Maße wahrscheinlich gemacht hat als der andere Beteiligte. Dabei muß auf den Zeitpunkt abgestellt werden, in dem die vom Schädiger und vom Geschädigten in Gang gesetzten Kausalreihen im schädigenden Ereignis zusammentreffen, denn erst dann handelt es sich um die in § 254 BGB betonte "Verursachung des Schadens".[685]

Gegen die überwiegende Schadensverursachung, d.h. die Gefahr, ist das Maß des beiderseitigen Verschuldens zu stellen.[686] Dabei muß der Grad des Verschuldens festgestellt[687] werden, entsprechend der Vorsatz-Fahrlässigkeit-Skala, letztere unterschieden nach grober, mittlerer und leichter Fahrlässigkeit.[688] Verursachung und Verschulden korrespondieren miteinander: So kann ein nur geringfügiger Verursachungsbeitrag durch ein grobes Verschulden kompensiert werden oder die Verursachung durch den anderen ganz "entfallen" lassen.

Daß für das Mitverschulden ebenfalls der objektive Fahrlässigkeitsmaßstab zugrundezulegen ist, wurde bereits ausgeführt.[689] Subjektive Aspekte brauchen in diesem Zusammenhang aber nicht ausgeblendet zu werden.[690] Das persönliche Leistungsvermögen des Patienten darf hier schon deshalb nicht unberücksichtigt bleiben, weil er sich in einer ihm fremden und oft schweren Situation befindet, die ihm der Schädiger aufgedrängt hat.[691] Deshalb ist nicht

---

684 BGH NJW 1963, 1447; 1969, 470; Larenz, SchuldR I, § 31 I; Jauernig/Teichmann, § 254 Nr. 2; Venzmer, S. 140; Lange § 10 XII 1; Wochner, S. 134f.; Esser/Schmidt, I § 35 IV

685 Staudinger/Medicus § 254 Rz. 92; unerheblich ist jedoch, ob der Verursachungsbeitrag im Zeitpunkt der auslösenden Handlung mehr oder weniger wahrscheinlich war, Lange aaO.

686 RGRK/Alff, § 254 Rz. 73; Soergel/R. Schmidt § 254 Rz. 16; MünchKomm/Grunsky, § 254 Rz. 61

687 Vermutetes oder gar unterstelltes -BGH VersR 1967, 1187f.- Verschulden bleibt unberücksichtigt, BGH VersR 1961, 249, 250f.

688 Staudinger/Medicus § 254 Rz. 93

689 vgl. oben B VII 1

690 Deutsch, Allgemeines Haftungsrecht, Rz. 572; ders., Fahrlässigkeit und erforderliche Sorgfalt, S. 361; Schmidt, Obliegenheiten, S. 116; Wochner, S. 173f.;

691 Dies gilt jedenfalls für die Schadensminderungsobliegenheit.

nur das Verschulden des ärztlichen Berufsanfängers bei der Abwägung geringer zu veranschlagen als das des "alten Hasen", sondern es finden auch die Eigenheiten junger, sehr alter oder besonders kranker Patienten angemessene Berücksichtigung.

Im Regelfalle wird bloße Fahrlässigkeit des Patienten völlig hinter den (bedingten) Vorsatz des Schädigers zurücktreten: Wer den Schaden will, kann sich nicht damit entlasten, der andere hätte ihn bei sorgfältigem Verhalten vermeiden können.[692] Wichtiger noch ist freilich die umgekehrte Situation: Der Vorsatz des Patienten wird unterschiedlich gewichtet, je nachdem, ob er sich, wie regelmäßig, allein auf den Obliegenheitsverstoß richtete oder auch auf den Eintritt des Schadens selbst.[693] Betroffen sind dabei meist Schutzgesetze i.S.d. § 823 Abs. 2 BGB.

BGHZ 119, 268:

Eine Patientin war auf dem Wege zum Arzt in ihrem Pkw tödlich verunglückt; ein anderer, alkoholisierter Verkehrsteilnehmer hatte die Vorfahrt mißachtet. Die Getötete hatte hingegen keinen Anschnallgurt angelegt, da sie aufgrund neurotischer Persönlichkeitsstörungen heftige Beklemmungsgefühle beim Angurten verspürt hatte.

Daß das Nichtangurten einen Obliegenheitsverstoß darstellte, bedarf keiner näheren Begründung. Es wäre hier konsequent gewesen, wenn der BGH unter Rückgriff auf seine frühere Rechtsprechung[694] die vorsätzliche Ignorierung der aus § 21a Abs. 1 S. 1 StVO fließenden Verhaltenspflicht bei der Rechtsfolge des § 254 BGB gegen das grobe Verschulden des Unfallverursachers gestellt hätte. Das Mitverschulden wäre dann wohl zurückgetreten. Statt dessen weist der BGH jedoch darauf hin, am Obliegenheitsverschulden im Sinne einer persönlichen Vorwerfbarkeit sei nicht zu zweifeln, solange für die Getötete nicht eine amtliche Ausnahmegenehmigung wegen schwerer Gesundheitsrisiken vorgelegen habe.

Hier offenbart sich eine Schwäche der obliegenheitstypischen Tatbestand - Rechtsfolge - Relation mit den unterschiedlichen Maßstäben von Verschulden und Kompensation.[695]

---

692 RGZ 162, 202 (208); BGH VersR 1964, 1046f.

693 Lange, § 10 XII 5 b; Staudinger/Medicus § 254 Rz. 101

694 BGHZ 57, 137 (145f.); BGH NJW 1965, 962, 963f.

695 Kritisch zur genannnten Entscheidung des BGH auch Deutsch, Fahrlässigkeit und erforderliche Sorgfalt, S. 478f.

Zu beachten bleibt weiterhin, daß der Patient auch dem vorsätzlichen Schädiger gegenüber grundsätzlich zur Schadensminimierung verpflichtet bleibt, etwa durch eine Operation. Die Schadensminderung ist also vom Haftungsgrund nicht abhängig.

Handelt der Patient auf eigene Gefahr, kann nicht unberücksichtigt bleiben, ob er dies allein im eigenen Interesse oder (auch) im Interesse eines anderen tat.[696]

Umstritten ist die Frage, ob bei der Abwägung außer dem Verursachungsanteil und dem Verschulden[697] noch weitere Umstände zu berücksichtigen sind. Dabei geht es namentlich um die Relevanz verwandschaftlicher Beziehungen zwischen den Beteiligten, um die beiderseitigen Vermögensverhältnisse sowie gerade beim Arzt-Patienten-Verhältnis um den bestehenden Versicherungsschutz.

Teilweise[698] wird argumentiert, der Gesetzgeber hätte sich in § 254 Abs. 1 BGB präziser ausgedrückt und nicht allgemein die "Umstände" genannt, wenn er ausschließlich Verursachung und Verschulden hätte maßgeblich sein lassen wollen.

Demgegenüber verneint die herrschende Meinung[699] die Beachtlichkeit weiterer Umstände. Zur Begründung wird darauf hingewiesen, daß sich derartige Umstände auf den Schadensfall gerade nicht ausgewirkt haben. Sie stellten reine Billigkeitsgesichtspunkte dar, die zwar bei den Ansprüchen aus §§ 829, 847 BGB, nicht jedoch im Rahmen der Schadensverteilung nach § 254 BGB von Bedeutung seien.

Unter dem Gesichtspunkt des Zwecks der Rechtsfolge des § 254 BGB spricht mehr für die erstgenannte Ansicht. Es handelt sich um eine Norm, die qua Abwägung gerade die begriffliche Strenge der Tatbestandsvoraussetzungen von Obliegenheit und Verschulden soll ausgleichen können. Dann aber ist nicht einsichtig, das richterliche Ermessen einzuengen.

---

696 OLG Hamm, VersR 1983, 275

697 Entsprechend dem Verschulden ist auch die mitwirkende Betriebsgefahr nicht nur Zurechnungsgrund, sondern auch Abwägungskriterium; es spielt hinsichtlich der Patientenobliegenheiten keine Rolle.

698 Schlierf, NJW 1965, 676; Böhmer, VersR 1963, 26; Deutsch, ZRP 1983, 139; ders., Allgemeines Haftungsrecht Rz. 583

699 Soergel/Mertens, § 254 Rz. 114; Lange, § 10 XII 4; Rother, S. 44; MünchKomm/Grunsky, § 254 Rz. 66; gegen die Berücksichtigung fehlenden Versicherungsschutzes vgl. auch BGH NJW 1978, 442

Das sieht offenbar auch die h. M., wenn sie einräumt, die übrigen Umstände könnten "im Rahmen der Verschuldensabwägung" ein gewisses Gewicht erlangen.[700] Damit ist der Streit allein theoretischer Natur.

2. *Die Obliegenheit als Soziabilitätsschranke des Schadensersatzes*

Der § 254 BGB zugrundeliegende Gedanke läßt sich auch so ausdrücken, daß mit Anerkennung der Obliegenheit zur Schadensfernhaltung bzw. -verkleinerung eine *Soziabilitätsschranke* des Schadensersatzes markiert wird: Der Geschädigte darf nicht die Kosten einer die soziale Üblichkeit erkennbar überschreitenden Lebensführung im Rahmen der Restitution liquidieren.[701]

Die Betonung der sozialen Bindung des Geschädigten ist freilich nichts anderes als die schon herausgearbeitete Begründung für die Normwidrigkeit der Obliegenheit.[702] Gleichwohl wird der Begriff gelegentlich im Zusammenhang mit exzessiven Aufwendungen des Geschädigten zur Schadensbeseitigung verwendet, die nicht nur einen Obliegenheitsverstoß bilden können, sondern zugleich einer spezielleren *Abwägung* im Rahmen der Rechtsfolge des § 254 BGB unterworfen werden.

LG Düsseldorf VersR 1966, 95f.:

Der Kläger erlitt aufgrund eines Verkehrsunfalls Prellungen und eine Kniegelenkverletzung, aufgrund derer sein Hausarzt nicht nur eine entsprechende Medikation, sondern auch zwei Kuraufenthalte in Meran und Arosa verordnete.

Das Gericht versagte dem Kläger den Ersatz der erheblichen Wiederherstellungskosten mit der Begründung, es stelle ein Mitverschulden dar, wenn sich ein Unfallopfer auf die Richtigkeit der Verordnung extrem kostspieliger Heilungsmaßnahmen seines Hausarztes verlasse, ohne einen weiteren (Fach-)Arzt zu Rate zu ziehen. Abgestellt wird demnach offenbar auf eine verletzte Kontrollobliegenheit als spezielle Schadensminderungsobliegenheit.

Sieht man die Fragestellung als eine solche der Haftungsbegründung, handelt es sich bei den Kurkosten wohl gar nicht um i.S.d. § 249 S. 2 BGB

---

700 Lange, § 10 XII 5; Soergel/Mertens, § 254 Rz. 114 mwN.

701 Mertens, Vermögensschaden, S. 174; kritisch zum Begriff Honsell, Quotenteilung, S. 116f.

702 s. oben B VI 2,3

"erforderliche" Kosten. Schadensersatzrechtlich sind nur solche Herstellungskosten erforderlich, die nach der gegebenen Sachlage bei verständiger Beurteilung als zur Schadensbeseitigung geboten erschienen[703].

Aber auch nicht nach § 249 S.2 BGB "erforderliche" Restitutionskosten des Patienten sind, sofern sie durch die schädigende Handlung adäquat kausal verursacht worden sind, grundsätzlich ersatzfähige Vermögensschäden gem. §§ 249 S. 1, 251 Abs. 1 BGB. Hier setzt die Selbstschädigung ein: Erweisen sich die Aufwendungen ex ante als erfolgslos oder zumindest als wirtschaftlich völlig übertrieben, liegt eine Obliegenheitsverletzung des Patienten vor. Die Tatsache, daß die Kosten ganz in dessen Sphäre entstanden sind und der Schädiger deren Entstehung nicht verhindern konnte, gebietet es, im Rahmen der Abwägung von Verursachung und Verschulden einen *anderen* Verteilungsmaßstab anzusetzen als für solche Kosten, die aus der Verletzungshandlung notwendig, wenn auch vom Patienten mitverschuldet, folgen. Er wird bei solchen völlig aus dem Rahmen fallenden Aufwendungen mit einer höheren Quote belastet: Sein Mitverschulden an der Kostenentstehung setzt sich auch gegenüber dem vorsätzlichen Schädiger durch und wird meistens zu einer völligen Entlastung des nur fahrlässig Handelnden führen.[704]

Es kommt in diesen Fällen zu einer Reduzierung der ersatzfähigen Aufwendungen des Geschädigten im Wege der Quotierung auf diejenigen Kosten, die bei der Erfüllung der Obliegenheit zur Schadensvermeidung entstanden wären (Ersatz der Arztkosten, Medikation, Fahrkosten etc.).

Unter dem Aspekt, daß der Geschädigte sozial eingebunden ist, lassen sich auch noch andere Obliegenheitsverletzungen bei der Abwägung flexibel berücksichtigen. So wie die Rechtsprechung in Einzelfällen eine Operationsobliegenheit des Patienten bejaht hat[705], sieht sie es umgekehrt in Ausnahmefällen als Verstoß gegen den Grundsatz von Treu und Glauben an, wenn der Patient den Ersatzpflichtigen mit den Kosten eines an sich möglichen und medizinisch sinnvollen Eingriffs unzumutbar belastet.

BGHZ 6, 295 (299):

Der Kläger, der bei einem unverschuldeten Urlaubsunfall verletzt wurde, verlangte vom Schädiger Erstattung eines Betrags von fast 2.600 DM für die operative Beseitigung einer

---

703 RGZ 99, 172 (184); BGHZ 54, 82 (85); BGHZ 61, 346 (347f.); BGHZ 63, 124; Grunsky, 25 Jahre Karlsruher Forum, 101 (103)

704 Mertens, S. 174

705 s.o. B II 2

2,5 cm langen lappenförmigen, von der rechten Ohrmuschel schräg verlaufenden Unfallnarbe, für die ein Schmerzensgeld von 400 DM für angemessen erachtet worden war.

Der BGH rekurriert auf die durch §§ 242, 251 Abs. 2, 254 Abs. 2 BGB gezogene Grenze, die hier überschritten worden sei, weil sich aus einer Güter- und Interessenabwägung eine Unzumutbarkeit des Herstellungsverlangens (§ 249 S. 2 BGB) ergebe. Diese Abwägung könne sich nicht an einem bloßen Schmerzensgeldbetrag orientieren, da hier wesensverschiedene Interessen miteinander konkurrierten.[706] Damit klingt eine Schadensminderungsobliegenheit des Patienten an, die die im Einzelfall existierende Behandlungsobliegenheit[707] ihrerseits konkretisiert und begrenzt. Zwar müsse ein Verletzter nicht schon deshalb auf die Herstellung seiner Gesundheit verzichten oder Schmerzen ertragen, nur weil die erforderlichen Heilungskosten den als Schmerzensgeld in solchen Fällen angemessenen Betrag ganz erheblich übersteigen. Jedoch könnten bei unbedeutenden Verletzungen die wirtschaftlichen Belange des Schadensersatzschuldners dem Interesse des Verletzten an der Beseitigung der Unfallfolgen vorgehen; letzterer dürfe den Schadensfall nicht schrankenlos ausnutzen.

3. *Obliegenheitsverletzung und Teilkausalität*

Normalerweise führt die nach § 254 BGB erfolgende Abwägung von Verursachung und Verschulden zur Bildung einer einheitlichen, auf den Gesamtschaden ausgerichteten Quote. Das macht keine Schwierigkeiten, wenn das Mitverschulden den gesamten Schaden erfaßt. Es ist aber auch denkbar, daß nur einzelne Schadensteile betroffen sind: Die verspätete oder unterlassene Konsultation des Arztes hat zwar den Körper-, nicht jedoch den Sachschaden des Patienten erhöht; die verweigerte Umschulung der falsch behandelten Patientin hat den Verdienstausfall, nicht hingegen die Heilungskosten erhöht.

Es handelt sich dabei um eine Frage des sachlichen Schutzbereichs der Obliegenheit. Soweit sich die Rechtsprechung mit dieser Frage befaßt hat, läßt sich keine einheitliche Linie feststellen: Teils werden verschiedene Quoten für diejenigen Schadensposten ausgeworfen[708], für die der Obliegenheitszusammen-

---

706 zustimmend Grunsky aaO.

707 s.o. B II 1

708 BGH NJW 1979, 980; für eine Quotenaufteilung auch Venzmer, S. 178f.; Staudinger/Medicus § 254 Rz. 114

hang vorliegt, teils wird eine einheitliche Quote auf den Mittelwert gebildet[709]. Letzteres setzt in jedem Fall voraus, daß die Schadensentwicklung schon abgeschlossen und völlig überschaubar ist. Das wird man bei medizinischen Behandlungsschäden aber im Regelfalle verneinen müssen.

709 BGH VersR 1980, 824: Verletzung der Anschnallobliegenheit mit unterschiedlichem Gewicht für einzelne Verletzungen.

Zusammenfassung und Ergebnisse

1. Nach den vorangegangenen Untersuchungen erweist sich, daß es sich bei § 254 BGB nicht lediglich um einen kodifizierten Unterfall des § 242 StGB handelt, bei dem das Bestehen einer Mitverantwortung des Geschädigten an Schädigungen seiner Rechtsgüter allein von Billigkeitserwägungen abhängig wäre. Es handelt sich vielmehr um eine *Tatbestandsnorm*, aus der sich Verhaltensnormen entwickeln lassen.

   Als einheitlicher Grundgedanke liegt der Norm das Sachzuständigkeitsprinzip zugrunde. Jedermann muß niemandem zurechenbare Beeinträchtigungen der eigenen Rechtsgüter kraft persönlicher Rechtssphäre selbst tragen. Dies muß erst recht gelten, wenn die Entstehung eigenen Schadens durch zurechenbares Verhalten selbst mitverursacht worden ist.

2. § 254 BGB ist eine vom Gesetz mit spezieller Wirkung ausgestaltete Verhaltensnorm, deren Wirkung dem Normadressaten gegenüber eine nur mittelbare ist. Sie kann daher unter Übernahme der versicherungsrechtlichen Terminologie als *Obliegenheit* bezeichnet werden:

   Obliegenheiten steuern menschliches Verhalten ebenso wie Rechtspflichten i.e.S. sie unterscheiden sich von diesen lediglich in der Zwangsintensität. Während diese notfalls mit staatlichen Zwangsmitteln durchgesetzt werden können, hat die Nichtbefolgung einer Obliegenheit lediglich den Verlust eigener, günstiger Rechtspositionen zur Folge. Dies ist im Hinblick auf den Normcharakter jedoch ein nur gradueller, nicht aber qualitativer Unterschied. Denn die verhaltensbeeinflussende Wirkung von Normen wird immer rechtspsychologisch motiviert, indem entweder ein Anreiz in Form eines rechtlichen Vorteils oder ein Zwang in Form eines rechtlichen Nachteils in Aussicht gestellt wird. Tatbestand und Rechtsfolge stehen -auch- in einem funktionalen Normzusammenhang. Die Nötigungswirkung kann allein durch die funktionale Verknüpfung von Tatbestand und Rechtsfolge erzielt werden, möglich ist aber auch eine final bezweckte Nötigung. Erfüllt der Normadressat die Verhaltenserwartung zumindest auch im eigenen Interesse, liegt eine Obliegenheit vor.

3. Mit einem so definierten Obliegenheitsbegriff ist es durchaus möglich, im Rahmen des § 254 BGB das vom Geschädigten erwartete Verhalten im Wege einer Fallgruppenbildung zu bestimmen. Es läßt sich danach eine Schadensfernhaltungsobliegenheit und eine Schadensminderungsobliegenheit des Geschädigten unterscheiden. Erstere ist zum überwiegenden Teil § 254 Abs. 1 BGB zuzuordnen; sie betrifft die aktive oder passive Mitwirkung an der Schadensentstehung. Letztere verlangt von ihm, einen schon

eingetretenen Schaden möglichst gering zu halten. Die möglichen Fälle einer mitwirkenden Verursachung des Patienten an eigenen Gesundheits- oder Vermögensschäden lassen sich in beide Obliegenheitstypen einordnen.

4. Die *Schadensfernhaltungsobliegenheit*, § 254 Abs. 1 BGB, läßt sich zunächst dem Behandlungsvertrag zwischen Arzt und Patient entnehmen. Hier bestehen keine strukturellen Unterschiede zu versicherungsvertraglich zu vereinbarenden Obliegenheiten. Wesentlichste Obliegenheit des Patienten ist dessen Compliance, also die Mitwirkung an den ärztlichen Heilungsbemühungen. Der Patient ist gehalten, den Arzt im Rahmen von Diagnose und Therapie auf mögliche Besonderheiten wie Schadensdispositionen oder Vorerkrankungen hinzuweisen, er muß Medikationshinweise und Empfehlungen ernstnehmen und umsetzen, und er muß verabredete Wiedereinbestellungen wahrnehmen. Die letztgenannte Obliegenheit hat eine mehrfache Ausrichtung: Sie ist spezielle Schadensfernhaltungsobliegenheit nach § 254 BGB und zugleich allgemeine Mitwirkungsobliegenheit des Patienten als Gläubiger, deren schuldhafte Verletzung den Anspruch auf die ärztliche Behandlung nach § 615 BGB einseitig in Wegfall bringt. Schließlich kann den Patienten die allgemeine Obliegenheit zur Compliance als Versicherungsnehmer in der privaten und gesetzlichen Krankenversicherung treffen.

   Die Obliegenheit zur Compliance ist keine vertragliche Nebenpflicht. Sie kann aber im Einzelfall zu einer inhaltskongruenten Pflicht erstarken und hat dann einen rechtlichen Doppelcharakter.

   Der Umfang der Obliegenheit ist unterschiedlich und richtet sich nach den Umständen des Einzelfalls, namentlich dem Krankheitsbild des Patienten und dem Therapiekonzept.

   Den Arzt treffen nur wenige vertragliche Obliegenheiten; ihm wird insbesondere nicht die unaufgeforderte Offenbarung eigenen Fehlverhaltens angesonnen.

5. Im Bereich der ärztlichen Aufklärungspflichtverletzungen ist kaum Raum für den Einwand mitwirkenden Patientenverschuldens, da es typische ärztliche Aufgabe ist, Aufklärungswunsch und Aufklärungsbedürfnis des Patienten im Arztgespräch zu ermitteln.

6. Bei Schwangerschaftsabbrüchen und im Zusammenhang mit der Familienplanung spielen bereits subjektive Elemente in den Tatbestand der Obliegenheit hinein. Weder die verweigerte Adoptionsfreigabe noch die Verweigerung eines an sich möglichen Zweiteingriffs nach einer mißglückten Abtreibung ist der Schwangeren als Verschulden gegen sich selbst anzurechnen. Anderes kann gelten für die Verwechselung eines Kontrazepti-

vums und für eine nachlässige Erfolgskontrolle bei schwangerschaftsverhütenden oder -beendenden Maßnahmen.

7. Sofern die Schadensfernhaltungsobliegenheit nicht durch Vertrag oder Gesetz konkretisiert werden kann, wird der Begriff der Obliegenheit in § 254 Abs. 1 BGB unscharf. Es bedarf dann einer Normbildung, die nur durch Abwägung der betroffenen Rechtsgüter und der konkreten Handlungsmotivation des Patienten angesichts der Rechtsgutsgefährdung erfolgen kann.

   Relevanz gewinnt diese nicht vertypte Obliegenheit für Fälle, in denen der Patient einer besonderen Gefahrenexposition ausgesetzt ist, insbesondere in Fällen besonderer Krankheitsanfälligkeiten oder Behinderungen. Die - nicht exakt festlegbare - negative Zurechnungsgrenze für das Mitverschulden sollte bei der schlichten beschränkten Tauglichkeit des Einzelnen zur Teilnahme am sozialen Verkehr gezogen werden. Sie bildet das spiegelbildliche Äquivalent zum allgemeinen Lebensrisiko bei der Haftung und stellt sicher, daß schwächeren Mitgliedern der Gesellschaft der von ihnen dringend benötigte Handlungsfreiraum gewährleistet bleibt.

8. Die *Schadensminderungsobliegenheit* des Patienten, § 254 Abs. 2 3. Var. BGB, betrifft zum einen die Notwendigkeit, nach einer Drittschädigung ärztliche Hilfe in Anspruch zu nehmen. Diese Obliegenheit wird ihrerseits dadurch begrenzt, daß der Patient keine exzessiven Kosten zur Heilung verursachen darf, die in keinerlei Verhältnis zur Erstschädigung stehen.

   Die Operationsobliegenheit erlegt ihm auf, zur Beseitigung oder jedenfalls Minderung eines bestehenden Schadens solche Eingriffe zu dulden, die nach dem jeweiligen Stand der Wissenschaft gefahrlos erscheinen, nicht mit besonderen Schmerzen verbunden sind und eine sichere Aussicht auf Heilung oder Besserung bieten. Wann dies anzunehmen ist, ist Gegenstand einer Abwägung. Von dieser objektiven ist die subjektive Zumutbarkeit zu unterscheiden, die im Rahmen des Mitverschuldens i.e. S. berücksichtigt wird. Zwar wird auch dort grundsätzlich ein objektiv-typisierender Sorgfaltsmaßstab angelegt; immerhin können damit aber bereits gruppenspezifische Besonderheiten z. B. älterer Menschen sachgerecht erfaßt werden. Individuelle Besonderheiten, etwa eine besondere Operationsangst, können im Rahmen der Rechtsfolge des § 254 BGB bei der Abwägung der Verursachungs- und Verschuldens-anteile Beachtung finden. Der tatsächliche Anwendungsbereich der Operationsobliegenheit wird damit deutlich eingeengt.

9. Nach einem eingetreten Gesundheitsschaden wird dem Patienten - wie jedem anderen Geschädigten auch - im Einzelfalle auch zugemutet, sich umschulen zu lassen oder eine Erwerbstätigkeit aufzunehmen, um den Scha-

den zu minimieren. Wer sich nach derartigen Maßnahmen besser steht als zuvor, braucht sich den Mehrverdienst aber nicht auf seinen Schaden anrechnen zu lassen.

Hingegen stellt es keine Obliegenheitsverletzung dar, wenn der durch einen Behandlungsfehler geschädigte Patient es ablehnt, vor einer Klageerhebung ein Gutachter- oder Schlichtungsverfahren durchführen zu lassen.

10. Denkbar ist auch, daß ein Patient im Einzelfalle auf eigene Gefahr handelt, so daß sein Anspruch zu kürzen ist. Solche Fälle könnten vorliegen, wenn er sich als Sportler potentiell gefährlichen ärztlichen Dopingmaßnahmen zur Leistungssteigerung unterzöge oder sich als stationär behandelter Patient vermeidbaren Gefährdungen im Krankenhaus aussetzte.

11. Ein Fehlverhalten Dritter, das sich ein Patient nach §§ 254 Abs. 2, 278 BGB als eigenes Mitverschulden anrechnen lassen müßte, kommt für die ärztliche Haftung allenfalls dann in Betracht, wenn eine Fehlbehandlung von Kindern mit elterlichem Aufsichts- oder Kontrollverschulden konkurriert.

12. Aus dem Charakter der Obliegenheit als Verhaltensnorm minderer Zwangsintensität resultiert notwendig, daß bei ihr ein Analogon zur Rechtswidrigkeit existiert. Zwar ist die Selbstgefährdung bzw. Selbstverletzung nicht rechtswidrig; sie ist aber normwidrig, weil ihre Bewertung an ein Verhalten anknüpft und damit die Kriterien der verhaltensbezogenen Rechtswidrigkeit bei der Fremdschädigung anwendbar werden. Zu ungenau erscheint es jedoch, schlicht auf das Verbot des Selbstwiderspruchs abzustellen, weil dies nicht zwingend auf die Obliegenheit reflektiert. Maßgeblich ist vielmehr der finale Ansatz des durch die Obliegenheit bewirkten Zwanges; da Verhaltensnormen menschliches Tun oder Unterlassen motivieren, spielt es unter Normwidrigkeitsaspekten keine Rolle, ob sachwidriges Verhalten einen fremden oder einen eigenen Schaden bewirkt. Die zurechenbar veranlaßte Selbstschädigung zeichnet immer zugleich das virtuelle Bild einer Fremdschädigung: Die *beschränkte Soziabilität des Einzelnen* ist also der eigentliche Grund für die normative Indifferenz von Fremdschädigung und Selbstschädigung.

    Selbst unter Heranziehung des rechtsgutsbezogenen Rechtswidrigkeitsbegriffs bleibt die "analoge" Rechtswidrigkeit der Fremdschädigung bestehen. Es lassen sich nämlich den Rechtfertigungsgründen entsprechende Ausschlußgründe bilden, die das Verhalten als im Einzelfall normgemäß erscheinen lassen. Die Fälle des Rechtsgutseinsatzes zur Rettung Dritter bilden als Sonderform eines Fernwirkungsschadens dafür ein Beispiel.

13. Setzt man Pflicht und Obliegenheit auf der Normebene gleich, so werden Fremdverschulden und Eigenverschulden qualitativ ununterscheidbar. Für das Obliegenheitsverschulden gilt deshalb der objektive Fahrlässigkeitsmaßstab des § 276 BGB und nicht die subjektiv-individuelle Fahrlässigkeit. Auch die §§ 827ff. BGB bleiben anwendbar.

14. Der weitgehenden Symmetrie von Haftung und Mithaftung entspricht es, die Lehre vom Schutzbereich der Norm auf die Obliegenheit anzuwenden. Hat das selbstschädigende Verhalten des Patienten den Verantwortungskreis des Ersatzpflichtigen erst begründet, fällt dieses nicht in den Schutzbereich der Schadensfernhaltungsobliegenheit des § 254 Abs. 1 BGB. Ebenso steht es, wenn der Schädiger den Geschädigten gerade vor der Realisierung des Obliegenheitsverstoßes bewahren sollte. Schließlich bilden die psychisch vermittelten Schäden auch hier einen Anwendungsbereich der - negativen - Schutzbereichslehre.

15. Zusammenfassend lassen sich zwei Erkenntnisse formulieren:

Zum einen läßt sich feststellen, daß die Anrechenbarkeit einer mitwirkenen Verursachung des Patienten für den Bereich der ärztlichen Haftung nur eine untergeordnete Rolle spielt. Das hängt damit zusammen, daß das Selbstbestimmungsrecht des Patienten einen umfassenden Schutz genießt und jede Einwilligung in einen Eingriff die körperliche Integrität zur Disposition stellt. Dem entspricht es, wenn besondere Schwächen oder die mangelnde Entschlußkraft mithaftungsrechtlich außer Betracht bleiben.

Zum anderen hat sich erwiesen, daß der in seiner Allgemeinheit schillernde und notwendigerweise generalisierende Begriff der zivilrechtlichen Obliegenheit jedenfalls für eine tatbestandsbezogene Anwendung im Bereich der ärztlichen Haftung herangezogen werden kann. Die gegen ihn erhobenen Bedenken sind für das Mitverschulden hier weitgehend gegenstandslos, da die Obliegenheit eine Verhaltensnorm darstellt und damit, von wenigen Ausnahmefällen abgesehen, der des Privatversicherungsrechts ähnelt, von der sie etymologisch abstammt. Das gilt bis in den Verschuldensbezug hinein.

Zumindest im Rahmen des § 254 BGB hat die Obliegenheit mithin eine eigene dogmatische Daseinsberechtigung.

Literaturverzeichnis

Adriani, Hans — Der Schuldbegriff in § 254 BGB
Diss.iur., Göttingen 1938

Anders, Axel — Die Zumutbarkeit operativer Eingriffe aus der Sicht des Chirurgen,
in: Heim, Wilhelm (Hrsg.), Haftpflichtfragen im ärztlichen Alltag, Köln 1980,
S. 105 ff.

Bach, Peter / Moser, Hans / Wilmer, Jan — Private Krankenversicherung, MB/KK und MB/KT-Kommentar,
2. Aufl. , München 1993

Ballerstedt, Kurt — Buchbesprechung zu Reimer Schmidt, Die Obliegenheiten,
ZHR 121, S. 78 ff.

Bauer, Wolfgang — Was ist "Compliance" ?,
DÄBl. 1983, 46 f.

Bochnik, Hans-Joachim — Aufklärungs- und Haftungsfragen bei Selbstschädigungen psychotischer Patienten in klinischer Behandlung,
MedR 1994, 438ff.

Bodenburg, Reinhard — Der ärztliche Kunstfehler als Funktionsbegriff zivilrechtlicher Dogmatik,
Göttingen 1982

Böhmer, Emil — Hat die Schadenverteilung nach § 254 BGB nur nach dem Maß der Verursachung und des Verschuldens zu erfolgen ?
VersR 1963, 26ff.

Bölke, Günter/ Robbers, Jörg — Die stationäre Krankenhausbehandlung,
Stuttgart 1988

Brackmann, Ludwig — Die Mitwirkung des Leistungsberechtigten nach dem SGB, DOK 1976, 794 ff.

Brambring, Günter	Mittäter, Nebentäter, Beteiligte und die Verteilung des Schadens bei Mitverschulden des Geschädigten, Berlin 1973
Bruck, Ernst/Möller, Hans	Kommentar zum Versicherungsvertragsrecht Band 1 (§§ 1-48 VVG und Versicherungsvermittlerrecht) 8.Aufl., Berlin 1961
Brüggemeier, Gert	Deliktsrecht, Baden-Baden 1986
Buchka, Gerhard v.	Die indirekte Verpflichtung zur Leistung, Diss.iur., Leipzig 1904
Bydlinski, Franz	Probleme der Schadensverursachung nach deutschem und österreichischem Recht, Stuttgart 1964
Caemmerer, Ernst v.	Wandlungen des Deliktsrechts, in: Hundert Jahre Deutsches Rechtsleben, Festschrift zum 100jährigen Bestehen des Deutschen Juristentages 1860 - 1960, hrsg. von E. von Caemmerer, E. Friesenhahn und R. Lange, Karlsruhe 1960, S. 49ff.
Dette, Hans Walter	Venire contra factum proprium nulli conceditur Diss.iur., Berlin 1985
Deuchler, Wolfgang	Die Haftung des Arztes für die unerwünschte Geburt eines Kindes -wrongful birth, Frankfurt 1984

Deutsch, Erwin — Fahrlässigkeit und erforderliche Sorgfalt, 2., um das Thema Fahrlässigkeit, eine Bestandsaufnahme an der Schwelle zum 21. Jahrhundert, ergänzte Aufl., Köln usw. 1995

Deutsch, Erwin — Das Kind oder sein Unterhalt als Schaden, VersR 1995, 609 ff.

Deutsch, Erwin — Rechtswidrigkeitszusammenhang, Gefahrerhöhung und Sorgfaltsausgleichung bei der Arzthaftung in: Festschrift für Ernst v. Caemmerer zum 70. Geburtstag, Tübingen 1978, 329 ff.

Deutsch, Erwin — Anmerkung zu BGH JZ 1992, 95 ff.= JZ 1993, 97 f.

Deutsch, Erwin — Anmerkung zu BGH JZ 1994, 956 = JZ 1994, 960 f.

Deutsch, Erwin — Finalität, Sozialadäquanz und Schuldtheorie als zivilrechtliche Strukturbegriffe, in: Festschrift für Hans Welzel zum 70. Geburtstag, Berlin 1974, S. 227ff.

Deutsch, Erwin — Unerlaubte Handlung, Schadensersatz und Schmerzensgeld, 3. Aufl., Köln 1995

Deutsch, Erwin — Haftungsprobleme für HIV-Infektionen bei Bluttransfusionen, Blutzubereitungen und Impfversuchen, MMG 14 (1989), S. 13ff.

Deutsch, Erwin — Einschränkung des Mitverschuldens aus sozialen Gründen ?, ZRP 1983, 137ff.

Deutsch, Erwin — Schutzbereich und Tatbestand des unerlaubten Heileingriffs im Zivilrecht, NJW 1965, 1989ff.

Deutsch, Erwin — Fahrlässigkeitstheorie und Behandlungsfehler, NJW 1993, 1506f.

Deutsch, Erwin — Das "allgemeine Lebensrisiko" als negativer Zurechnungsgrund, VersR 1993, 1041 ff.

Deutsch, Erwin — Allgemeines Haftungsrecht, 2. Aufl., Köln u.a. 1996

Deutsch, Erwin — Versicherungsvertragsrecht, 3. Aufl., Karlsruhe 1993

Deutsch, Erwin / Geiger, Michael — Medizinischer Behandlungsvertrag: Empfiehlt sich eine besondere Regelung der zivilrechtlichen Beziehungen zwischen dem Patienten und dem Arzt im BGB ? in: Gutachten und Vorschläge zur Überarbeitung des Schuldrechts, Bonn (1982), 149ff.

Dialinas, Nikolas — Das Mitverschulden des Minderjährigen, seiner gesetzlichen Vertreter und Erfüllungsgehilfen im deutschen, französischen und griechischen Recht, München 1982

Diederichsen, Uwe — Unterhaltskosten als Vermögensschaden, VersR 1981, 693 ff.

Donner, Hartwig/ Simon, Jürgen — Genomanalyse und Verfassung, DÖV 1990, 607ff.

Dreher, Eduard/ Tröndle, Herbert	Strafgesetzbuch, 46. Aufl. München 1993
Dullinger, Silvia	Mitverschulden von Gehilfen, JBl. 1990, 20, 91 ff.
Dunz, Walter	Wesen und Grenzen des "eigenen Mitverschuldens", JZ 1961, 406 ff.
Dunz, Walter	Abwägungskriterien bei der Schadensausgleichung, NJW 1964, 2133
Dunz, Walter	Mitverschulden und "Selbstwiderspruch", NJW 1988, 2234ff.
Eberhardt, Dietrich	Selbstbestimmungsrecht des Patienten und ärztliche Aufklärungspflicht im Zivilrecht Frankreichs und Deutschlands, Karlsruhe 1968
Ehlers, Alexander / Broglie, Maximilian G.	Praxis des Arzthaftungsrechts, München 1994
Emmerich, Volker	Anmerkung zu BGH NJW 1994, 788, in JuS 1994, 608 f.
Enneccerus, Ludwig/ Nipperdey, Hans Carl	Allgemeiner Teil des Bürgerlichen Rechts, 15. Aufl., Tübingen 1960

Enneccerus, Ludwig/ Lehmann, Heinrich	Lehrbuch des Bürgerlichen Rechts, 2. Band, Recht der Schuldverhältnisse, 15. Aufl., Tübingen 1958
Erman, Walter	Handkommentar zum BGB in 2 Bänden, Bd.1 (§§ 1-853 BGB), 9. Aufl., Münster 1993 (zit.:Erman/Bearb., § Rz)
Esser, Josef	Anmerkungen und Buchbesprechung zu Schmidt, Reimer, Die Obliegenheiten, AcP 154 (1955), 49ff.
Esser, Josef Schmidt, Eike	Lehrbuch des Schuldrechts, Band 1, Allgemeiner Teil, Teilband 1 (Schuldverhältnisse) 8. Auflage, Heidelberg 1995
Fahrenhorst, Irene	Die Haftung für HIV -verseuchte Blutkonserven, MedR 1992, 74ff.
Fischer, Gerfried	"Wrongful life": Haftung für die Geburt eines behinderten Kindes Bemerkungen zu BGHZ 86, 240 in JuS 1984, 434 f.
Flume, Werner	Anmerkung zu BGH v. 14.3.1961 (VI ZR 189/59) = BGH JZ 1961, 602 ff.
Franz, Kurt	Naturheilmittel und Recht, Köln 1992

Franz, Kurt/ Hartl, Monika — "Doping" durch den Arzt als "ärztliche Tätigkeit", NJW 1988, 2277 ff.

Franzki, Harald/ Hansen, Britta — Der Belegarzt -Stellung und Haftung im Verhältnis zum Krankenhausträger, NJW 1990, 737 ff.

Geiß, Karlmann — Arzthaftpflichtrecht, 2. Aufl., München 1993

Gernhuber, Joachim — Die Haftung für Hilfspersonen innerhalb des mitwirkenden Verschuldens, AcP 152 (1952), 69ff.

Giesen, Dieter — Anmerkung zu BGH v. 27.11.1984 - VI ZR 43/83 = JZ 1985, 334ff.

Giesen, Dieter — Anmerkung zu BGH JR 1988, 202f.

Giesen, Dieter — Arzthaftungsrecht, 4. Aufl. Tübingen 1995

Giesen, Dieter — Geburt eines ungewollten Kindes-Wertverwirklichung oder Schadensereignis?, FamRZ 1970, 565 ff.

Giesen, Dieter — Wandlungen des Arzthaftungsrechts, Tübingen 1983

Gitter, Wolfgang | Zum Privatliquidationsrecht der leitenden Krankenhausärzte. Rechtsbeziehungen zwischen Arzt, Krankenhaus und Patient, Köln 1975

Göbbels, Hans | Die Duldung ärztlicher Eingriffe als Pflicht, Stuttgart 1950

Gottschalk, Alfred | Das mitwirkende Verschulden des Geschädigten bei Schadensersatzansprüchen nach dem Bürgerlichen Gesetzbuch, Berlin 1903

Greger, Reinhard | Mitverschulden und Schadensminderungspflicht - Treu und Glauben im Haftungsrecht? NJW 1985, 1130 ff.

Grunsky, Wolfgang | Wert des verletzten Rechtsguts und Begrenzung der Wiederherstellungskosten, in: 25 Jahre Karlsruher Forum, Karlsruhe 1983, S. 101ff.

Günther, Horst | Zahnarzt - Recht und Risiko, München 1982

Hartl, Monika | Die neue Medizingeräteverordnung, VersR 1986, 1050ff.

Hauck, Karl | Kommentar zum Sozialgesetzbuch, 5. Band (Krankenversicherung), Loseblattsammlung, Siegburg 1996

Henke, Horst - Eberhard | Die Bewältigung des Mitverschuldens - eine anspruchsvolle juristische Technik, JuS 1991, 265ff.

Henning, Harald — Die Zumutbarkeit diagnostischer und therapeutischer Maßnahmen aus der Sicht des endoskopierenden Internisten, in: Heim, Wilhelm (Hrsg.), Haftpflichtfragen im ärztlichen Alltag, Köln 1980, S. 131ff.

Henß, Olaf — Obliegenheit und Pflicht im Bürgerlichen Recht, Frankfurt/New York 1988

Hinrichs, Thomas — Die Berücksichtigung des Mitverschuldens bei der Haftung für Personenschäden im französischen und deutschen Recht (Arbeiten zur Rechtsvergleichung, Bd. 151), Baden-Baden 1991

Hohloch, Gerhard — Anmerkung zu BGH v. 8. 10. 1985 - VI ZR 114/84 = JR 1986, 149ff.

Hollmann, Angela — Das ärztliche Gespräch mit dem Patienten, NJW 1973, 1393ff.

Holzer, Wolfgang — Anmerkung zum österr. OGH vom 9.11.1989 (7 Ob 648/89), JBl. 1990, 524 ff.

Honsell, Heinrich — Die zivilrechtliche Haftung des Arztes, Zeitschrift für Schweizerisches Recht (ZSR) 109/ 1990 I, 135 ff.

Honsell, Thomas — Die Quotenteilung im Schadensersatzrecht, Ebelsbach 1977

Jauernig, Othmar/ Schlechtriem, Peter/ Stürner, Rolf — Bürgerliches Gesetzbuch, 8. Aufl., München 1995 (zit.: Jauernig/Bearb., § Rz.)

Jung, Eberhard — Das Recht auf Gesundheit, Schriften des Instituts für Arbeits- und Wirtschaftsrecht der Universität Köln, Bd. 44; München 1982

Jung, Herbert/ Heinze, Meinhard — Die haftungsrechtliche Eigenverantwortlichkeit des Krankenpflegepersonals in Abgrenzung zur ärztlichen Tätigkeit, MedR 1985, 62ff.

Kamps, Hans — Wiedereinbestellung von Patienten, MedR 1994, S. 194ff.

Kern, Bernd-Rüdiger/ Laufs, Adolf — Die ärztliche Aufklärungspflicht, Berlin 1983

Kloesel, Arno/ Cyran, Walter — Arzneimittelrecht, Kommentar, Stuttgart (Stand August 1995)

Kloppenborg, Josef — Duldung und Zumutbarkeit diagnostischer und therapeutischer Maßnahmen im öffentlichen Recht und im Zivilrecht -ohne Sozialgesetzbuch, in: Heim, Wilhelm (Hrsg.), Haftpflichtfragen im ärztlichen Alltag, Köln 1980, S. 81 ff.

Kohlhaas, Max — Wieweit ist der Patient aufklärungspflichtig? DMW 1970, 1896

Krasney, Otto Ernst — Ausgewählte Probleme zur Zumutbarkeit diagnostischer un therapeutischer Maßnahmen, in: Heim, Wilhelm (Hrsg.), Haftpflichtfragen im ärztlichen Alltag, Köln 1980, S. 145ff.

Kuhn, Moritz — Aktuelle Probleme in der Ärztehaftpflicht, SJZ 1993, S. 257-266, 284-288

Kullmann, Hans-Josef — Arzneimittelhaftung bei Blutpräparaten, in: Damm, Reinhard/Hart, Dieter (Hrsg.) Rechtliche Regulierung von Gesundheitsrisiken, Baden-Baden 1993, S. 133 ff.= PharmaR 1993, 162ff.

Lang, Rolf — Normzweck und duty of care, München 1983

Lange, Hermann — Schadensersatz, Handbuch des Schuldrechts, Band 1, 2. Aufl., Tübingen 1990

Lange, Hermann — Empfiehlt es sich, die Haftung für schuldhaft verursachte Schäden zu kürzen? Gutachten für den 43. Dt. Juristentag München, Protokolle Band 1, Tübingen 1960, S. 1ff.

Lange, Hermann — Adäquanztheorie, Rechtswidrigkeitszusammenhang, Schutzzwecklehre und selbständige Zurechnungsmomente, JZ 1976, 198ff.

Lange, Sebastian — Die Zumutbarkeit röntgendiagnostischer Maßnahmen,
in: Heim, Wilhelm (Hrsg.), Haftpflichtfragen im ärztlichen Alltag, Köln 1980, S. 139ff.

Lankers, Winfried — Zur Abwälzung von Unterhaltskosten,
FamRZ 1969, 384 ff.

Larenz, Karl — Allgemeiner Teil des deutschen Bürgerlichen Rechts,
7. Aufl.,München 1989

Larenz, Karl — Lehrbuch des Schuldrechts
Erster Band, Allgemeiner Teil, 14. Aufl., München 1987
Zweiter Band, Besonderer Teil, Erster Halbband, 13. Aufl., München 1986
Zweiter Band, Besonderer Teil, Zweiter Halbband, fortgeführt von Claus Wilhelm Canaris, 13. Aufl., München 1994
(Zit.: Larenz/Canaris ...)

Laufs, Adolf — Arztrecht,
5. Aufl., München 1993

Laufs, Adolf/
Uhlenbruck, Wilhelm — Handbuch des Arztrechts,
München 1991

Lenz, Karl-Friedrich — Recht auf Leben und Pflicht zum Abbruch der Schwangerschaft,
VersR 1990, 1209 ff.

Leonhard, Franz — Fahrlässigkeit und Unfähigkeit, Marburg 1913

Linck, Joachim — Doping aus juristischer Sicht, MedR 1993, 55 ff.

Lippert, Hans-Dieter — Die Eigenblutspende : Medizin-Organisation-Recht, VersR 1992, 790 ff.

Mädrich, Matthias — Das allgemeine Lebensrisiko, Berlin 1980

Magnus, Ulrich — Drittmitverschulden im deutschen, englischen und französischem Recht, Heidelberg 1974

Matthies, Karl-Heinz — Anmerkung zu LG Aurich, NJW 1986, 792f.

Maydell, Bernd Baron v. — Die Zumutbarkeit diagnostischer und terapeutischer Maßnahmen nach dem Sozialgesetzbuch, in: Heim, Wilhelm (Hrsg.), Haftpflichtfragen im ärztlichen Alltag, Köln 1980, S. 65ff.

Medicus, Dieter — Zum Schutzzweck schadensabwendender Pflichten oder Obliegenheiten, in: Festschrift für Hubert Niederländer zum 70. Geburtstag, Tübingen 1991, S. 329ff.

Mertens, Hans-Joachim — Der Begriff des Vermögensschadens im Bürgerlichen Recht, Stuttgart 1967

Müller, Gerhard	Die "ganz herrschende Meinung" als Entscheidungsgrund, NJW 1984, 1798 f.
Müller-Laube, Hans-Martin	Auswirkungen vorteilhafter Rechtsgeschäfte des Geschädigten auf die Schadensabrechnung mit dem Schädiger, JZ 1991, 162 ff.
Münzberg, Wolfgang	Verhalten und Erfolg als Grundlagen der Rechtswidrigkeit und Haftung, Frankfurt 1966
Natter, Eberhard	Der Annahmeverzug des Privatpatienten, MedR 1985, 258ff.
Narr, Helmut	Ärztliches Berufsrecht, fortgeführt von R. Hess und H.-D. Schirmer, 2., völlig neubearbeitete Auflage, Köln 1994
Nothhelfer, Martin	Die Freiheit von Selbstbezichtigungszwang, Heidelberg 1989
Oexmann, Burkhard/ Georg, Axel	Die zivilrechtliche Haftung des Zahnarztes, Düsseldorf 1989
Oftinger, Karl	Schweizerisches Haftpflichtrecht, Erster Band, Allgemeiner Teil, 4. Aufl., Zürich 1975

Palandt, Otto	Bürgerliches Gesetzbuch, 56. Aufl., München 1997 (Zit.: Palandt/Bearb. § Rz.)
Peters, Horst	Handbuch der Krankenversicherung in 3 Bänden, Stuttgart 1994
Prölss, Jürgen/ Martin, Anton	Versicherungsvertragsgesetz, 25. Aufl., München 1992
Rebmann, Kurt/ Säcker, Franz-Jürgen (Hrsg.)	Münchener Kommentar zum Bügerlichen Gesetzbuch, Band 2: Schuldrecht, Allgemeiner Teil, (§§ 241-432), 3. Aufl., München 1994 Band 3: Schuldrecht, Besonderer Teil, 1. Halbband (§§ 433-606 u. Nebengesetze), 3. Aufl. ,München 1995 2. Halbband (§§ 652 - 853), 2. Aufl., München 1986 (Zit.: MünchKomm/Bearb., § Rz.)
Reichsgerichtsräte-Kommentar (RGRK)	Das Bürgerliche Gesetzbuch mit besonderer Berücksichtigung der Rechtsprechung des Reichsgerichts und das Bundesgerichtshofs, Band II, 1. Teil (§§ 241-413), 12. Aufl., Berlin 1976 Band II, 5. Teil (§§ 812-831), 12. Aufl., Berlin 1989 (Zit.:RGRK/Bearb.,§ Rz.)
Rieger, Hans-Jürgen	Verantwortlichkeit des Arztes und des Pflegepersonals bei der Dialysebehandlung, NJW 1979, 582ff.
Roth, Andreas	Kindesunterhalt als Schaden, NJW 1995, 2399 ff.

Rother, Werner	Haftungsbeschränkung im Schadensrecht, München/Berlin 1965
Rother, Werner	Die "vorwiegende Verursachung", VersR 1983, 793 ff.
Rychlik, Reinhard	Zum Thema Compliance aus Patienten- und Ärztesicht, Medizin, Mensch, Gesellschaft (MMG) 13 (1988), S. 29 ff.
Sander, Axel/ Köbner, Hans	Arzneimittelrecht, Kommentar, Köln (Stand Juni 1995)
Sax, Walter	Der verbrechenssystematische Standort der Indikationen zum Schwangerschaftsabbruch gem. § 218a StGB, JZ 1977, 326ff.
Schlierf, Herbert	Abwägungskriterien bei der Schadensausgleichung, NJW 1965, 676f.
Schmädel, Dieter	Nichtbefolgung ärztlicher Anordnungen Medizinische Klinik 71 (1976), 1460ff.
Schmatz, Hans / Goetz, Ernst/ Matzke,Heinz	Kommentar zur GOÄ, 2. Aufl., Berlin 1982
Schmidt, Reimer	Die Obliegenheiten, Karlsruhe 1953

Schramm, Stephan	Der Schutzbereich der Norm im Arzthaftungsrecht, Beiträge zum Privatversicherungs- und Wirtschaftsrecht, Heft 79, Karlsruhe 1992
Schünemann, Wolfgang	"Mitwirkendes Verschulden" als Haftungsgrund bei Fernwirkungsschäden, VersR 1978, 116ff.
Schulze, Christian	Die Haftung des Schädigers bei besonderen Eigenschaften (Abnormitäten) des Opfers im deutschen und englischen Deliktsrecht, Diss. iur., Göttingen 1984
Schulz-Weidner, Wolfgang	Der versicherungsrechtliche Rahmen für eine Verwertung von Genomanalysen: Die Bedeutung von genetischer medizinischer Befunde im Rahmen rechtlicher Kausalitäts-, Risiko- und Eigenverschuldenbewertungen, Schriftenreihe Biotechnologie und Recht, Band 1, Baden-Baden 1993
Schwab, Dieter	Zivilrechtliche Haftung beim Doping, in: Schild (Hrsg.), Rechtliche Fragen des Dopings, Stuttgart 1986
Sehrt, Ursula/ Weber, Ellen	Pharmako-Therapie, München 1980
Siber, Heinrich	Der Rechtszwang im Schuldverhältnis, Leipzig 1903

Soergel, Hans Theodor/ Siebert, Wolfgang	Kommentar zum Bürgerlichen Gesetzbuch, Band 2/1, §§ 241-432, 10. Aufl. Stuttgart u.a. 1967 (Bearb.: Reimer Schmidt); Band 2/1, §§ 241-432, 12. Aufl., Stuttgart u.a. 1990 (Bearb.: Mertens) (Zit.: Soergel/Bearb., § Rz.)
Sommermeyer, Karl	Die "entsprechende" Anwendung des § 278 BGB in § 254 BGB, Diss. iur., Göttingen 1930
Staudinger, Julius von	Kommentar zum Bürgerlichen Gesetzbuch, Einl. zu §§ 241ff.; §§ 241-243, 13. Aufl., Berlin 1995; §§ 241, 242, AGB-Gesetz,12. Aufl., Berlin 1983; §§ 243-254, 12. Aufl., Berlin 1983; §§ 823-832, 12. Aufl., Berlin 1986 (Zit.: Staudinger/Bearb., § Rz.)
Steffen, Erich	Haftung im Wandel, Zeitschrift für die gesamte Versicherungswissenschaft, 82. Band, Karlsruhe/Berlin 1993, S. 13ff.
Steffen, Erich	Neue Entwicklungslinien der BGH-Rechtsprechung zum Arzthaftungsrecht, 6. Aufl., Köln 1995
Stegers, Christoph	Die Anrufung der Gutachterkommission für ärztliche Haftpflichtfragen: Eine Rechtspflicht für die minderbemittelte Prozeßpartei ?, AnwBl. 1989, 137 ff.

Stieglitz, Susanne — Die "wrongful birth"- und "wrongful-life"- Problematik im deutschen Deliktsrecht, München 1989

Stoll, Hans — Anmerkung zu BGH JZ 1988, 150 = JZ 1988, 153

Stoll, Hans — Das Handeln auf eigene Gefahr, Tübingen 1961

Stoll, Hans — Haftungsfolgen im Bürgerlichen Recht, Freiburger rechts- und Staatswissenschaftliche Abhandlungen, Band 58, Heidelberg 1993

Stoll, Hans — Kausalzusammenhang und Normzweck im Deliktsrecht, Tübingen 1968

Stoll, Hans — Unrechtstypen bei Verletzung absoluter Rechte, AcP 162 (1963) 203ff.

Strohal, Emil (Hrsg.) — Planck's Kommentar zum Bürgerlichen Gesetzbuch, 2. Band, 1. Hälfte-Recht der Schuldverhältnisse (Allg. Teil 4. Aufl. Berlin 1914 (Zit.:Planck/Bearb., §, Anm.)

Stürner, Rolf — Der Erwerbsschaden und seine Ersatzfähigkeit, JZ 1984, 412ff., 461ff.

Stürner, Rolf — Das nicht abgetriebene Wunschkind als Schaden, FamRZ 1985, 753 ff.

Taupitz, Jochen	Aufklärung über Behandlungsfehler: Rechtspflicht gegenüber dem Patienten oder ärztliche Ehrenpflicht? NJW 1992, 713 ff.
Taupitz, Jochen	Der Heilpraktiker aus der Sicht des Haftungsrechts: "Arzt","Mini-Arzt" oder "Laie"? NJW 1991, 1505 ff.
Taupitz, Jochen	Die zivilrechtliche Pflicht zur unaufgeforderten Offenbarung eigenen Fehlverhaltens, Tübingen 1989
Tempel, Otto	Inhalt, Grenzen und Durchführung der ärztlichen Aufklärungspflicht, NJW 1980,609ff.
Tröndle, Herbert	Das Schwangeren- und Familienhilfeänderungsgesetz, NJW 1995, 3009ff.
Turner, George	Doping und Zivilrecht, NJW 1992, 720 ff.
Uhlenbruck, Wilhelm	Anmerkung zu BGH JZ 1994, 787 ff= JZ 1994, 789 f.
Uhlenbruck, Wilhelm	Das Recht und die Pflicht des Arztes zur restitutio ad integrum nach einem Behandlungsfehler, in: Ärztliches Handeln-Verrechtlichung eines Berufsstandes, FS für Walter Weißauer zum 65. Geburtstag, hrsg.v. Georg Heberer, Hans-Wolfgang Obderbecke u. Wolfgang Spann, Berlin 1986, S. 150 ff.

Ulsenheimer, Klaus	Verweigerung der Bluttransfusion aus religiösen Gründen, Geburtshilfe und Frauenheilkunde 54 (1994), S. 83 ff.
Venzmer, Kurt	Mitverursachung und Mitverschulden im Schadensersatzrecht, München/Berlin 1960
Weidner, Ulrich	Die Mitverursachung als Entlastung des Haftpflichtigen, Karlsruhe 1970
Weißauer, Walther	Bluttransfusion und AIDS -mediko-legale Aspekte MedR 1987, 272 ff.
Weitnauer, Hermann	Fragen der ärztlichen Verantwortlichkeit in zivilrechtlicher Sicht, in: Der Betrieb, Beil. Nr. 21/1961, S. 1ff.
Welzel, Hans	Allgemeines Strafrecht, 3. Aufl., Berlin 1954
Welzel, Hans	Fahrlässigkeit und Verkehrsdelikte. Zur Dogmatik der fahrlässigen Delikte, Bonn 1961
Wendt, Heinz-Jürgen	Konkurrierende Fremdschädigung und kombinierte Selbst- und Fremdschädigung, Diss. iur., Berlin 1970
Wertenbruch, Johannes	Der Vergütungsanspruch des Arztes bei Nichterscheinen eines bestellten Patienten - die Haftung des Arztes bei Nichteinhaltung eines Behandlungstermins, MedR 1991, 167 ff.

Wieling, Hans-Josef	Venire contra factum proprium und Verschulden gegen sich selbst, AcP 176 (1976), 334 ff.
Wiethölter, Rudolf	Arzt und Patient als Rechtsgenossen, in: Die Aufklärungspflicht des Arztes, Bonn 1962, S. 73ff.
Wochner, Manfred	Einheitliche Schadensteilungsnorm im Haftpflichtrecht, Heidelberg 1972
Wussow, Werner	Das Unfallhaftpflichtrecht, 13. Aufl., Köln 1977
Zeuner, Albrecht	Gedanken über Bedeutung und Stellung des Verschuldens im Zivilrecht, JZ 1966, 1 ff.
Zimmermann, Reinhard	Herausforderungsformel und Haftung für fremde Willensbetätigungen, JZ 1980, 10 ff.
Zippelius, Reinhold	Die Rechtswidrigkeit von Handlung und Erfolg, AcP 157 (1959), 390ff.
Zitelmann, Ernst	Das Recht des Bürgerlichen Gesetzbuches, Allgemeiner Teil, Leipzig 1900

Für die verwendeten Abkürzungen wird verwiesen auf Kirchner, Hildebert, Abkürzungsverzeichnis der deutschen Rechtssprache, 4. Auflage, Berlin/New York 1993.

Die Reihe RECHT UND MEDIZIN wird von den Professoren Deutsch (Göttingen), Laufs (Heidelberg) und Schreiber (Göttingen) herausgegeben. Ihre Aufgabe ist es, Monographien und Dissertationen auf dem Gebiet des medizinischen Rechts zu veröffentlichen. Dieses Gebiet, das an Bedeutung noch zunehmen wird, umfaßt auf der juristischen Seite sowohl zivilrechtliche als auch straf- und öffentlich-rechtliche Fragestellungen. Die Fragen können von der juristischen oder von der medizinischen Seite aus untersucht werden. Übergreifendes Ziel ist es, den medizin-rechtlichen Fragen nicht etwa ein gängiges juristisches Denkschema überzuwerfen, sondern die besonderen Probleme der Regelung medizinischer Sachverhalte eigenständig aufzufassen und darzustellen.

Die Adressen der drei Herausgeber sind:

Prof. Dr. Dr. h.c. Erwin Deutsch (Zivilrecht und Rechtsvergleichung)
Höltystraße 8
37085 Göttingen

Prof. Dr. Dr. h.c. Adolf Laufs (Zivilrecht und Rechtsgeschichte)
Kohlackerweg 12
69151 Neckargemünd

Prof. Dr. Dr. h.c. Hans-Ludwig Schreiber (Strafrecht und Rechtstheorie)
Linzer Straße 1
30519 Hannover

RECHT UND MEDIZIN

Band 1 Erwin Deutsch: Das Recht der klinischen Forschung am Menschen. Zulässigkeit und Folgen der Versuche am Menschen, dargestellt im Vergleich zu dem amerikanischen Beispiel und den internationalen Regelungen. 1979.

Band 2 Thomas Carstens: Das Recht der Organtransplantation. Stand und Tendenzen des deutschen Rechts im Vergleich zu ausländischen Gesetzen. 1979.

Band 3 Moritz Linzbach: Informed Consent. Die Aufklärungspflicht des Arztes im amerikanischen und im deutschen Recht. 1980.

Band 4 Volker Henschel: Aufgabe und Tätigkeit der Schlichtungs- und Gutachterstellen für Arzthaftpflichtstreitigkeiten. 1980.

Band 5 Hans Lilie: Ärztliche Dokumentation und Informationsrechte des Patienten. Eine arztrechtliche Studie zum deutschen und amerikanischen Recht. 1980.

Band 6 Peter Mengert: Rechtsmedizinische Probleme in der Psychotherapie. 1981.

Band 7 Hazel G.S. Marinero: Arzneimittelhaftung in den USA und Deutschland. 1982.

Band 8 Wolfram Eberbach. Die zivilrechtliche Beurteilung der *Humanforschung*. 1982.

Band 9 Wolfgang Deuchler: Die Haftung des Arztes für die unerwünschte Geburt eines Kindes ("wrongful birth"). Eine rechtsvergleichende Darstellung des amerikanischen und deutschen Rechts. 1984.

Band 10 Hermann Schünemann: Die Rechte am menschlichen Körper. 1985.

Band 11 Joachim Sick: Beweisrecht im Arzthaftpflichtprozeß. 1986.

Band 12 Michael Pap: Extrakorporale Befruchtung und Embryotransfer aus arztrechtlicher Sicht; insbesondere: Der Schutz des werdenden Lebens in vitro. 1987.

Band 13 Sabine Rickmann: Zur Wirksamkeit von Patiententestamenten im Bereich des Strafrechts. 1987.

Band 14 Joachim Czwalinna: Ethik-Kommissionen - Forschungslegitimation durch Verfahren. 1987.

Band 15 Günter Schirmer: Status und Schutz des frühen Embryos bei der *In-vitro*-Fertilisation. Rechtslage und Diskussionsstand in Deutschland im Vergleich zu den Ländern des angloamerikanischen Rechtskreises. 1987.

Band 16 Sabine Dönicke: Strafrechtliche Aspekte der Katastrophenmedizin. 1987.

Band 17 Erwin Bernat: Rechtsfragen medizinisch assistierter Zeugung. 1989.

Band 18 Hartmut Schulz: Haftung für Infektionen. 1988.

Band 19 Herbert Harrer: Zivilrechtliche Haftung bei durchkreuzter Familienplanung. 1989.

Band 20 Reiner Füllmich: Der Tod im Krankenhaus und das Selbstbestimmungsrecht des Patienten. Über das Recht des nicht entscheidungsfähigen Patienten, künstlich lebensverlängernde Maßnahmen abzulehnen. 1990.

Band 21 Franziska Knothe: Staatshaftung bei der Zulassung von Arzneimitteln. 1990.

Band 22 Bettina Merz: Die medizinische, ethische und juristische Problematik artifizieller menschlicher Fortpflanzung. Artifizielle Insemination, In-vitro-Fertilisation mit Embryotransfer und die Forschung an frühen menschlichen Embryonen. 1991.

Band 23 Ferdinand van Oosten: The Doctrine of Informed Consent in Medical Law. 1991.

Band 24 Stephan Cramer: Genom- und Genanalyse. Rechtliche Implikationen einer "Prädiktiven Medizin". 1991.

Band 25 Knut Schulte: Das standesrechtliche Werbeverbot für Ärzte unter Berücksichtigung wettbewerbs- und kartellrechtlicher Bestimmungen. 1992.

Band 26 Young-Kyu Park: Das System des Arzthaftungsrechts. Zur dogmatischen Klarstellung und sachgerechten Verteilung des Haftungsrisikos. 1992.

Band 27 Angela Könning-Feil: Das Internationale Arzthaftungsrecht. Eine kollisionsrechtliche Darstellung auf sachrechtsvergleichender Grundlage. 1992.

Band 28 Jutta Krüger: Der Hamburger Barmbek/Bernbeck-Fall. Rechtstatsächliche Abwicklung und haftungsrechtliche Aspekte eines medizinischen Serienschadens. 1993.

Band 29 Alexandra Goeldel: Leihmutterschaft – eine rechtsvergleichende Studie. 1994.

Band 30 Thomas Brandes: Die Haftung für Organisationspflichtverletzung. 1994.

Band 31 Winfried Grabsch: Die Strafbarkeit der Offenbarung höchstpersönlicher Daten des ungeborenen Menschen. 1994.

Band 32 Jochen Markus: Die Einwilligungsfähigkeit im amerikanischen Recht. Mit einem einleitenden Überblick über den deutschen Diskussionsstand. 1995.

Band 33 Meltem Göben: Arzneimittelhaftung und Gentechnikhaftung als Beispiele modernen Risikoausgleichs mit rechtsvergleichenden Ausblicken zum türkischen und schweizerischen Recht. 1995.

Band 34 Regine Kiesecker: Die Schwangerschaft einer Toten. Strafrecht an der Grenze von Leben und Tod – Der Erlanger und der Stuttgarter Baby-Fall. 1996.

Band 35 Doris Voll: Die Einwilligung im Arztrecht. Eine Untersuchung zu den straf-, zivil- und verfassungsrechtlichen Grundlagen, insbesondere bei Sterilisation und Transplantation unter Berücksichtigung des Betreuungsgesetzes. 1996.

Band 36 Jens-M. Kuhlmann: Einwilligung in die Heilbehandlung alter Menschen. 1996.

Band 37 Hans-Jürgen Grambow: Die Haftung bei Gesundheitsschäden infolge medizinischer Betreuung in der DDR. 1997.

Band 38 Julia Röver: Einflußmöglichkeiten des Patienten im Vorfeld einer medizinischen Behandlung. Antezipierte Erklärung und Stellvertretung in Gesundheitsangelegenheiten. 1997.

Band 39 Jens Göben: Das Mitverschulden des Patienten im Arzthaftungsrecht. 1998.

Band 40 Hans-Jürgen Roßner: Begrenzung der Aufklärungspflicht des Arztes bei Kollision mit anderen ärztlichen Pflichten. Eine medizinrechtliche Studie mit vergleichenden Betrachtungen des nordamerikanischen Rechts. 1998.

Peter Lang · Europäischer Verlag der Wissenschaften

Giuseppe Orsi / Kurt Seelmann /
Stefan Smid / Ulrich Steinvorth (Hrsg.)

Prinzipien des Rechts

Frankfurt/M., Berlin, Bern, New York, Paris, Wien, 1996. 159 S.
Rechtsphilosophische Hefte. Herausgegeben von Giuseppe Orsi, Kurt Seelmann, Stefan Smid und Ulrich Steinvorth. Bd. 6
ISBN 3-631-30441-2 · br. DM 53.–*

Das Recht arbeitet nicht nur mit einzelnen Normen, sondern auch mit Prinzipien, die, etwa als verfassungsrechtliche Prinzipien, die Normgebung regeln, die aber auch bei Kollisionen zwischen Normen entscheiden und die Auslegung von Normen bestimmen. Solche Prinzipien können ihrerseits miteinander kollidieren, wie z.B. Menschenrechtsschutz und Staatssouveränität, was zu schwierigen ethischen und rechtstheoretischen Abwägungen führt.

Aus dem Inhalt: Rechtsregeln und Rechtsprinzipien · Recht, Ethik und Technik · Unabhängigkeit des Staatsanwalts · Menschenrechte und Staatssouveränität · Grundnormkonzept und Kantianismus bei Kelsen

Frankfurt/M · Berlin · Bern · New York · Paris · Wien
Auslieferung: Verlag Peter Lang AG
Jupiterstr. 15, CH-3000 Bern 15
Telefax (004131) 9402131
*inklusive Mehrwertsteuer
Preisänderungen vorbehalten

Kolibri 360 GmbH
Ferdinand-Jühlke-Straße 7
99095 Erfurt, Deutschland
produktsicherheit@kolibri360.de

Druck:
CPI Druckdienstleistungen GmbH
im Auftrag der
Kolibri 360 GmbH
Ferdinand-Jühlke-Str. 7
99095 Erfurt